Clyde W. Ford · Wo Körper und Seele sich begegnen

Clyde W. Ford

Wo Körper und Seele sich begegnen

Somatosynthese – ein neuer Weg der Heilung

Mit einem Vorwort von
Marilyn Ferguson

Verlag für Angewandte Kinesiologie
Freiburg im Breisgau

Titel der amerikanischen Originalausgabe:
Where healing waters meet.
Touching mind and emotion through the body

Station Hill Press, Barrytown/NY 12507
ISBN 0-88268-080-3

Die Deutsche Bibliothek – CIP-Einheitsaufnahme:

Ford, Clyde W.:
Wo Körper und Seele sich begegnen: Somatosynthese – ein neuer Weg der Heilung / Clyde W. Ford. Mit einem Vorw. von Marilyn Ferguson. [Übers.: Michaela Schmidt]. – Freiburg im Breisgau: Verl. für Angewandte Kinesiologie, 1991
Einheitssacht.: Where healing waters meet ⟨dt.⟩
ISBN 3-924077-22-3

Übersetzung: Michaela Schmidt
Illustrationen: Patrick O'Brien und Kristen Perry
Lektorat: Norbert Gehlen
Umschlag: Hugo Waschkowski
Druck: Rombach GmbH Druck- und Verlagshaus, Freiburg im Breisgau
Printed in Germany
ISBN 3-924077-22-3

Für Emanuel,
einen Lichtblick in meinem Leben

„Die Psyche und der Körper stehen, wie mir scheint, miteinander im Einklang. Eine Veränderung des psychischen Zustands ruft eine Veränderung in der Körperstruktur hervor, und umgekehrt löst eine veränderte Körperstruktur eine Veränderung in der Psyche aus."

Aristoteles,
Physiognomica

Inhalt

Vorwort

In den vierzehn Jahren, seit ich mit der Veröffentlichung meines wissenschaftlichen Bulletins (*Brain/Mind Bulletin*) begann, kamen viele Bücher über Körpertherapien und noch mehr Bücher über geistig-seelische Therapien als Besprechungsexemplare auf meinen Schreibtisch.

Es ist überraschend, ein Buch zu lesen, in dem diese beiden Richtungen so wirkungsvoll zusammengeführt werden. *Wo Körper und Seele sich begegnen* (Original: *Where healing waters meet*) ist ein sehr passender Titel. Es ist Clyde Fords großes Verdienst, daß er die beiden getrennt auftretenden Erscheinungsformen von Therapie (die körperliche und die geistig-seelische) entmystifiziert, indem er zeigt, an welchem Punkt beide Strömungen ganz logisch zusammenfließen: Der Körper speichert emotionale Erinnerungen. Berührung weckt diese Erinnerungen. Sind sie einmal bewußtgeworden, kann der Geist die Spannung lösen, die Schmerz oder Unbehagen erzeugt. Wie könnte es auch anders sein? Wiederum – das sollte uns *nicht mehr* überraschen – müssen wir lernen (oder uns erinnern), daß diese Wahrheit uns etwas über die Unzulänglichkeit unseres kulturellen Paradigmas von Gesundheit und Krankheit sagt.

Ford tritt mit ungewöhnlichem Rüstzeug an. Er ist ein Chiropraktiker mit Erfahrung auf dem Gebiet der Computerwissenschaft, der Neurophysiologie und des Yoga. Was die Sache noch interessanter macht: Er studierte auch Geschichte. Und in seiner Beschreibung dessen, was er *Somatosynthese* nennt, findet sich einiges an aufschlußreicher Geschichte.

So erklärt seine Geschichte der heilenden „königlichen Berührung" zum Beispiel sehr vieles. Wenn wir wissen, daß das Heilen durch Berührung bis ins 19. Jahrhundert streng den Königen vorbehalten war und daß Heiler das Gefängnis riskierten, wird die kulturell bedingte Angst, die auf diesem Gebiet auch heutzutage noch herrscht, leichter verständlich. In gewisser Weise drängt dieses Buch auf eine „Demokratisierung" der heilenden Berührung;

die Leser werden ermuntert, selbst die Somatosynthese zu erforschen.

Bedenkt man, daß der Autor selbst Forscher ist, verwundert das nicht weiter. Während seiner Studienzeit an der *Wesleyan University* machte er sich daran, die Archive über die wenig bekannten Schwarzen zu studieren, die zwischen 1619 und 1700 als vertraglich gebundene Diener, nicht als Sklaven, in die Kolonien kamen. Später zog es ihn zu IBM, denn er wollte verstehen, wie sich technologische Systeme in den Dienst der Menschen stellen lassen. Er entwickelte Interesse an der Yogalehre Satchidanandas. Als er die Ausbildung zum Chiropraktiker erwog, mußte er auch sein Selbstbild neu betrachten; bis dahin hatte er als der *Wissenschaftler* gegolten und seine Schwester, die Hebamme, als die *Heilerin*. Trotzdem fühlte er sich zur Arbeit mit Körperenergien berufen.

Als ich Clyde kennenlernte, arbeitete er als Computerfachmann in Portland/Oregon und besuchte gleichzeitig die Fachschule für Chiropraktik. Obwohl er so beschäftigt war, hatte er sich – noch bevor wir uns kennenlernten – die Zeit genommen, ein Verzeichnis für meinen Rundbrief, das *Brain/Mind Bulletin* anzulegen. Es ist charakteristisch für seine Höflichkeit, daß er als Dank für einen Gesprächstermin dem anderen gleich einen Gefallen tut. Meine Mitarbeiter und ich waren sehr beeindruckt. Später, als er auf die Ergebnisse der Chiropraktikerprüfungskommission wartete, ließ er sich dazu überreden, vorübergehend als Schriftleiter für unseren Rundbrief *Leading Edge* zu arbeiten (zu deutsch: „Vorsprung", ein Mitteilungsblatt für persönliche und soziale Transformation).

Seine gegenwärtige Arbeit hat eindeutig diesen kleinen Vorsprung, denn Konvergenz (Annäherung) ist die Richtung, in die Körpertherapien und geistiges Heilen steuern. Ford fordert uns auf zu entdecken, wie spannend und sinnvoll die Zweiteilung von Therapie ist, wenn wir anerkennen, daß weder der Körper noch der Geist ein Exklusivrecht des Heilens beanspruchen können. Und darin liegt die tiefere Botschaft des Buches: daß das Bewußtsein erleuchtet wird, wenn wir fähig sind, die Spannung zwischen gegensätzlichen Glaubensannahmen zu ertragen und mit ihr zu arbeiten. Das ist eine „Heilsbotschaft", die wir in der heutigen Zeit besonders benötigen.

Wo Körper und Seele sich begegnen bietet einen soliden Unterbau aus Begriffsklärungen und Erfahrungen für die aufgestellten

Behauptungen und Voraussetzungen. Der Autor fragt mit seiner wissenschaftlichen Neugier, wie bestimmte Dinge sein können – und bietet faszinierende Antwortmöglichkeiten. Leser mit wohlfundiertem Wissen über das menschliche Gehirn und den Körper werden an dieser Synthese der Forschung ihre Freude haben. Ich wage die Vorhersage, daß dieses Buch auch andere Ärzte, Heiler und Forscher dazu inspirieren wird, sich auf neuen Boden vorzuwagen.

Und doch ist durchweg der Ton des freundlichen Begleiters aufrechterhalten. Das Buch ist selbst eine Geste des Heilens.

Marilyn Ferguson
(Los Angeles)

Danksagung

Die Zahl der Menschen, denen ich für ihre Ermutigung, Unterstützung und Hilfe bei der Entstehung dieses Buches zu Dank verpflichtet bin, ist groß. Alle namentlich zu erwähnen ist mir unmöglich; doch möchte ich den im folgenden genannten stellvertretend für alle anderen meinen Dank aussprechen. Ich danke ...

... meinem lieben Freund Dr. David Manning White, der, lange bevor ich das erste Wort zu Papier brachte, darauf bestand, daß ich ein Buch in mir trüge. David half mir dabei, dieses Buch zum Vorschein zu bringen, indem er unermüdlich alle Fassungen des Manuskriptes las und mir wohlbedachten Rat und Ermutigung aus seiner reichen, jahrelangen Erfahrung als Autor, Herausgeber, Hochschullehrer und Menschenfreund zukommen ließ.

... Sri Swami Satchidananda, dessen Liebe und spirituelle Weisheit mir über die Jahre Zuversicht gaben.

... Olga A. Worrall, meiner Freundin und Lehrerin, von der ich die Bedeutung des geistigen Heilens lernte.

... Steven Schatz, der mich lehrte, daß die Psychiatrie, obwohl sie sich mit Geist und Seele befaßt, in Wirklichkeit ein Weg des Herzens ist. Die auf Psychosynthese bezogenen Teile dieses Buches stammen zum großen Teil aus den zahlreichen Gesprächen, Beratungs- und Unterrichtsstunden, die Steven mit mir verbrachte.

... Ashley Montagu, dem „großen alten Mann der menschlichen Berührung", dessen Einsichten und Schriften eine Quelle der Inspiration für mich waren. Seinem klassischen Buch *Touching: The Human Significance of the Skin* (dt.: *Körperkontakt. Die Bedeutung der Haut für die Entwicklung des Menschen)* verdanke ich einen großen Teil des Abschnitts über den Einfluß von Berührung auf die körperliche und seelische Entwicklung des Menschen.

... Carol Hermanson, der es als wissenschaftlicher Assistentin immer gelang, hinter den Mauern einer Bibliothek verborgene Schätze aufzuspüren.

... Claudia Jemmott, die mir durch Korrekturlesen und freundschaftliche Ermunterung in den Endstadien dieses Projektes unermeßliche Hilfe leistete.

... meinen vielen Lehrern und Ratgebern: ein Teil von jedem von ihnen hat seinen Weg in dieses Buch gefunden.

... George und Susan Quasha und den Mitarbeitern von *Station Hill Press* für ihre Bemühungen um die gute Qualität dieses Buches.

Und am meisten von allen danke ich den zahlreichen Patienten – den Reisegefährten auf dieser Reise in das Heilwerden; es war mein Privileg, ihr Leben berühren zu dürfen, und sie haben umgekehrt auch *mich* tief berührt.

Hinweis zu den Fallstudien

Die in diesem Buch vorgestellten Fallstudien stammen aus vielen verschiedenen Quellen. Zur Wahrung der Vertraulichkeit habe ich die Namen geändert und gewisse nicht wesentliche Einzelheiten abgewandelt. Wenn mehrere ähnliche Fälle vorlagen, habe ich diese als eine zusammengesetzte Studie mit Elementen aus jedem Einzelfall vorgestellt.

Clyde W. Ford

Anmerkung des Verlags

Bei der Übersetzung dieses Buches stellte sich die Aufgabe, für die englischen Begriffe *psyche, mind, spirit, emotion, feeling* die der vom Autor jeweils gemeinten Bedeutung entsprechenden deutschen Begriffe zu finden. Folgende Übersetzungen wurden gewählt:

psyche = Psyche (als Pendant zu *soma* = Körper); vereinzelt auch: Seele
mind = Geistig-Seelisches oder: Seele und Geist (als Pendant zu *body* = Körper); vereinzelt auch: Seele, Geist (jeweils alleine, wenn die Bedeutungsebene klar war)
mind healing = geistiges Heilen
mental = geistig-seelisch, vereinzelt: psychisch
spirit = Geist (im Sinne von: geistige Welt, geistiges Sein)
emotion = Emotion (mehr von innen kommend)
feeling = Gefühl (mehr von außen angeregt)

1

Wo Körper und Seele sich begegnen

Unsere Begegnung begann als Routinebesuch in meiner Praxis. Die zweiunddreißigjährige Linda, die auf dem Behandlungstisch lag, klagte über Schmerzen im unteren Rücken. Meine Untersuchung ergab nichts Ungewöhnliches, bis ich ihr rechtes Bein erreichte. Dort schoß ein brennender Schmerz von der Hüfte bis zu den Zehen. Ich hielt je eine Hand unterhalb ihrer Knie und drehte dabei, um die Flexibilität ihrer Hüftgelenke zu testen, ihre Beine langsam nach außen. Doch bei dieser Bewegung schrie sie.

„Halt, Sie tun mir weh! Halt! Halt!"

Ich war verblüfft. Ihr Körper zitterte vor Anstrengung, und doch war meine Berührung viel zu sanft, um ihr weh zu tun. Dann begann sie zu weinen – anfangs leise und schließlich in tiefen Schluchzern, eine Welle nach der anderen. Endlich wurde mitten in dieser Qual eine kindliche Stimme vernehmbar.

„Er wollte mich vergewaltigen", weinte sie, „vergewaltigen wollte er mich."

„Wer wollte Sie vergewaltigen?" fragte ich.

„Mein Vater", flüsterte sie. „Ich war elf Jahre alt, und er versuchte mich zu vergewaltigen."

Ihre Gefühle überwältigten sie von neuem. Und der Schmerz dieses traumatischen Erlebnisses wurde unter vielen Tränen freigesetzt. „Was geht hier vor?“ fragte ich mich. Es war klar, daß mein Wunsch, sie weiter zu untersuchen, zurückstehen mußte, damit sie ihre Bürde ablegen konnte. Bis ihre Qual vorüber war, unternahm ich deshalb nichts weiter und hielt nur ihre Hand. Zwanzig Minuten später schaute sie mich mit rotgeweinten Augen an und entschuldigte sich dafür, daß sie in meiner Praxis geweint hatte.

„Ich kam meines Rückens wegen zu Ihnen“, sagte sie, „nicht deshalb.“

„Sie brauchen sich nicht zu entschuldigen“, versicherte ich ihr, „wir können die Untersuchung morgen fortsetzen.“

Doch zu meiner Überraschung waren die Schmerzen in ihren Beinen größtenteils verschwunden, als sie vom Behandlungstisch aufstand. Linda bedankte sich dafür, daß ich ihr die Möglichkeit gegeben hatte, die mit diesem Erlebnis verbundenen Emotionen auszudrücken und loszuwerden. Sie erklärte, daß es auch ihr ein Rätsel sei, weshalb diese Gefühle gerade zu diesem Zeitpunkt zum Vorschein gekommen waren. Immerhin sei sie jahrelang in psychotherapeutischer Behandlung gewesen, um die in ihrer Kindheit erlebte sexuelle Mißhandlung zu bewältigen. Ich riet ihr, eine erneute Behandlung in Betracht zu ziehen, während ich weiter an der Korrektur der mit ihren Rückenschmerzen verbundenen Probleme arbeitete.

Die anhaltende Intensität eines Erlebnisses, das vor zwanzig Jahren stattgefunden hatte, überraschte und verblüffte mich. Es war mir nicht klar, weshalb meine Berührung ein so heftiges Freisetzen von Emotionen hervorgerufen hatte, und die tiefgreifende Wirkung dieses Freisetzens auf ihren körperlichen Zustand erstaunte mich. Ich war auch ein wenig erschreckt. Meine Ausbildung hatte mich darauf vorbereitet, mit dem Körper zu arbeiten. Seelisch-geistige Zusammenhänge waren für mich unbekanntes Gebiet.

Diese Erfahrung verfolgte mich noch Wochen später. Und bestimmte Fragen gingen mir nicht aus dem Kopf. Weshalb waren Lindas Emotionen so eng mit ihrem Körper verbunden? War es möglich, daß ihre emotionale Verfassung ihren körperlichen Zustand herbeigeführt hatte? Oder brachte ihr Körperzustand das traumatische Erlebnis aus der Vergangenheit wieder zurück? Wie brachte Berührung eine so tiefgreifende emotionale Befreiung zustande? Könnte es sein, daß andere Menschen auf ähnliche Weise reagierten? War es möglich, diese Reaktion therapeutisch einzusetzen?

Ich richtete meine Aufmerksamkeit auf die vielen verschiedenen Formen, wie Menschen auf Berührung reagieren. In den meisten Fällen löste die Berührung eine Vielzahl körperlicher Veränderungen aus, und die üblichen klinischen Reaktionen waren: weniger Schmerzen, bessere Entspannung der Muskeln, weniger Streß und Anspannung. Doch meine Patienten berichteten auch von anderen Vorkommnissen, wenn sie berührt wurden: von einem Gefühl, als würden sie ihren Körper verlassen; von lebhaften inneren Bildern; von einem veränderten Zeitbewußtsein; von spontanen Einsichten in die emotionalen, psychischen oder spirituellen Probleme, die ihren körperlichen Schmerzen oder ihrer Krankheit zugrundelagen. Diese Berichte stachelten – obgleich weniger dramatisch als meine Sitzung mit Linda – mein Interesse unablässig weiter an.

Die traditionelle medizinische Literatur beinhaltete – über die manuelle Therapie (Manipulation, Massage, Traktion, Reflexstimulation) hinaus – nur wenige Hinweise auf eine therapeutische Anwendung von Berührung. Manche Disziplinen rieten vom Berühren eindeutig ab. In der Psychologie und Psychiatrie zum Beispiel war das Berühren zwischen Therapeut und Patient verboten, damit der Fortschritt in der Therapie nicht „vergiftet" würde. Ich fand sogar einen Bericht einer medizinischen Gesellschaft, die zur Vermeidung von Gerichtsverfahren ihren Mitgliedern davon abriet, Patienten bei der Hand zu nehmen.

Dieses Interesse an der Berührung hatte offensichtlich viel mit der Beziehung zwischen Körper und Seele zu tun, denn in fast allen Berichten meiner Patienten über die Wirkung von Berührtwerden spielte die Seele eine Rolle. Die psychosomatische Medizin ist eine ziemlich gut etablierte Disziplin mit vielen verfügbaren Quellen. Doch auch hier wurde ich enttäuscht. Es fanden sich viele Hinweise auf die *heilende Wirkung des Geistes auf den Körper*, doch kaum ein Hinweis auf die *heilende Wirkung des Körpers auf Geist und Seele.* Aber es war diese Beziehung, die ich beobachtete, wenn Menschen berührt wurden.

Während ich noch nach einem Verständnis der Wirkung von Berührung suchte, hatte ich bei einem Seminar zum therapeutischen

Einsatz von Berührung ein persönliches Erlebnis auf genau diesem Gebiet. Hier hatte jeder Teilnehmer die Chance, von vier anderen manuellen Therapeuten gleichzeitig behandelt zu werden. Der jeweilige Leiter der „Sitzung“ bestimmte, wohin die Assistenten ihre Hände legen sollten, und half dem Behandelten, die jeweiligen persönlichen (emotionalen, geistig-seelischen oder spirituellen) Probleme zu bearbeiten, die während der Behandlung zum Vorschein kamen. Im Verlauf des einwöchigen Seminars wechselten die Teilnehmer in den Rollen von Leiter, Assistenten und Behandeltem ab.

Als die Assistenten während meiner letzten Sitzung als Behandelter ihre Hände auf verschiedene Stellen meines Körpers legten, tauchten innerhalb von Minuten unangenehme Kindheitserinnerungen auf. Vor meinem inneren Auge zogen Bilder meiner Eltern und meiner Schwester vorbei. Verborgene Gefühle schienen ans Licht zu kommen, und mein Körper war bei diesen frühen Erinnerungen sehr angespannt. Der Leiter forderte mich auf, über diese Gefühle zu sprechen, was ich auch tat. Als ich mich an meine Mutter erinnerte und daran, wie sie mich im Arm hielt, weinte ich sogar ein wenig. Schließlich ließ die belastende Wirkung dieser Erinnerungen nach, und mein Körper entspannte sich. Der Leiter wollte meine Sitzung beenden, doch in der Gruppe herrschte das unbestimmte Gefühl, daß meine Arbeit noch nicht abgeschlossen sei. Ich erinnere mich, daß jemand sagte: „Es ist noch nicht vorbei. Es gibt noch mehr zu tun.“

Meine Augen waren immer noch geschlossen, und ich hörte die anderen Teilnehmer leise miteinander sprechen. Sie beschlossen, ihre Hände alle auf meinen Bauch zu legen, auf eine Stelle unterhalb meines rechten Rippenbogens. Ihr Druck war fest, aber nicht schmerzhaft, und ich bot ihnen wenig Widerstand. Der Leiter forderte mich auf, mit meinen Gefühlen in Berührung zu bleiben, – welche auch immer dieses Mal auftauchen würden. Dies fiel mir wirklich schwer, denn ich war der Meinung, daß ich schon so viel wie nur möglich von meinen Kindheitserinnerungen losgelassen hatte. Und ich wußte ehrlich gesagt nicht, was sich an Gefühlen noch zeigen könnte. So blieben wir für einen Zeitraum, der mir wie eine halbe Stunde vorkam, in der Schwebe – ihre Hände drückten auf meinen Bauch, und ich fragte mich, was denn wohl noch zum Vorschein kommen könne.

Doch tief in meiner Seele braute sich ein Sturm zusammen, und ich hatte das vage Gefühl einer aufkommenden Sturmflut. Die unnachgiebige Berührung der Gruppe „fing“ mich schließlich ein. Ich hatte das Gefühl, in der Falle zu sitzen; ich wollte fliehen und konnte nicht. Es fühlte sich an, als erstickten und strangulierten sie mich, als hielten sie mich fest, obwohl ich verstandesmäßig wußte, daß dem nicht so war. Eine Stimme in mir sagte: „Entspanne dich, Clyde, bleibe gelassen.“ Doch die Ereignisse nahmen ihren eigenen Lauf.

„Sie bringen mich um“, dachte ich.

„Das ist doch verrückt“, sagte ich zu mir selbst.

Doch es war schon zu spät. Beim Gedanken daran, getötet zu werden, verspannte sich mein Bauch, und diese Spannung öffnete die Schleusen zu einer Flut von Bildern und Gefühlen. Augenblicklich war ich wieder auf den Straßen der Bronx, in denen ich aufgewachsen war, ein zwölfjähriger Schwarzer, der von einer „Gang“ weißer Straßenjungen gejagt wurde. Es war bei einem schiefgelaufenen Versteckspiel. Ich war der letzte, den eine Gruppe von etwa einem Dutzend Gleichaltriger suchte – sie waren alle weiß, ich war schwarz. Ich erinnerte mich lebhaft und in Einzelheiten ihrer Gesichter. Ich rief sogar ihre Namen: „Ray, Duffy, Mike, Nick“, und ich spürte den Stich ihrer rassistischen Schimpfwörter, die mich wie spitze Pfeile durchdrangen.

„Schnappt ihn euch“, schrien sie.

Sie hatten mein Versteck gefunden, und die ganze Gruppe von Straßenjungen stürzte auf mich zu. Mein ganzes Sein wurde von einem unüberwindbaren Schrecken gepackt. Ich sprang auf und begann zu rennen, rannte, rannte und rannte, schneller und weiter, als ich je gerannt war. Irgendwo in meinem Innern wußte ich, daß es kein Spiel mehr war.

„Ihr Schufte“, schrie ich auf dem Behandlungstisch, „ihr gemeinen Schufte.“

Ich hatte die Kontrolle verloren und erlebte ein psychohistorisches Drama wieder. Es war, als renne ich für jeden Schwarzen, der jemals von einem verrückt gewordenen, rachsüchtigen Mob gejagt worden war. Ich drehte mich nicht um, auch nicht, als sie die Jagd aufgaben. Ich rannte weiter. Ich sprang in einen Wagen der Untergrundbahn und fuhr eine paar Haltestellen, mein Körper wurde von Angst geschüttelt. Ich sprang ab und rannte weiter. Ich wußte nicht mehr, weshalb ich rannte, konnte aber nicht anhalten. Noch Jahre später rannte ich weiter, nur jetzt in meinen Träumen und nicht mehr in Wirklichkeit. Die Straßenjungen erschienen oft als eine Armee von Nazis, die mich, einen französischen Partisanen, durch die Straßen von Paris hetzten. Manchmal waren sie auch die japanische Armee, die mich als einen amerikanischen Soldaten im Zweiten Weltkrieg verfolgte. Unabhängig von der Art des Traumes rannte und erwachte ich immer mit demselben Gefühl des Schreckens und der Angst. „Ich hasse euch", schrie ich, „ich hasse euch, ich hasse euch."

Ich erinnere mich, daß mein Körper an diesem Punkt vom Tisch schnellte und meine Fäuste nach den Visionen der brüllenden Gesichter schlugen, die jetzt zu Hunden geworden waren, die nach mir schnappten und mich anbellten. Die Gruppe hatte alle Hände voll zu tun, um mich zurückzuhalten. Mein Körper zitterte, und die Tränen liefen mir übers Gesicht. Zu diesem Zeitpunkt griff der Leiter ein und half mir langsam, mich durch den Schrecken, die Angst und die Wut hindurchzuarbeiten, die ich all diese Jahre lang in meinem Körper versteckt gehalten hatte, und mich größtenteils davon zu befreien. Ich stellte mir vor, in meiner linken Schulter befände sich ein Ventil. Ich öffnete es in meiner Vorstellung und ließ so meinen Schrecken und meine Angst entweichen – die Technik wirkte sehr gut. Die Spannung in meinem Körper ließ nach, und ich fühlte eine Welle der Entspannung über mich rollen. Als ich meine Augen öffnete, fiel mir auf, daß ich wieder von einem Meer weißer Gesichter umgeben war – nur fühlten sie sich dieses Mal warm, hilfreich und liebevoll an.

Jetzt begann ich zu verstehen, was Linda, die als Kind sexuell mißbrauchte Patientin, bei meiner Berührung durchgemacht hatte. Ich war mir tatsächlich nicht bewußt gewesen, daß dieses Erlebnis so tief in meine Seele eingegraben war. Doch die richtige Art von Berührung löste eine spontane Erinnerung dieses Ereignisses aus, und der damit verbundene psychische Inhalt kam zutage. Später sagte ich nicht viel. Wie ließe sich solch ein Erlebnis auch in Worte fassen? Nach dieser intensiven Behandlung ging ich eine gute Stunde lang am Strand spazieren und war froh, ein so tiefgreifendes und langanhaltendes Problem angepackt zu haben. Ein Problem, das von meinem Bewußtsein so weit entrückt gewesen war.

Interessanterweise war auch ich vor diesem Seminar in psychotherapeutischer Behandlung gewesen. Ich hatte sogar mit meinem Therapeuten über diesen Vorfall gesprochen, aber in einem distanzierten, amüsierten und intellektuellen Ton. Als ich jedoch dasselbe Problem von der Körperebene her anging, kam ich endlich mit einer Reihe tiefer, mit diesem Ereignis verbundener Emotionen *in Berührung*. Die menschliche Berührung reichte über meinen Körper hinaus und zeigte mir den Kern meines Seins, meine tiefsten Gefühle und Gedanken. Es war ein bewegendes und heilendes Erlebnis, dessen Eindruck ich immer noch fühle. Es war ein Wendepunkt, und als ich daraus auftauchte, war ich grundlegend verändert.

Unser Körper erinnert sich, auch wenn das Bewußtsein vergißt. Er speichert unsere Tränen und Triumphe; unsere Freude und Trauer; unseren Ärger und unser Hochgefühl; unsere Schuldgefühle und unseren Kummer; unsere Befürchtungen und Hoffnungen; unsere niedrigsten Beweggründe und unsere höchsten Ziele; unsere Vergangenheit, unsere Gegenwart und unser Potential. Wenn wir das Verständnis für diese Aspekte unseres Menschseins nur in unserem Bewußtsein suchen, lernen wir nur einen Teil davon kennen. Denn auch unser Körper ist ein wesentlicher Teil unseres Menschseins.

Es war jetzt klar, daß Berühren therapeutisch weit über den Körper hinausreicht. Wie weit, das zeigte sich, als ich begann, neue Techniken in meine Praxis einzubeziehen. Von Anbeginn an waren die Ergebnisse tiefgreifend. Da war zum Beispiel Walter, ein vierzigjähriger Endokrinologe, den ich wegen seiner Schmerzen im unteren Rücken behandelte. Nach fast einem Jahr erfolgloser Behandlungen durch die herkömmliche Medizin hatte Walters Tochter ihn inständig darum gebeten, doch eine unorthodoxe Behandlungsweise für seine quälenden Schmerzen zu versuchen. Als Arzt war er einer chiropraktischen Behandlung gegenüber offensichtlich skeptisch eingestellt. Nach der ersten Untersuchung, den Röntgenaufnahmen und einem gründlichen Test meiner medizinischen Kenntnisse stimmte Walter jedoch einer Behandlungsreihe zu.

Die erste Sitzung verlief ohne bemerkenswerte Vorfälle. Ich setzte mein übliches Repertoire zur Behandlung von Schmerzen im unteren Rücken ein: Manipulation, Traktion und Reflexstimulation. Beim Weggehen fühlte sich Walter äußerst entspannt und bemerkte, seine Rückenschmerzen hätten nachgelassen. Bei der nächsten Sitzung beschloß ich, etwas Neues hinzuzufügen, obwohl ich mir über seine Reaktion als Arzt Gedanken machte. Ich fragte ihn also ganz sachlich, ob er mir dabei behilflich sein würde herauszufinden, wie seine Rückenschmerzen entstanden waren und warum sie periodisch immer wieder auftauchten. Nachdem er zugestimmt hatte, bat ich ihn, sich zu entspannen und sich auf den Punkt an seinem unteren Rücken zu konzentrieren, an dem ich eine leichte Traktion anwendete.

„Wie fühlt sich das an?" fragte ich.

„Das ist interessant", beobachtete er, „wenn ich mich darauf konzentriere, sehe ich eine gerade, schwarze Linie."

„Bleiben Sie bei diesem Bild", riet ich ihm, „und sehen Sie, wohin das führt."

Walter konzentrierte sich weiterhin auf seinen unteren Rücken, und ich streckte und behandelte die Stelle weiterhin sanft. Plötzlich platzte er heraus: „Sie bewegt sich, die Linie ist jetzt eine Welle geworden und bewegt sich. Das ist wirklich merkwürdig", fügte er hinzu.

Inzwischen drückte ich leicht auf seinen oberen Brustkorb und auf seinen Rücken. Nach mehreren Minuten erstreckte sich die wellenförmige Bewegung, die er anfangs in seinem unteren Rükken gespürt hatte, über sein Rückgrat bis in meine Hände. Als ich meine Hände zum Schädelrand bewegte, folgte die Welle, und sein ganzer Körper wogte sanft unter meiner Berührung.

„Unglaublich", bemerkte er, „mein ganzer Körper fühlt sich an, als schwebe er, als wiege er sich auf dem Wasser eines sehr ruhigen Meeres."

Am Ende der Sitzung wäre Walter am liebsten in diesem imaginären Ozean geblieben. Schließlich stand er auf und zog sich an. Mit den Kleidern kehrte auch die einem Arzt angemessene kritische, wissenschaftliche Haltung zurück.

„Was war das?" verlangte er zu wissen.

„Es ist mir noch nicht ganz klar", antwortete ich. „Wie fühlen Sie sich?"

„Sehr gut", sagte Walter etwas überrascht, „aber ich verstehe nicht, was diese Wellenlinie bedeutet. Ein ähnliches Gefühl des

Schwebens erlebe ich sonst nur in meinen Träumen, aber auf dem Behandlungstisch war ich wach. Ich war mir Ihrer Stimme und jeder Ihrer Bewegungen bewußt."

Beim Verlassen des Zimmers hörte ich ihn murmeln:

„Ich muß mir das überlegen, ich muß mir das genauer überlegen."

Bis zu unserer nächsten Sitzung hatte Walter über sein Erlebnis nachgedacht und berichtete mir folgendes:

„Die Linie war mein Rückgrat", sagte er. „Als gerade Linie spiegelte sie ein angespanntes und belastetes Rückgrat wider. Als Wellenlinie bedeutete sie ein Rückgrat, das sich allmählich entspannte und losließ."

Walters Augen weiteten sich vor Aufregung, als er mir erzählte, wie er das Bild einer Wellenlinie die Woche über eingesetzt hatte, wenn er spürte, daß sein Körper angespannt war. Es hatte ihm geholfen, entspannt zu bleiben, und seine Rückenschmerzen weitgehend verringert. Er war sehr interessiert daran, diese Kombination von körperlicher und geistig-seelischer Therapie fortzusetzen.

„Lassen Sie uns dies weiterführen", schlug er vor, „es ist sehr wichtig für mich."

Die folgende Sitzung erwies sich als noch lohnender. Wir begannen wie beim ersten Mal: Ich bat ihn, sich zu entspannen, während ich behutsam seinen Rücken streckte und manipulierte. Nur forderte ich ihn dieses Mal auf, sich seinen Rücken als Raum vorzustellen. Nach fünf Minuten des Schweigens fragte ich ihn, wo er sich befinde.

„Ich bin in einer Höhle", sagte er, „einer Höhle mit vielfarbigen Wänden."

Walter spazierte in seiner inneren Höhle umher, berührte die Wände und bemerkte, wie wenig Licht vorhanden war. Als ich ihn fragte, ob es einen Weg nach draußen gebe, schwieg er ungefähr eine Minute lang und teilte mir dann mit, im Boden der Höhle befinde sich ein Loch.

„Ich gehe jetzt durch das Loch", sagte er, „ich gehe jetzt durch."

Beim Austritt durch das Loch fühlte sich Walter wie „Alice im Wunderland“. Sein Erlebnis wurde sofort viel intensiver, und er berichtete mir in kurzen Stakkatoausbrüchen, was geschah.

„Unglaublich“, platzte er heraus, „ich fliege, ich fliege.“

Dann verfiel er ungefähr zwanzig Minuten lang in Schweigen. Ich arbeitete mit leichter Berührung und Streckung weiterhin von unten nach oben an seiner Wirbelsäule. Sein Körper bewegte sich ununterbrochen – manchmal wild, manchmal sanft. Von Zeit zu Zeit unterbrach er die Stille mit einem Ausbruch.

„Das ist unglaublich, einfach unglaublich!“

Als sich seine innere Reise ihrem Ende näherte, unterstützten meine Hände seinen Brustkorb und seinen oberen Rücken. Sein Körper wurde still, sein Atem veränderte sich, und er seufzte.

„Ich bin wieder am Höhleneingang“, sagte er. „Aber ich bin mir nicht sicher, ob ich wieder hinein will.“

Die Sitzung endete fünf Minuten später. Walter saß immer noch am Höhleneingang und erwog, ob er wieder eintreten solle. Er war nicht in der Verfassung, jetzt über sein Erlebnis zu sprechen, er lag nur einfach ruhig, tief entspannt und nachdenklich auf dem Behandlungstisch. Als ich ihn das nächste Mal sah, war ihm die Bedeutung dieser Sitzung klargeworden.

„Ich war aus meinem Körper ausgetreten“, sagte er erstaunt. „Ich habe Berichte von ähnlichen Erlebnissen gehört, ihnen aber nie viel Glaubwürdigkeit zuerkannt. Und doch war ich wirklich außerhalb meines Körpers. Ich sah mich auf dem Behandlungstisch liegen, und ich konnte auch Sie sehen, ich selbst aber schwebte darüber.“

„Die Höhle stellt mein gegenwärtiges Leben dar“, fuhr er mit trauriger Stimme fort. „In den Jahren seit der Universität ist mir viel verlorengegangen. Ich liebe meinen Beruf, aber ich stehe ununterbrochen unter Druck. Außerdem habe ich viele Dinge aufgegeben, die ich liebe, wie zum Beispiel das Malen, Musik und Lesen.“

„Das Loch im Höhlenboden war der Zugang zu meinem wahren Ich“, bemerkte er, „und das Erlebnis des Aus-dem-Körper-Tretens war eine Gelegenheit für mich, wieder eine Verbindung mit meiner Seele aufzunehmen. Die Unschlüssigkeit in bezug auf die Rückkehr in die Höhle war ein echter Ausdruck des Konflikts, der in mir herrscht. Soll ich mein Leben gestreßt und ohne spirituelle Wurzeln weiterführen?"

Dann teilte Walter mir mit, daß er sich nach diesen beiden Sitzungen entschlossen habe, die Teile seiner selbst, die er seiner Karriere geopfert hatte, wieder für sich in Anspruch zu nehmen. Er hatte bereits wieder mit Malen und Lesen begonnen und nahm sich auch Zeit für sein Geigenspiel. Walter kam aus einer nicht-westlichen Kultur mit tiefen spirituellen Wurzeln. Er hatte ältere Menschen zwar oft über ihre spirituellen Praktiken reden hören, hatte aber nie besonders darauf geachtet. Nach den beiden Sitzungen hatten diese wohlvertrauten Unterhaltungen eine neue Bedeutung gewonnen.

„Jetzt weiß ich, was meine Vorfahren meinten, wenn sie von der Verbindung mit dem eigenen geistigen Sein (*spirit*) sprachen", stellte er fest. „Ich bin jetzt gerade am Anfang dieses Prozesses."

Im Verlauf ähnlicher Sitzungen wurden die weitreichenden Wirkungen von Berühren deutlicher. Daß sich mit Hilfe von Berühren die dem körperlichen Schmerz zugrunde liegenden emotionalen und psychischen Probleme zutage fördern ließen, war eine wichtige Entdeckung. Doch daß es mit Hilfe von Berührung möglich war, Sinn und Ziel des eigenen Lebens wiederzufinden, war eine noch bedeutendere Erkenntnis. Wie in Walters Fall war dies oft ein besonders bewegendes spirituelles Erlebnis. Die Qualität der Zeit, die ich mit meinen Patienten verbrachte, veränderte sich dramatisch, nachdem ich mit Hilfe von Berührung über die Körperebene hinaus zu reichen begann. Früher hatte ich mit meiner manuellen Therapie Entspannung und körperliches Wohlbefinden erzielt; jetzt war mir bewußt, daß sich durch Berührung eine weite innere Welt erschließen ließ.

Berührung öffnete Türen zur Psyche, Türen, durch die man unter richtiger Führung den tieferen Grund hinter den offenbaren körperlichen Zeichen und Symptomen entdecken konnte. Wurde diese tiefere Schicht erreicht, traten tiefgreifende und bedeutungsvolle Veränderungen im Leben ein. Auch meine Praxis als Heiler veränderte sich beträchtlich. Meine Ausbildung hatte mich zum Spezialisten für manuelle Therapie gemacht. (Das Wort „Chiropraktik" stammt aus dem Griechischen: *cheir* = Hand, *praktikós* = tätig, wirksam.) Doch jetzt befand ich mich auf einem fremden

Gebiet, irgendwo zwischen manueller Therapie und Psychotherapie, in einem Grenzgebiet zwischen Körper und Seele. Diese Landschaft war keineswegs öde, sondern barg vielversprechende Möglichkeiten in sich.

In mancher Beziehung war meine Lage ein Spiegel der Zeiten. Denn die letzten beiden Jahrhunderte sahen eine zunehmende Annäherung von Körpertherapien und seelisch-geistigen Heilverfahren. Die neuen Therapieformen werden oft als *psychosomatische* (*psyche* = Seele, *soma* = Körper) oder *psychophysische* Medizin bezeichnet. Beide Namen weisen darauf hin, daß diese Heilweisen sich mit der Wirkung von Seele und Geist auf den Körper befassen. Das war ein großer Schritt zum besseren Verständnis vom Einfluß des Geistes auf die verschiedenen Körpersysteme, wie zum Beispiel die Muskulatur oder das Immunsystem. Daraus entstanden Behandlungsweisen, die sich auf die Verbindung zwischen Geist und Körper stützen. Zwei gute Beispiele dafür sind Biofeedback (für streßbezogene Beschwerden) und mentale Techniken zur Steigerung der Immunreaktion.

Die Rolle des Geistes bei der Genesung des Körpers ist ein faszinierendes Thema, das selbst im Bereich der herkömmlichen Medizin allmählich immer wichtiger wird. Die geistig-seelische Beeinflussung des menschlichen Immunsystems ist beispielsweise ein spannendes neues, als *Psychoneuroimmunologie* bezeichnetes Forschungsfeld. (Gefragt wird hier, wie der Geist auf dem Weg über das Nervensystem auf das Immunsystem wirkt.) Bis vor kurzem wurde angenommen, daß das Immunsystem autonom funktioniert und nur von sich aus auf das Vorhandensein unerwünschter „Agenten“ im menschlichen Körper reagiert. Wenn alles gut geht, neutralisiert das Immunsystem diese Fremdkörper und macht sie so ungefährlich für den Menschen. Im Fall von Krankheit wird das Immunsystem jedoch überwältigt oder untergraben, und dieser natürliche Schutz gegen Krankheit wird wirkungslos. Krebs und AIDS sind zwei solcher Fälle, in denen das Immunsystem überwältigt wurde.

Die frühen Studien von Simonton und Achterberg beweisen, daß Menschen mit lebensgefährlichen Krankheiten wie Krebs den Krankheitsprozeß rückgängig machen konnten, wenn sie ihr Immunsystem durch Visualisierung beeinflußten. Man lehrte sie, den Prozeß, den sie in ihrem Körper stimulieren wollten, mit ihrem „inneren Auge“ zu sehen. Diese Menschen verwendeten als

Abb. 1.1: Darstellung eines inneren Bildes, mit dem Testpersonen unter Hypnose die Aktivität ihres Immunsystems beeinflußten.

Symbole für eine aktive, nachdrückliche Reaktion ihres Immunsystems auf das Vorhandensein von Krankheitserregern Bilder von Armeen, die fremde Eindringlinge überwältigen, große Fische, die kleinere Fische verschlingen, und Kampfflugzeuge, die sich im Sturzflug auf ihr Ziel stürzen. Die Studien bewiesen, daß die Krankheit in vielen Fällen, in denen diese Techniken gewissenhaft angewendet wurden, abklang.

Dies deutete darauf hin, daß sich die Reaktion des Immunsystems durch Visualisierung beeinflussen läßt, war aber noch kein endgültiger Beweis. Dann zeigte eine Reihe von Tierversuchen, daß sich die Anzahl der weißen Blutkörperchen (der Hauptbestandteil des Immunsystems) auf dieselbe Art und Weise konditionieren läßt wie die Pawlowschen Hunde, deren Speichelfluß schon beim Klang einer Glocke einsetzt. Folgestudien an menschlichen Testpersonen bestätigten, daß es möglich ist, die Funktion des Immunsystems zu beeinflussen.

In einer Versuchsgruppe wurden die Testpersonen einer Substanz ausgesetzt, die das Immunsystem angreift, die jedoch keine lebensbedrohende Krise auslöst. Als man ihnen unter Hypnose suggerierte, ihre weißen Blutkörperchen seien wie „starke Haie", die „schwache Bakterien" angreifen, waren sie in der Lage, die Zahl ihrer weißen Blutkörperchen auf das zur Neutralisierung der Fremdkörper notwendige Maß zu erhöhen.

Eine andere Studie untersuchte die Beziehung zwischen Depression und dem Immunsystem. Das Messen der Anzahl der weißen Blutkörperchen, die als Reaktion auf den Kontakt mit experimentellen Fremdsubstanzen produziert wurden, zeigte bei schwer depressiven Personen auch ein stark unterdrücktes Immunsystem. In dem Maße, wie sich die Personen jedoch von ihrer Depression erholten, besserte sich auch die Reaktion ihres Immunsystems. Es stellte sich also heraus, daß der Grad an Depression in Bezug zur Reaktion ihres Immunsystems stand und umgekehrt. Aus diesen und ähnlichen Gründen entwickelten psychologisch orientierte Therapeuten mehr und mehr ein Verständnis der Bedeutung der geistigen Haltung für die Gesundheit des Körpers.

Aber es gibt auch die andere Seite dieser Annäherung, die Seite der körperorientierten Therapeuten. Damit meine ich all jene Therapeuten, deren Therapie sich in erster Linie auf den menschlichen Körper bezieht. In dieser Gruppe gibt es ein breites Spektrum an Verfahren. Die bekanntesten Körpertherapien sind Chiropraktik, Osteopathie, Physiatrie (ein Zweig der Medizin), Krankenpflege, Physiotherapie und Massage. Eigentlich beruhen auch viele andere Verfahren auf körperbezogenen Behandlungsweisen: Beschäftigungstherapie, Rolfing, Polaritätstherapie, Strukturelle Integration, Funktionelle Integration (Feldenkraistechnik), Hellerarbeit, Hakomi, Träger, Psychophysische Integration, Alexandertechnik, Angewandte Kinesiologie, – das sind nur einige der nicht-orthodoxen Disziplinen. Dann gibt es auch noch die ganz andere Gruppe von Körpertherapeuten, die ohne direkte Berührung mit dem Körper arbeiten: gymnastische Therapeuten, Tanztherapeuten, Yoga- und Bewegungstherapeuten sind Beispiele aus dieser Gruppe.

Da die Körpertherapeuten die Annäherung von Geist- und Körperorientierung vom Standpunkt des Körpers aus angehen, unterscheidet sich ihr Gesichtspunkt von dem der Psychotherapeuten, die sich dem Zusammenschluß vom Geistig-Seelischen her nähern. Körpertherapeuten sind also an der Wirkung des Körpers auf die

Gesundheit der Seele interessiert. Jedoch liegt dieses Interesse in Wirklichkeit nicht bei allen Körpertherapeuten vor. In der Tat gibt es mehr Psychotherapeuten, die sich für die Wirkung der Seele auf den Körper interessieren, als Körpertherapeuten mit Interesse für die Wirkungen des Körpers auf Seele und Geist. So verläuft die Annäherung von Geist- und Körperorientierung also etwas einseitig. Und als körperorientierter Therapeut, der am Geistig-Seelischen interessiert ist, befinde ich mich noch mitten in diesem Prozeß.

Ich habe selbst erlebt, daß der Körper durch Berührung einen unschätzbaren Zugang zur Seele verschafft. Eine Berührung ist etwas Einmaliges und hebt die Therapie über den traditionellen Weg der Psychologie, nämlich das Gespräch, hinaus. Das mag daher kommen, daß wir schon lange vor dem Sprechenlernen wußten, was Berührung ist. Als Menschen wurden wir durch Hautkontakt gezeugt, geboren und geformt. Berühren ist unsere erste Sprache. Bevor wir ein Wort äußern, einen Ton hören, ein Bild sehen, einen Geruch oder einen Geschmack wahrnehmen konnten, kommunizierten wir durch Berühren. In der Gebärmutter reagierte unser noch kaum geformter Körper auf die Welt durch das einzige verfügbare Sinneswerkzeug, den Tastsinn. Oft spüre ich, wenn ich meine Hand auf den Bauch einer schwangeren Frau lege, wie das Ungeborene sich auf meine Berührung zu oder manchmal vielleicht auch davon wegbewegt.

Noch monatelang nach der Geburt war das Berühren unser wichtigstes Mittel zum Verstehen der Welt. Als Neugeborene unterschieden wir kaum zwischen Körper und Geistig-Seelischem. Der Geist zeichnete auf, was der Körper erlebte, und der Körper speicherte, was der Geist aufzeichnete. Sehen und Hören erlangten schließlich die Oberhand, doch erinnert uns ein Axiom der menschlichen Entwicklung daran, daß die zuerst geformten Körpersysteme die wichtigsten sind. Die Art, in der sich unser Körper mit der Welt austauscht, unterscheidet sich nicht von der des Un- oder Neugeborenen. Wie das Schaltsystem eines modernen Computers liefert uns das Berühren einen direkten, sofortigen Zugang zur Erinnerungs-„Datenbank“ des Geistes und zum „Speicher“ des Körpers.

Berühren schafft auch eine für den Heilungsprozeß unentbehrliche, wirkungsvolle therapeutische Bindung. Sich jemandem durch eine Berührung zuwenden ist ein überdauerndes Symbol des

Menschseins, ein universelles Zeichen des Heilens. Seit Millionen von Jahren betreten und verlassen wir diese Welt durch die Arme anderer Menschen. Betrachten Sie den Beginn und das Ende des Lebens – eine Mutter, die ihr Neugeborenes im Arm hält, und Michelangelos Pietà – und fühlen Sie, wie sehr sich ihre Botschaften von Liebe, Mitgefühl und Heilen-durch-Berührung ähneln.

Der Tastsinn beruht auf Gegenseitigkeit. Wir können einen anderen nicht berühren, ohne gleichzeitig selbst berührt zu werden. Auf dieser Eigenschaft der Berührung beruht die Stärke des therapeutischen Bandes. Der Versuch zu heilen erfolgt oft über eine bestimmte Distanz, – über den Schreibtisch, den Ladentisch oder die Meßskalen von Instrumenten hinweg. Auf diese Weise vermeiden wir den „menschlichen Faktor". Beim Berühren ist der menschliche Faktor jedoch unumgänglich – und wird in der Tat zum zentralen Aspekt des Heilens.

Für manche Therapeuten stellt das Berühren ein Dilemma dar. Den Psychotherapeuten wird zum Beispiel seit Freud streng davon abgeraten, ihre Patienten anzufassen, weil befürchtet wird, daß dadurch unbewußte sexuelle Probleme zutage treten und den therapeutischen Prozeß zum Entgleisen bringen. Zweifellos ist das einer der Gründe, weshalb der Körper in der orthodoxen Psychotherapie so lange vernachlässigt wurde. Doch ein Risiko ist kein Grund dafür, ein wichtiges therapeutisches Verfahren außer acht zu lassen. Vielleicht bedarf es nur eines erhöhten Bewußtseins der möglichen Gefahr und neuer Umgangsmethoden für den Fall ihres Auftretens.

Jeder Körpertherapeut kann die oft magische Qualität einer anhaltenden Berührung bezeugen. Sie kann nicht nur den Klienten, sondern auch den Therapeuten in Bann schlagen. Berühren fördert den Rapport, die persönliche Beziehung zwischen Therapeut und Klient, den Schlüsselfaktor einer erfolgreichen Therapie, ob es sich nun um Körper- oder Psychotherapie handelt. Das Erstaunliche daran ist, daß Berührung diesen therapeutischen Rapport so leicht zustande bringt.

*

Jean war eine dreißigjährige Filmregisseurin, deren stundenlanges Arbeiten mit schwerer Kameraausrüstung durch einen stechenden Schmerz zwischen ihren Schulterblättern in Frage gestellt wurde. Sie hatte in zwei vorangegangenen Sitzungen gut auf die Behandlung angesprochen. In dieser Sitzung bemerkte ich, daß sie rasch in einen Zustand tiefer Entspannung sank, der mich an den halbwachen Zustand vor dem Einschlafen erinnerte. Ihre Muskeln zuckten einige Male, sie tat einen tiefen Seufzer der Erleichterung, und ihr ganzer Körper entspannte sich auf dem Behandlungstisch. Ich beobachtete diesen Übergang ihres Körpers in einen anderen Zustand, während ich an ihren Füßen arbeitete und ihre Beine sanft nach innen und außen drehte.

Das Nächste, an das ich mich erinnere, ist, daß meine Hände auf ihrem Kopf lagen, und ich hörte meine Stimme leise sagen:

„Richten Sie Ihre Aufmerksamkeit jetzt wieder auf Ihren Atem, und wenn Sie sich dazu bereit fühlen, strecken Sie sich, atmen Sie tief und öffnen Sie Ihre Augen."

Ich schaute auf meine Uhr und bemühte mich um eine Erklärung für die dreißig Minuten, die gerade verstrichen waren. Ich erinnerte mich vage daran, meine Hände auf verschiedene Partien ihres Körpers gelegt zu haben. Ich erinnerte mich auch daran, Jean in ein Gespräch verwickelt und sie aufgefordert zu haben, an den Stellen, an denen meine Hände lagen, mit Visualisierungen zu arbeiten. Aber ich hatte keine Erinnerung daran, was ich gesagt hatte oder wie meine Hände von ihren Füßen zu ihrem Kopf gelangt waren. „Danke", sagte sie am Ende der Sitzung, „diese Sitzung bedeutet mir viel."

Ich lachte leise, schweigend und leicht verlegen in mich hinein. Auch ich war – ähnlich wie Jean – in einen halbwachen Zustand versunken, und es war nicht das erste Mal gewesen. Tatsächlich haben mir viele Körpertherapeuten halb verlegen eingestanden, daß auch sie zumindest einmal etwas Ähnliches erlebt haben. Es ist zwar peinlich, wenn es so aussieht, als schliefe der Therapeut während der Sitzung, doch kann es dafür im Fall von Berührungstherapie einen guten Grund geben.

Es gibt inzwischen genügend Erkenntnisse über diesen Zustand des Halbschlafs, den sogenannten *hypnagogischen Zustand* (wohl zu unterscheiden vom hypnotischen Zustand). Die ihm eigenen dramatischen Veränderungen in der Aktivität der Gehirnwellen, das dadurch mögliche psychosomatische Heilen, der leichte Zugang zum Unbewußten und die fließende Grenze zwischen Körper und Geistig-Seelischem sind bekannt. Der Körper führt aus, was der Geist bedenkt. Und der Geist nimmt auf, was der Körper erlebt. Es ist dann nicht verwunderlich, daß durch Berühren ein Zustand geschaffen wird, der zwei Menschen in einem über die Grenzen der konventionellen Therapie hinausreichenden Genesungsprozeß zusammenbringt.

Die Erforschung dieses Neulands des Heilens durch Berührung ist spannend. Anfangs war mein größtes Problem die Antwort auf eine einfache Frage, die mir immer wieder gestellt wurde: „Diese Arbeit ist wirklich interessant, Herr Doktor; wie nennt sie sich?"

Eine Zeitlang war es in Ordnung, keinen Namen dafür zu haben. Dann las ich eines Tages das Werk des italienischen Psychiaters Roberto Assagioli. Die Ähnlichkeit zwischen seinem Begriff des Heilens durch den Geist und meinen Gedanken über das Heilen durch den Körper fiel mir sofort auf. Assagioli nannte seine Therapie *Psychosynthese*; ich schuf den Begriff *Somatosynthese*, um meine Arbeit zu beschreiben.

Somatosynthese gibt besser als jede andere Bezeichnung das Wesen dieser Therapie wieder. Zunächst einmal leitet sich der Name *Somatosynthese* von zwei griechischen Wörtern ab: *somato* ist die gebeugte (deklinierte) Form von *soma* = „Körper", und *sýnthesis* bedeutet Integration von getrennten Elementen zu einem Ganzen. Der Begriff „Synthese" impliziert auch eine bestimmte Betrachtungsweise dieses Ganzen. Im klassischen Sinne stellt eine Synthese die Vereinigung zweier entgegengesetzter Positionen dar. Man beginnt mit einer gegebenen Annahme, der „These", geht über zur Betrachtung ihres Gegenteils, der „Antithese", und gelangt schließlich zu einer Vereinigung der beiden auf höherer Ebene, der „Synthese". „Körper" und „Geist/Seele" sind zwei solche einander entgegengesetzten Pole.

Als Körpertherapeut besteht meine grundlegende Annahme darin, daß der Körper für den Heilungsprozeß von Bedeutung ist (These). Dieser Ansicht steht die Wichtigkeit des Geistig-Seelischen gegenüber (Antithese). Die Synthese ergibt sich in dem Bereich, in dem beide zusammentreffen, und genau das ist der therapeutische Inhalt meiner Arbeit. Wie manche andere Therapieformen dieses Zusammenfließen vom Geistig-Seelischen aus angehen, nähere ich mich ihm (mit der Somatosynthese) von der Körperebene her. Dadurch wird die Berührung die wichtigste Kraft beim Erreichen der Synthese von Körper und Geist.

Synthese ist das Gegenteil von Analyse. „Analyse“ stammt ebenfalls aus dem Griechischen und bedeutet Auseinandernehmen oder Zerlegen eines Ganzen in seine Bestandteile (*ana* = auf; *lýsis* = Lösung, Trennung). In der Psychotherapie schlug Assagioli deshalb als Antwort auf die frühe Freudsche Psychoanalyse den Begriff der Psychosynthese vor. Er fand, daß Psychoanalyse zu viel Gewicht auf das Zerlegen der Psyche in ihre einzelnen Elemente, auf die Identifikation und die Behandlung der erkrankten Elemente lege. Nach Meinung Assagiolis gibt es so etwas wie ein *isoliertes* menschliches Problem nicht.

Die traditionellen Heilverfahren für den Körper beruhen auch auf einem analytischen Denken: ein körperliches Symptom wird zum Zeichen für einen Krankheitsprozeß; man sucht nach der Krankheit, unterscheidet sie von Krankheiten, die ähnliche Symptome hervorrufen, und behandelt die isolierte Krankheit. Das ist die theoretische Grundlage der modernen medizinischen Diagnose und Behandlung.

Wenn an diesem analytischen Zugang zur Heilung etwas problematisch ist, dann ist es der Umstand, daß das Individuum (das „Unteilbare“!) fragmentiert bleibt. Eine meiner Lieblingsgeschichten über die analytische Gesundheitspraxis betrifft eine Patientin, die ich in den Anfangsjahren meiner Praxis behandelte.

*

Anne war eine Frau mittleren Alters, die zu mir kam, nachdem sie sich in der örtlichen Universitätsklinik wegen Bauchschmerzen hatte untersuchen lassen. Zu meiner Überraschung teilte sie mir mit, sie sei in der Klinik gründlich „holistisch“ diagnostiziert worden. Als ich sie um eine nähere Beschreibung bat, erzählte sie mir:

> „Zuerst suchte ich meinen praktischen Arzt auf. Er war sich nicht schlüssig, was das Problem sein könnte, und überwies mich an einen Internisten.

Der Internist war der Meinung, ich solle einen Magen-Darm-Spezialisten zu Rate ziehen. Der Gastroenterologe war ebenfalls verunsichert und schlug deshalb vor, ich solle einen Kardiologen konsultieren. Als meine Herzuntersuchung ohne Befund blieb, verwies mich der Herzspezialist an einen Endokrinologen, weil er dachte, es könne vielleicht hormonbedingt sein. Der Endokrinologe fand nichts Bestimmtes und schickte mich vorsichtshalber zu meinem Gynäkologen. Der Frauenarzt sagte, soweit es sein Fachgebiet angehe, sei ich problemfrei, und überwies mich an einen Psychiater. Der Psychiater versicherte mir, geistig-seelisch sei bei mir alles in Ordnung. ‚Vielleicht sollten Sie abwarten, bis die Schmerzen schlimmer werden‘, riet er mir; ‚dann kann Ihnen bestimmt jemand sagen, was los ist.‘“

Bei diesem Ansatz des Heilens werden Stücke von Körper und Seele an verschiedene Spezialisten ausgehändigt. Ich will damit nicht sagen, daß wir die Analyse aus der Heilkunst verbannen sollten, doch wenn wir einen Menschen nur als Ansammlung von isolierten Einzelteilen behandeln, verlieren wir jeden Sinn für das Ganze.

Vergleichen Sie Annes Fall mit dem einer anderen Patientin, die ich auf Unterleibsschmerzen hin behandelte.

*

Jenny, eine vierzigjährige Computerprogrammiererin, hatte ihres Problems wegen einen Gynäkologen, einen Internisten und einen Psychologen konsultiert. Jenny hatte vor kurzer Zeit zum ersten Mal geheiratet, und sie und ihr Ehemann freuten sich trotz ihres Alters darauf, vielleicht bald Kinder zu haben. Sie wollte sicher sein, daß ihre Unterleibsschmerzen diese Möglichkeit nicht gefährdeten.

Nachdem sie eine Woche lang die genannten Spezialisten konsultiert hatte, kam Jenny in meine Praxis. Keine ihrer Untersuchungen hatte eine Unregelmäßigkeit ergeben, doch ihre Unterleibsschmerzen hatte sie nach wie vor. Als sie auf dem Behandlungstisch lag, unterstützte ich ihren unteren Rücken mit einer Hand und ließ meine andere Hand direkt gegenüber leicht auf ihrem Unterleib ruhen. Nachdem sie sich entspannt hatte, bat ich sie, sich auf ihren Atem und auf die Bauchpartie unter meiner Hand zu konzentrieren.

„Da ist etwas“, sagte sie, „etwas, das sich wie eine Masse in meinem Bauch anfühlt.“

Auch ich spürte etwas unter meiner Hand. Doch nach mehreren Minuten anhaltender leichter Berührung schien sich diese Stelle zu entspannen, und was immer auch unter meiner Hand gewesen war, schien wegzuschmelzen. Auch Jenny bemerkte, daß sie das Gefühl habe, die Masse sei verschwunden. Danach unterstützte ich ihren Rücken und ihre Brust mit meinen Händen auf der Höhe ihres Brustkorbs. Als ich sie dazu anhielt, sich dieser Stelle mehr bewußt zu werden, sprach sie über ihre Angst davor, so spät im Leben noch ein Kind zu haben. Sobald sie darüber zu sprechen begann, stellten sich auch ihre Bauchschmerzen wieder ein.

„Ich glaube, da besteht ein Zusammenhang“, sagte sie. „Es ist, als ob die Stelle in meinem Bauch meine Angst vor einer Schwangerschaft gespeichert hätte.“

Sie hielt einen Moment inne und kam dann blitzartig zu der Einsicht, daß die schlimmsten Schmerzen aufgetreten waren, als sie sich mit ihrem Mann über Kinder unterhielt. Also legte ich meine Hände nochmals unter und auf ihren Bauch und spürte wieder eine erhabene Stelle unter meiner oberen Hand. Erneut forderte ich sie auf, sich auf ihren Unterleib zu konzentrieren.

„Es fühlt sich dort jetzt dunkel und angsterfüllt an“, berichtete sie. „Ich habe das Gefühl, als hätte ich eine Menge Angst bei dem Gedanken, ein Kind zu bekommen.“

Unter meiner Hand spürte ich nun wieder, wie ihr Unterleib sich langsam entspannte.

„Wir wollen uns diesmal mehr Zeit für diese Stelle nehmen“, schlug ich vor. „Konzentrieren Sie sich weiterhin auf diese Stelle, und werden Sie der Bilder gewahr, die von dort auftauchen.“

Nach fünf Minuten der Stille begann Jenny ein Haus zu beschreiben, das sie vor ihrem geistigen Auge sah.

„Ein kleines Mädchen tritt aus dem Haus“, sagte sie. „Ach du Schreck, das bin ja ich.“

Diese Erkenntnis brachte eine Flut von Erinnerungen und Emotionen aus ihrer Kindheit mit sich. Jennys überwältigendstes Gefühl war dasjenige, von ihren Eltern nicht unterstützt und geliebt zu werden.

„Ich hatte nie das Gefühl, gut genug zu sein, und ich hatte nie das Gefühl, daß sie mich wirklich wollten“, behauptete sie. „Ich habe meine Heirat und den Gedanken an Kinder hinausgezögert, weil die Erinnerungen an diese Zeit in meinem Leben so schmerzhaft sind. Wenn ich jetzt an Kinder denke, kommen alle Schmerzen aus meiner eigenen Kindheit wieder zurück.“

Jenny weinte, und diese freigewordene Emotion schien sie noch tiefer in die wiedererlebten Schmerzen zurückzuversetzen.

„Diese Unterleibsschmerzen sind nicht nur die Angst vor einem Kind“, erkannte sie, „es sind die Schmerzen und die Angst, die ich seit meiner eigenen Kindheit in meinem Körper gespeichert habe.“

Nachdem sie endlich mit dem psychischen Grund ihrer körperlichen Schmerzen in Berührung gekommen war, seufzte Jenny vor Erleichterung. Ihre Unterleibsschmerzen ließen nach, und sie beendete die Sitzung mit den Worten: „Ich will zuerst *das Kind in mir* heilen, bevor ich selbst ein Kind bekomme.“

Der Unterschied zwischen den Fällen von Anne und Jenny spiegelt den Unterschied zwischen Analyse und Synthese. In Annes Fall wurden Versuche unternommen, durch *Verengung* des Blickwinkels das Problem aufzuspüren. Für Jenny *erweiterten* wir den Blickwinkel, um die wahren Probleme zu klären – der Körper wurde zum Beförderungsmittel, das uns dem Geistig-Seelischen näher brachte. Die Somatosynthese baut auf der grundlegenden Voraussetzung auf, daß es für das Verständnis und die Behandlung körperlicher Zeichen und Symptome einen weitergefaßten, nicht-physischen Rahmen gibt. Vielleicht wollen Sie den Wert dieser Aussage mit der folgenden Übung an sich selbst überprüfen.

– – – – – – – – – – – –

Übung: Körpererinnerung

Diese Übung läßt sich sich am besten durchführen, wenn Sie jemand dabei anleitet. Wenn Sie auf sich allein gestellt sind, lesen Sie die Schritte so oft durch, daß Sie jeden Schritt auswendig ausführen können.

1. Machen Sie es sich bequem und entspannen Sie sich. Wenn Sie sitzen, sollte Ihr Rückgrat aufrecht sein und beide Füße flach auf dem Boden. Im Liegen spreizen Sie die Beine leicht und lassen Ihre Arme etwas vom Körper entfernt ruhen. Konzentrieren Sie sich eine Zeitlang auf Ihren Atem. Beobachten Sie das Ein- und Ausatmen, ohne Ihren Atem kontrollieren zu wollen, und lassen Sie Ihre Atemzüge von ganz alleine tiefer werden. Richten Sie Ihr Bewußtsein nach innen, als könnten Sie in Ihren Körper hineinschauen.

2. Wählen Sie einen Körperteil, an dem Sie arbeiten wollen. Es kann dies ein beliebiger Körperteil sein oder vielleicht auch eine Stelle, die für Sie eine besondere Bedeutung hat; vielleicht eine Stelle, die schmerzt oder die einmal verletzt war. Es kann auch eine Körperpartie sein, die Ihnen besonders wichtig ist – zum Beispiel Ihre Beine, wenn Sie ein Tänzer sind, Ihre Arme, wenn Sie ein Zimmermann sind. Es kann aber auch einfach eine Stelle an Ihrem Körper sein, auf die Sie sonst wenig achten.

3. Berühren Sie diese Stelle, oder lassen Sie jemanden diese Stelle berühren. Wenn möglich bitten Sie einen Freund, dem Sie vertrauen, die von Ihnen gewählte Stelle zu berühren. Ist das nicht möglich, berühren Sie die Stelle selbst. Wenn Sie die Stelle nicht erreichen können, konzentrieren Sie sich einfach darauf.

4. Erinnern Sie sich an die somatische (körperliche) Geschichte dieser Stelle. Beantworten Sie die folgenden Fragen nicht laut; lassen Sie sich vielmehr so viel Zeit, daß die Antworten von selbst in Ihrem Geist auftauchen.

a) Wann waren Sie sich das letzte Mal dieser Körperstelle bewußt? Welches Gefühl war mit diesem

Bewußtsein verbunden? (Angenehm, schmerzhaft, liebevoll, angstbesetzt, fröhlich, ärgerlich usw.)

b) Wenn Sie sich nun zurückerinnern, zu welchen Zeitpunkten waren Sie sich dieser Stelle bewußt? Wie weit können Sie sich zurückerinnern? Wann waren Sie sich dieser Stelle zum ersten Mal bewußt? Wie fühlte sich dieses Bewußtsein jeweils an?

c) Welche Bilder kommen Ihnen in den Sinn, wenn Sie dieser Stelle so viel Aufmerksamkeit schenken? Wie fühlen sich diese Bilder für Sie an?

d) Wenn diese Körperstelle sprechen könnte, was würde sie sagen? Wie würde sich das anhören?

e) Wie wichtig ist diese Körperstelle für Sie? Was empfinden Sie bei der Wahrnehmung der Bedeutung dieser Körperstelle?

f) Welches neue Bewußtsein haben Sie jetzt von dieser Stelle Ihres Körpers? Wie ließe sich dieses neue Bewußtsein in Ihr Leben eingliedern?

5. Richten Sie Ihre Aufmerksamkeit langsam wieder auf Ihren Atem, und wenn Sie sich dazu bereit fühlen, strecken Sie sich, atmen Sie einige Male tief ein und aus und öffnen Sie Ihre Augen.

– – – – – – – – – – – –

Berührung ruft Körpererinnerungen hervor, und diese sind ein wesentlicher Bestandteil des Somatosynthese-Verfahrens. Viele Menschen erleben ähnliche Erinnerungen durch Gerüche. Vielleicht kennen Sie die Erfahrung, daß der Geruch einer frisch aufgeblühten Blume oder frisch gemähten Grases manchmal plötzliche Erinnerungen an Zeiten in Ihrem Leben wachruft, als Ihnen dieser Geruch schon einmal begegnet ist. Solche blitzartigen Erinnerungen sind oft sehr reich an visuellen und gefühlsmäßigen Einzelheiten. Ebenso kann eine Berührung im Körper gespeicherte Erinnerungen abrufen. Frühkindliche Erlebnisse fallen in diese Kategorie und werden deshalb oft durch Berührung zugänglich.

Schließlich wird unser Gehirn seit den frühen Stadien der Schwangerschaft bis mehrere Jahre nach der Geburt in erster Linie vom Tastsinn programmiert. Bevor unsere Gehirnstruktur voll entwikkelt ist, erleben wir die Welt durch unseren Körper, und das geschieht durch Berührung. Später kann Berühren diese frühen Erinnerungen wieder hervorrufen.

*

Elaine war eine Frau von ungefähr dreißig Jahren, die ich wegen ihrer Schulterbeschwerden behandelte. In unserer ersten Somatosynthese-Sitzung legte ich beide Hände leicht von unten und oben auf ihre rechte Schulter. Die Muskeln dort waren offensichtlich angespannt, aber es war dort auch das Gefühl von etwas anderem vorhanden.

„Das hört sich vielleicht etwas merkwürdig an“, sagte ich, „aber Ihre Schulter fühlt sich an, als stecke etwas Scharfes darin, ein Messer vielleicht oder ein Pfeil.“

Meine Aussage folgte einer dieser plötzlichen Eingebungen, die ich im Laufe der Jahre als wertvolle therapeutische Informationsquellen zu schätzen gelernt hatte. Ich bat Elaine, sich zu entspannen und ihre Aufmerksamkeit auf diese Stelle zu richten. Nach fünf bis sechs Minuten Stille informierte sie mich, daß es sich nicht um ein Messer oder einen Pfeil handele.

„Es ist eher ein Speer“, rief sie aus, „es ist, als stecke ein Speer in meiner Schulter.“

Nachdem sie sich noch weiter entspannt hatte und die Bilder, die mit dieser Stelle in Beziehung standen, in sich aufsteigen ließ, erzählte sie, was ihr im Alter von zwei Jahren geschehen war.

„Ich hörte, wie meine Mutter mit meinem Vater sprach“, erinnerte sie sich. „Sie sagte, sie habe überhaupt nicht schwanger werden wollen und mich nie gewollt. Das zu hören tat mir wirklich weh, und ich glaube, daß ich diese Aussage in meine Schulter gesteckt habe.“ Diese Erkenntnis Elaines führte uns tiefer in ihre Beziehung zu ihren Eltern und in das Gefühl des Unerwünschtseins. Ähnlich wie im vorher zitierten Fall mußte diese Zweijährige geheilt werden, bevor die Erwachsene geheilt werden konnte. Also zerrte ich an Elaines Schulter herum, als zöge ich tatsächlich einen Speer daraus hervor. Das symbolische Entfernen des Speers aus der Schulter der Zweijährigen erleichterte im Endeffekt die Schulterschmerzen der Erwachsenen. Danach konnte Elaine ihre Schulter ohne Schmerzen bewegen.

Nicht nur frühkindliche Erlebnisse werden auf der Körperebene gespeichert, fast alle Krankheiten oder Verletzungen haben unabhängig von dem Zeitpunkt ihres Auftretens eine somatische Komponente. Ein gutes Beispiel dafür ist ein Autounfall. Als Folge von Halswirbelzerrungen setzen nach Autounfällen oft schmerzhafte Halsmuskelkrämpfe ein. Zum Teil verkrampfen sich die Halsmuskeln aus Gründen der Vorbeugung. Sie spannen sich an, um eine weitere Verletzung zu verhindern. Das Problem liegt hier darin, daß die Krämpfe noch lange Zeit nach dem Unfall weiterbestehen. In gewissem Sinne ist der Krampf die somatische Erinnerung an den Unfall. Aber als Folge des Traumas wird mehr als nur die Spannung in den Muskeln gespeichert.

Viele Emotionen tauchen in den Sekunden vor dem Aufprall auf, besonders wenn ein Mensch vorgewarnt ist und auf das unvermeidliche Trauma wartet. Alle zur Unfallzeit vorhandenen Gefühle werden dann zusammen mit dem körperlichen Trauma im Körper gespeichert. In einem solchen Fall erfordert das Heilen sowohl das Freisetzen der körperlichen als auch das der emotionalen Schmerzen. Auch hier spielt das Berühren eine Rolle.

*

Caseys Mutter vereinbarte mit meiner Praxis einen Termin für ihren Sohn, der kurz zuvor sein Auto bei einem Bremsversuch auf einer nassen, schlüpfrigen Straße zu Schrott gefahren hatte. Das Auto war ins Schleudern geraten und auf einen Baum gestoßen. Glücklicherweise war der siebzehnjährige Casey angeschnallt. Er erlitt nur geringfügige Schnittverletzungen und beharrte darauf, daß es im gut gehe.

„Die Nackenschmerzen vergingen nach ein paar Tagen“, berichtete er mir selbstzufrieden, „es geht mir jetzt blendend.“

Es war mir klar, daß Casey nur auf Drängen seiner Mutter zu mir gekommen war. Während der ersten Behandlung drehte ich seinen Kopf zwischen meinen Händen sanft nach rechts und links. Auf der rechten Seite war seine Beweglichkeit nicht eingeschränkt, hier war kein Problem vorhanden. Bei der Drehung nach links jedoch bewegte sich sein Kopf nur wenige Zentimeter zur Seite und erstarrte dann. Ich hielt Caseys Kopf in dieser Position eine Weile fest und achtete darauf, daß ich ihn nicht über den Punkt hinaus drückte, an dem sein Körper von sich aus anhielt. Dabei brach er in kalten Schweiß aus und erzählte mir unaufgefordert, was in seinem Kopf vor sich ging.

„Ich hatte wirklich Angst, als ich die Kontrolle über das Auto verlor", gab er zu. „Ich dachte, ich müsse sterben. Ich konnte überhaupt nichts tun, überhaupt gar nichts, ich fühlte mich völlig hilflos."

Ich hatte Caseys Kopf in eine Stellung gebracht, die der Stellung zum Zeitpunkt des Unfalls ziemlich genau entsprach – wahrscheinlich war es die Stellung, in der seine Muskeln sich zu verkrampfen begonnen hatten. In seinem Hals hatte sich aber nicht nur der Muskelkrampf eingeprägt, sondern auch die mit dem Unfall zusammenhängende Angst. Diese Kopfhaltung beschwor die physischen und psychischen Ereignisse des Unfalls wieder herauf.

Caseys Hals hatte einen Punkt erreicht, den ich den *emotionalen Punkt* nenne, entsprechend der lateinischen Herkunft des Wortes „Emotion": es setzt sich aus zwei lateinischen Wörtern zusammen, nämlich *ex* = „aus, heraus" und *motio* = „Bewegung". Emotion heißt also wörtlich „aus der Bewegung heraus". Da Casey seinen Kopf nicht über diesen Punkt hinaus bewegen konnte, war sein Körper definitionsgemäß „emotional".

Während ich seinen Kopf an seinem emotionalen Punkt hielt, ermunterte ich ihn dazu, die mit dem Unfall verbundenen Gedanken und Gefühle zu formulieren. Als er sie mir mitteilte, entspannten sich seine Muskeln immer mehr, und sein Kopf ließ sich immer weiter nach links drehen. Nach ungefähr zehn Minuten waren seine Krämpfe verschwunden, und er hatte fast die volle Bewegungsfreiheit seines Halses wiedererlangt. Warum ist es wichtig, sowohl die physischen als auch die psychischen Folgen einer Verletzung wie dieser freizusetzen?

Erstens ist jeder dieser beiden Aspekte für sich allein schon schlimm genug. Und zweitens kann jeder Zustand für sich den anderen wieder hervorrufen. Wenn nur der Muskelkrampf behandelt wird, bleibt die Angst zurück, und diese kann den urspünglichen Muskelkrampf jederzeit wieder auslösen. Auf ähnliche Weise bleibt, wenn man nur die Angst freisetzt, ein schmerzhafter Muskelkrampf zurück, der durchaus die ursprüngliche Angst wiederbeleben kann. Ungelöste psychische Probleme können zu körperlichen Beschwerden führen, und unbehandelte körperliche Beschwerden können psychische Probleme nach sich ziehen. Das ist der Grund dafür, daß mir so viele Menschen berichten, sie seien jahrelang in psychotherapeutischer Behandlung gewesen, und dann feststellen, daß die ursprünglichen psychischen Probleme wieder zum Vorschein kommen, wenn ihr Körper berührt wird. In jedem von uns sind Körper, Geist und Seele innig miteinander verwoben, und sie lassen sich am wirksamsten zusammen behandeln. In der Somatosynthese versuchen wir, sowohl physische als auch psychische Interventionsmethoden zu kombinieren. Das ist deshalb erfolgreich, weil das „somatosensorische System" des Menschen (sein Berührungssinn) über die einmalige Fähigkeit verfügt, Bilder zu speichern und wieder hervorzurufen.

Unser somatosensorisches System hat zwei wichtige, ineinandergreifende Funktionen. Es ermöglicht uns ein Bewußtsein unseres Körpers und die Wahrnehmung durch Berührung. Das somatosensorische System basiert auf im Körper verteilten Nervenrezeptoren und umfaßt unser Gefühl für Druck (leicht oder stark), Temperatur, Schmerz, Gelenkstellung und Muskelspannung.

Normalerweise halten wir das Speichern und Abrufen von Sinnesbildern für eine Funktion des Gehirns und nicht des Körpers. Unsere Sinne filtern die Signale aus unserer Umwelt, aus denen unser Gehirn dann Bilder dieser Welt konstruiert und speichert. Sehen und Hören sind die zwei bekanntesten Mittel für das Entstehen von Bildern – elektromagnetische Signale lösen die Produktion *visueller* Bilder aus, während akkustische Signale *Klang*bilder auslösen. Die Augen selbst speichern oder erinnern das Bild jedoch ebensowenig, wie unsere Ohren Töne wieder hervorrufen. Das geschieht im Gehirn.

Andererseits ist das Körpergewebe, aus welchem unser Tastsinn hervorgeht, auf einmalige Weise imstande, eine Vielzahl von Bildern zu speichern und wieder abzurufen. Die Bilder, die durch eine Berührung entstehen, werden zwar zunächst im Gehirn verarbeitet und gespeichert, werden aber anschließend gemeinsam mit den durch die anderen Sinne geschaffenen Bildern auch vom Körper gespeichert und wieder abgerufen.

Körpergewebe ist eine zweite Speichereinrichtung für das Gehirn. Ein Autounfall zeigt uns, wie das vor sich geht. Der Ton kreischender Reifen, der Anblick eines sich nähernden Baumes, das Gefühl eines außer Kontrolle geratenen Lenkrads sind die Sinneshinweise, die uns dazu veranlassen, in den Augenblicken vor dem Aufprall Angst zu erleben und den Körper steif zu halten. Die nach dem Aufprall noch weiter anhaltenden Krämpfe und die anhaltende Angst sind tatsächlich gespeicherte „Bilder" dieser ursprünglichen Sinneshinweise. Hier ist ein Muskelkrampf eine Art Körpererinnerung, die aus drei verschiedenen Quellen stammt – Sehen, Hören und Berührung.

Sogar die Angst, das psychische Nebenerzeugnis des Unfalls, wird nicht nur psychisch, sondern auch körperlich gespeichert. Dieselben neurochemischen Rezeptoren, mit denen das Gehirn Emotionen registriert, wurden auch an verschiedenen anderen Stellen im Körper entdeckt. Die Nervenforscherin Candace Pert fand, daß *Neuropeptiden*, die Biochemikalien, die mit diesen Rezeptoren assoziiert sind, ein Kommunikationsband zwischen dem Gehirn, dem Immunsystem und unseren Gefühlen bilden. Diese gefühlsbezogenen chemischen Rezeptoren konzentrieren sich an den der Berührung dienenden Körperstellen. So kann das Neuropeptidensystem durch Berührung beeinflußt werden, und Emotionen können durch den Körper gespeichert und wieder abgerufen werden. Diese unerhörten neuen Erkenntnisse veranlassen Pert zu dem Schluß: „Emotionen sind nicht nur im Gehirn, sie sind im Körper."

Somatische Erinnerung und somatisches Abrufen, zwei häufig übersehene Aspekte unseres somatosensorischen Systems, tragen viel zur therapeutischen Anwendung der Somatosynthese bei. Durch somatische Erinnerung speichern unsere Körper sinnesmäßige und psychische Daten. Zu dieser gespeicherten Information haben wir durch das somatische Abrufen Zugang – einen Prozeß, der durch Berührung ausgelöst wird. Auch ein drittes Attribut unseres somatosensorischen Systems spielt bei der Somatosynthese eine Rolle: die sogenannte „Synästhesie", eine die Eindrücke der verschiedenen Sinne kombinierende Art der Wahrnehmung durch den Körper.

Synästhesie ist die Fähigkeit, bei Stimulierung *einer* Sinnesmodalität eine Empfindung in einer *anderen* Modalität hervorzurufen. Synästhesie ist in allen unseren Sinnessystemen vorhanden, am ausgeprägtesten aber beim Tast- und Berührungssystem. Zum Beispiel ist bekannt, daß sich durch Stimulation der Haut visuelle und klangliche Bilder erzeugen lassen, die so detailliert sind wie Bilder, die wir normalerweise durch die Augen oder Ohren wahrnehmen.

Tatsächlich führte dies zum Bau interessanter Apparate für Blinde und Gehörlose. Paul Bach-y-Rita befestigte eine quadratische Anordnung kleiner Stempel an der Haut blinder Personen. Diese Anordnung der vibrierenden Stempel war an eine Fernsehkamera gekoppelt. Das Bild, auf das sich die Fernsehkamera richtete, „drückte" sich in den Stempeln so aus, daß sie um so mehr gegen die Haut drückten, je heller das Bild war. Wenn die Helligkeit der Szene vor der Kamera sich änderte, drückten einige der Stempel gegen die Haut, andere nicht. Mit nur wenig Übung waren blind geborene Menschen so in der Lage, sich ein „visuelles" Bild zu machen und danach die Gegenstände in ihrer Umgebung zu beschreiben. Abbildung 1.2 zeigt Bach-y-Ritas Anlage mit dem Beispiel eines von Blinden „gefühlten" und „gesehenen" Bildes.

Ähnliche Experimente wandelten Sprache in eine Anordnung vibrierender Stempel um und ermöglichten es Gehörlosen, durch ihre Haut den Klang einer menschlichen Stimme zu „hören". Dieser bemerkenswerte Über-Kreuz-Effekt ist deshalb möglich, weil das Gehirn Sinnesinformationen über ein weites Gebiet verstreut speichert und nicht nur in den Regionen, die man normalerweise mit der jeweiligen Art von Sinneseindruck assoziiert. Sinneseindrücke, die von der Haut kommen, haben offensichtlich eine außergewöhnlich große Streuungsbreite im Gehirnbereich.

Bei der Somatosynthese machen wir uns die synästhetischen Qualitäten der Berührung zunutze. In einer zuvor angeführten Fallstudie simulierte ich das Herausziehen eines Speers aus der Schulter einer Patientin. Wenn ich meine Hand und damit auch ihre Haut so bewege, als zöge ich tatsächlich einen Speer aus ihrer Schulter, entsteht dadurch ein somatosensorisches Bild mit vielen taktilen und visuellen Einzelheiten. Von Studien aus dem Bereich der therapeutischen Visualisierung ist bekannt, daß das Gehirn

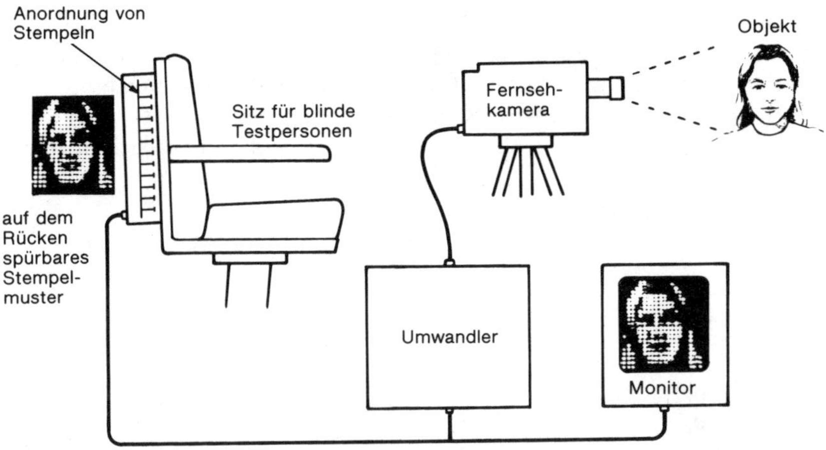

Abb. 1.2: Darstellung des TVSS (*Tactile Visual Substitution System*), mit dessen Hilfe Bach-y-Rita Bilder einer Fernsehkamera auf die Haut blinder Testpersonen übertrug. (Zeichnung nach Bach-y-Rita, 1972)

und das Nervensystem auf das *Bild* eines Ereignisses genauso reagieren wie auf das *tatsächliche* Ereignis.

Typischerweise werden bei der therapeutischen Visualisierung jedoch mentale Vorstellungen auf körperliche Probleme angewandt: im Falle angespannter Muskeln schafft man ein Bild eines entspannten Muskels; hat jemand kalte Hände und Füße, setzt man ein Bild ein, das Wärme bedeutet; und wenn jemand einen bösartigen Tumor hat, werden bildlich die Abwehrkräfte des Immunsystems im Kampf gegen die Wucherung aktiviert.

Die positive Wirkung dieser Art Visualisierung ist bewiesen und wird jetzt bei der Behandlung einer Vielfalt verschiedener Störungen eingesetzt. Auch die Somatosynthese setzt Visualisierung auf ähnliche Weise ein, doch gibt es hier einen bemerkenswerten Unterschied: Der Körper selbst wird in den Visualisierungsprozeß mit einbezogen. Somatische Visualisierung zielt darauf ab, den gewünschten therapeutischen Effekt im Körper über die physische Ebene zu erreichen.

Somatische Visualisierung ist synästhetisch und fördert deshalb die mentale Visualisierung, indem sie taktile, visuelle, auditive und andere sinnliche Eindrücke liefert. Schließlich ist die somatische

Visualisierung ein Mittel, das uns den Zugang zu allen möglichen im Körper gespeicherten Inhalten ermöglicht. So wird aus dem imaginären Herausziehen eines Speers, wenn man den Prozeß zum Abschluß kommen läßt, ein wirksames Behandlungsmittel für die physischen und psychischen Elemente, die der Speer repräsentiert. Die somatische Visualisierung läßt sich therapeutisch leicht anwenden und kann dramatische Ergebnisse erzielen.

*

Irene war Ende Zwanzig und Doktorandin, als sie in meine Praxis kam. Sie klagte über starke Schmerzen und Verkrampfung zwischen ihren Schulterblättern.

„Es geschah ganz plötzlich", berichtete sie mir. „Ich wachte heute morgen auf und konnte weder meinen Kopf noch meinen Hals bewegen."

Ich bat sie, sich bequem auf den Rücken zu legen, und leitete sie bei der Entspannung ihres Körpers an. Nach mehreren Minuten der stillen Entspannung schob ich eine meiner Hände zwischen ihre Schulterblätter und ließ die andere auf ihrem Brustbein ruhen. Die Spannung war unübersehbar, die Muskeln waren hart, und ihre Schulterblätter schienen sich zusammenzuziehen. Tatsächlich fühlte es sich an, als stecke sie in einer Zwangsjacke. Ich teilte Irene diese Beobachtung mit, und sie ließ sich sofort auf die Bedeutung des Gesagten für ihr Leben ein.

„Und ob ich mich wie in einer Zwangsjacke fühle", rief sie aus. „Mein Professor setzt mir zu, weil er will, daß ich meine Dissertation beende; meine berufliche Arbeitlast hat sich erhöht, und mein Mann beschwert sich, weil ich keine Zeit für ihn habe. Ich selbst fühle mich, als habe ich mich schon wochenlang nicht mehr entspannt."

Wir stimmten miteinander überein, daß sie ohne die Zwangsjacke mit diesen komplizierten Problemen in ihrem Leben besser fertig werden könne. Ich sagte zu Irene, ich wolle ihr die Zwangsjacke ausziehen, und bat sie, mir dabei behilflich zu sein. Wir stellten gemeinsam fest, daß die Zwangsjacke auf dem Rücken verschnürt und fest verknotet war. Damit ich ihr da heraushelfen konnte, setzte sie sich aufrecht hin und wendete mir den Rücken zu. Ich begann, den Knoten an den beiden obersten Metallösen am Halsansatz, oberhalb ihrer Schulterblätter, zu lösen. Auf der Haut von Irenes Rücken simulierte ich nun gewissenhaft den Vorgang des Lösens der Knoten, des Aufschnürens der durch die Metallösen gezogenen Schnürbänder und des Lockerns der Jacke. Diesen Prozeß wiederholte ich an allen sechs Ösen der Zwangsjacke. Dabei versicherte ich mich ihrer Mitarbeit, indem ich sie bat, sich genau vorzustellen, was ich tat. Nachdem ich mit Aufschnüren fertig war, ließ ich Irene ihre Arme ausstrecken, und wir zogen die Jacke langsam zuerst über den einen und dann über den anderen Arm.

„Sie ist weg", entfuhr es ihr, „die Jacke ist verschwunden, und der Schmerz zwischen den Schulterblättern genauso. Als Sie mir aus der Jacke halfen, spürte ich, wie die Schmerzen und die Verkrampfung nachließen."

Oft bietet sich die Umgangssprache, mit der wir körperliche Beschwerden beschreiben, selbst als somatische Bildvorstellung an. Ein „stechender" Schmerz verweist auf das Herausziehen der Stichwaffe; wenn sich jemand wie „verknotet" fühlt, sollte man den Knoten lösen; ein „verrenktes" Fuß- oder Kniegelenk ist ein Hinweis darauf, daß etwas wieder „eingerenkt" werden muß; ein „versteiftes" Hüftgelenk oder ein „steifer" Rücken ist eine Anspielung auf die Möglichkeit, diese aufzuweichen, und ein Gefühl der „Beklemmung" fordert dazu auf, die Umklammerung zu lockern; ein „verspannter" Muskel bedeutet die Notwendigkeit, die fragliche Stelle zu lockern und zu entspannen.

Somatisches Bilderleben, somatische Erinnerung und somatisches Abrufen sind die Zugänge des Körpers zum geistig-seelischen Bereich – Zugänge, die sich durch Berühren öffnen und uns ermöglichen, die körperlichen und psychischen Komponenten unseres Seins zu untersuchen. Dies ist der Kern der Somatosynthese, einer Heilmethode, die eine ganz besondere Art Therapeuten hervorbringt und eine ebenso besondere Beziehung zwischen Therapeut und Klient herstellt. Da er jetzt mehr als ein Körpertherapeut ist, erforscht der Somatosynthese-Therapeut aktiv die psychischen Elemente hinter den körperlichen Symptomen. Da er auch mehr als ein Psychotherapeut ist, kann er den Ausdruck der psychischen Probleme im physischen Körper erden.

Die außergewöhnliche Rolle des Somatosynthese-Therapeuten beruht hauptsächlich auf menschlicher Berührung, und Berührung gibt auch der Beziehung zwischen Therapeut und Patient Nahrung. Die Verbindung zwischen Therapeut und Behandeltem durch Berührung ist für das Heilen symbolisch – zwei anscheinend getrennte Wesen sind zu einer Einheit zusammengefügt. Die *auf Gegenseitigkeit beruhende Natur der Berührung* (des Tastsinnes) erlaubt dieses Gefühl des Einsseins besser als jeder andere Sinn.

In dieser besonderen Beziehung zwischen Therapeut und Klient in der Somatosynthese erscheinen die normalen Bezeichnungen für auf Heilung abzielende Beziehungen nur sehr eingeschränkt tauglich: Arzt/Patient, Heilpraktiker/Klient, Therapeut/Klient, Heiler/Geheilter – alle diese Begriffspaare deuten darauf hin, daß es sich um eine einseitige Angelegenheit mit einseitiger Machtverteilung handelt, in der die eine Seite aktiv ist und gibt und die andere passiv bleibt und empfängt. In der Somatosynthese sprechen wir deshalb von einem *Reisenden* und einem *Reisebegleiter* auf dem Weg des Heilens, Bezeichnungen, die den entstehenden Heilungsprozeß genauer wiedergeben.

Metaphorisch gesehen stellt ein Reisender einen Reisebegleiter am Beginn der Reise ein. Der Reisebegleiter zeigt dem Reisenden nicht nur den Weg und sagt: „Hier ist der Berg, ich erkläre Ihnen, wie Sie am besten hinaufkommen“ oder: „Der Weg ist schwierig, aber ich bin sicher, Sie schaffen ihn“. Der Reisebegleiter steht nicht abseits der eigentlichen Reise, sondern nimmt als integraler Bestandteil daran teil. Reisender und Reisebegleiter ersteigen denselben Berg, begehen dieselben Pfade, begegnen entsprechenden Gefahren; und sowohl Reisender als auch Reiseführer entdecken die lohnenden Ziele der Reise.

Wenn es einen Unterschied zwischen dem Reisenden und dem Reisebegleiter gibt, dann besteht er darin, daß der Begleiter den Pfad schon einmal beschritten, den Berg schon erklommen, die lohnenden Ziele schon entdeckt hat und auch den Gefahren schon einmal gegenüber gestanden ist. Dies unterscheidet sich sehr von den meisten heilenden oder helfenden Therapien, in denen der Führer eher ein „Gott“ ist – jemand, der den Reisenden anweist: „Tu dies oder jenes, aber bring mich bitte nicht ins Spiel.“

In der Somatosynthese läßt es sich nicht vermeiden, daß der Reisebegleiter direkt mit ins Spiel gebracht wird – dafür sorgt schon der Einsatz von Berührung. So wird der Prozeß in der Somatosynthese ein Weg des Heilens sowohl für den Begleiter als auch für den Reisenden.

In den folgenden Kapiteln untersuchen wir diesen „Somatosynthese“ genannten Weg des Heilens. Um den Einsatz von Berührung bei der Somatosynthese im richtigen Zusammenhang zu sehen, folgen wir den Spuren der Geschichte des menschlichen Berührens als Heilmittel von den vorgeschichtlichen bis zu den modernen Zeiten und erforschen die Rolle des Berührens in der körperlichen und seelischen Entwicklung des Menschen von der Empfängnis bis zum Erwachsensein.

Zum richtigen Verständnis für den Einsatz von Somatosynthese betrachten wir die verschiedenen physischen und psychischen Techniken, die diesen Prozeß ausmachen. Die meisten werden am besten von Reisendem und Reisebegleiter zusammen durchgeführt, manche davon sind aber auch für Alleinreisende anwendbar.

In mancher Hinsicht ist die Reise, auf die wir uns nun begeben, eine Rekapitulation meiner eigenen Reise in die Gesundheit – persönlich und beruflich. Ich begann, mich mit dem geistig-seelischen Bereich zu beschäftigen, indem ich mit dem Körper arbeitete. Somatosynthese war denn auch mein Versuch, den Übergang in den Bereich zu bewältigen, der über das Behandeln von Symptomen hinausreicht, und strukturelle Gesundheitsvorsorge zu betreiben. Je mehr ich dieses Neuland des Einwirkens auf Geist und Seele durch den Körper erforschte, desto mehr lernte ich und desto mehr davon wendete ich auch auf mich selbst an. Somatosynthese wurde so auch zum Werkzeug für mein persönliches Gesunden. Als Ihr Reisebegleiter in die Somatosynthese lade ich Sie nun ein, mich auf diesem Weg des Heilens zu begleiten.

2

Ursprüngliche Verbindungen

Uralte Wurzeln

Ich tastete mich zurück durch die Jahrtausende. Diesen langen, dunklen Korridor entlang spähte ich Millionen von Jahren zurück, um diese primitive Kreatur zu berühren. Mein erster Versuch endete in einem Rückzug. Die Kreatur rückte schnell weg, und auch ich zog mich zurück. Doch beim nächsten Versuch berührte ich sie sehr sanft. Winzige Arme streckten sich nach mir aus, und ihr Körper bewegte sich auf mich zu. Es klappte. Wir hatten uns gegenseitig anerkannt und unsere uralte Verbindung durch eine Berührung wieder aufgenommen. Mit Hilfe eines Mikroskops, eines Nahrungskrümels und einer nadeldünnen Sonde war ich der *Amoeba proteus* begegnet.

Amöben gehören zu den ältesten Lebensformen der Erde. Wenn eine Amöbe berührt wird, streckt sie armgleiche, Pseudopoden genannte Fortsätze aus ihrem Protoplasma. Ist das Objekt nicht eßbar, bilden sich Pseudopoden auf ihrer anderen Körperseite aus, so daß sie sich schnell davon weg bewegen kann. Die Welt dieser primitiven, einzelligen Kreaturen, die weder über ein Gehirn noch über ein Nervensystem verfügen, ist fast ausschließlich durch Berührung organisiert.

Lange vor dem Auftreten der ersten Menschen, lange Zeit, bevor unsere frühesten Vorfahren den Planeten betraten, wurde auf der Erde durch Berührung Leben geschaffen und zusammengefügt. Die Rolle des Berührens im Lebensprozeß – die Wurzel der Somatosynthese – hat ihren Ursprung auf der primitivsten Ebene der Natur.

Dieses Ausweich- und Annäherungsverhalten findet sich als Reaktion auf Berührung bei Amöben und anderen Protozoen. Man nennt es *Thigmotropismus* (vom griechischen *thigmós* = „Berührung" und *Tropismus* [griech./latein.] = „durch äußere Reize bestimmte, gerichtete Bewegung"), und die Definition lautet: Orientierung oder Bewegung eines Organismus als Reaktion auf Berührung. Für die Amöbe bedeutet die auf Berührung basierende Orientierung einfach Annäherung oder Ausweichen, und so entsteht in der Natur eine grundlegende Beziehung zwischen Berührung und Bewegung, zwischen Körper und Verhalten, zwischen Soma und Psyche.

Thigmotropismus zeigt sich in der Tat bei allen Lebensformen. Im ganzen Tierreich, vom Einzeller bis zu den Menschen hin, beeinflußt eine Berührung die Funktion und das Verhalten auf eine Art und Weise, die an Amöben erinnert. Kühe drehen zum Beispiel ihren Hinterleib in die Richtung der Berührung, werden sie am Rumpf berührt. Faßt man sie an einer anderen Stelle an, drehen sie sich weg. Ein Haustier dreht sich oft so, daß es den Körperteil, an dem es am liebsten gestreichelt oder gekrault sein will, präsentiert.

Menschen sind ähnlich thigmotropisch. Berührung ist die Hauptquelle von Vergnügen oder Schmerz für uns. Da auch wir häufig das Vergnügen suchen und Schmerz vermeiden, unterscheidet sich unser Verhalten nicht allzusehr von dem der Amöben. Wir reagieren mit demselben Annäherungs- oder Ausweichverhalten auf Berührung, nur drückt es sich bei uns auf komplexere Art aus.

Berührung ist ein wichtiger Aspekt bei der Entstehung des Lebens. Berührung wird oft als die „Mutter aller Sinne" bezeichnet und ist eindeutig der ursprünglichste Sinn aller Lebewesen. Alle anderen Sinne – Sehen, Hören, Geschmack und Geruch – leiten sich vom Berührungssinn ab. Berührung ist nicht nur grundlegend für das Leben, sondern auch für das Heilen. Eine Studie über die Regeneration von Gliedmaßen bei Salamandern legt ein bewegendes Zeugnis davon ab, wie sehr die Natur beim Heilungsprozeß

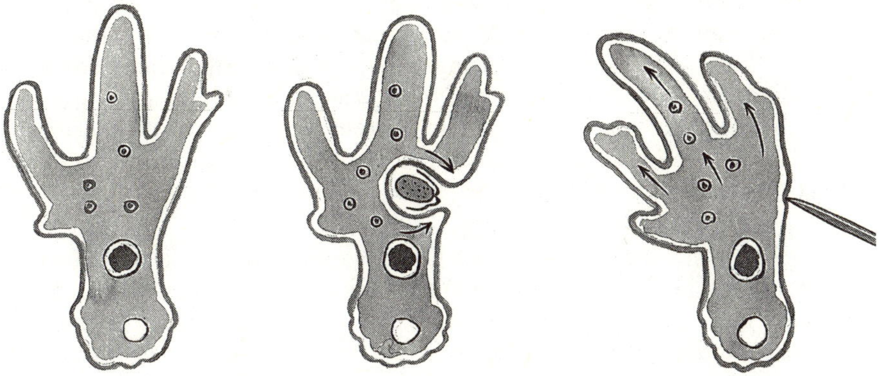

Abb. 2.1: Thigmotropismus am Beispiel einer *Amoeba proteus.* A: Neutrale Position. B: Das Ausstrecken von Pseudopoden dient dazu, sich auf einen kleineren Organismus hin zu bewegen, der sie berührt hat, und diesen in sich aufzunehmen. C: Das Ausstrecken von Pseudopoden dient hier dazu, sich von einer Nadelsonde wegzubewegen.

auf Berührung besteht. In Experimenten, die sich über fünfundzwanzig Jahre erstreckten, demonstrierte der Arzt Dr. Robert O. Becker zusammen mit seinen Kollegen an der Universität von New York in Buffalo unbeabsichtigterweise, daß Berühren eine wesentliche Rolle bei der Regeneration fehlender Körperteile spielt. Die Studie befaßte sich mit Salamandern, weil diese von Natur aus über die Fähigkeit verfügen, große Teile ihres Körpers wieder zu regenerieren. Neunzig Prozent des Körpers von Salamandern, einschließlich seiner Augen und einiger Teile des Gehirns, sind regenerationsfähig.

Das Wiederherstellen eines fehlenden Körperteils ist so komplex, daß die Regeneration bei weitem das umfassendste Beispiel des natürlichen Heilungsprozesses liefert. Becker zeigte auf, daß dieser Heilungsprozeß zwei unterschiedliche Phasen durchläuft: Die *Entdifferenzierung* und die *Neudifferenzierung*. Die Zellen an der Amputationsstelle durchliefen anfangs eine Umkehrphase. Hochspezialisierte Zellen, die zuvor als Knochen-, Nerven-, Muskel-, Bänder-, Blut- oder Hautzellen fungiert hatten, verwandelten sich in einfache, primitive Zelltypen zurück. Becker nannte das

Entdifferenzierung. Schließlich aber begann diese Gruppe primitiver Zellen wieder eine Vorwärtsentwicklung und verwandelte sich durch Neudifferenzierung in ein vollständig neugebildetes Glied. Es schien, als greife die Natur, um bei der Heilung voranzuschreiten, auf eine primitive, im Körper gespeicherte Erinnerung zurück. Und wie sich herausstellte, war Berühren ein integraler Teil dieses Heilungsprozesses.

Nach der Amputation eines Gliedes entdeckte Becker am Salamander ein deutlich ausgeprägtes elektromagnetisches Feld, das den Regenerationsprozeß umgab und offensichtlich leitete. Beim Salamander war diese elektrische Ladung *(direct current [DC] field)* sofort nach der Amputation positiv, nach dem Einsetzen des Umkehrprozesses negativ und ging dann im Verlauf der Heilung (Regeneration und Neudifferenzierung) immer mehr ins Positive über. War dieses elektrische Feld an der Stelle der Gliedamputation bei einem Salamander vorhanden, wuchs ein neues, vollständig ausgebildetes Glied nach. Wurde das elektromagnetische Feld unterbrochen, fand keine Regeneration statt.

Zum Vergleich studierte Becker die elektromagnetischen Felder an den Amputationsstellen von Ratten und Fröschen – Tieren, bei denen abgetrennte Glieder von sich aus nicht wieder nachwachsen. Auch hier waren DC-Felder vorhanden, doch unterschieden sie sich auffallend von denen der Salamander. Hier kam es nie zu der bei Salamandern auftretenden negativen Polarität, es fand keine Entdifferenzierung statt, und es kam deshalb auch zu keiner Neudifferenzierung oder Regeneration. (Siehe Abbildung auf der folgenden Seite)

Das veranlaßte Becker zu der Hypothese, daß die Erzeugung eines künstlichen elektromagnetischen Feldes nach dem Modell der Salamander an der Amputationsstelle von Fröschen eine Regeneration hervorrufen könne – und diese Annahme erwies sich als korrekt. Nach der Amputation eines Froscharmes erzeugte und steuerte Becker mittels elektrischer Apparaturen ein DC-Feld, welches das elektromagnetische Feld der Salamander simulierte. Mit dem durch Beckers Laborausrüstung erzeugten elektromagnetischen Feld der Salamander fand bei den normalerweise nicht regenerationsfähigen Fröschen und Ratten eine vollständige Regeneration von Gliedmaßen statt.

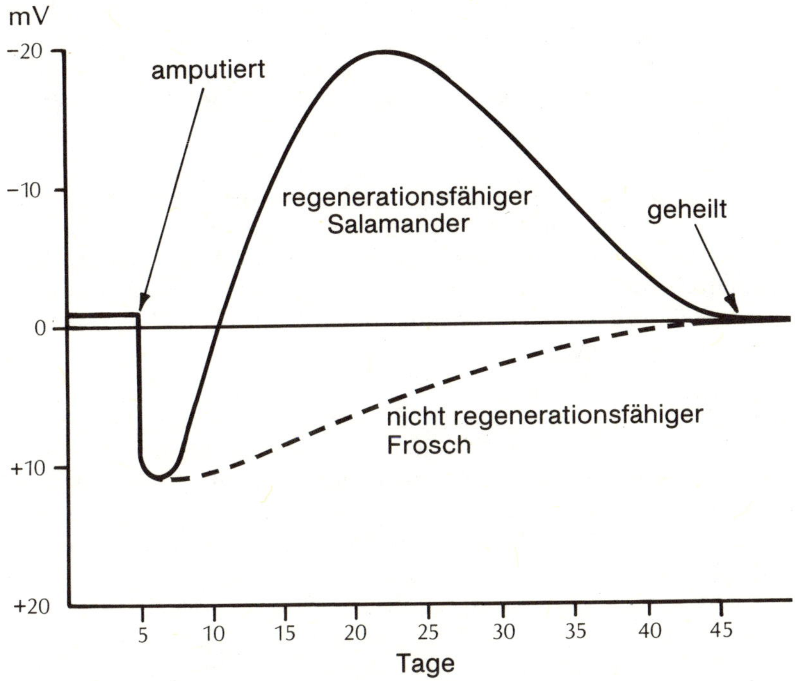

Abb. 2.2: Das elektrische Feld eines Salamanders und eines Frosches nach einer Schulteramputation. Beachten Sie, daß das elektrische Feld des Salamanders fünf Tage nach der Amputation positiv wird und dann für die Zeitdauer der Regeneration umschlägt und negativ wird. Das elektrische Feld des Frosches wird nach fünf Tagen ebenfalls positiv, schlägt aber nie in das negativ geladene Feld um. Frösche sind nicht fähig, amputierte Glieder zu regenerieren. (Zeichnung nach Becker und Marino, 1982)

Als Becker sich an das Studium des Mechanismus begab, der die Erzeugung dieses elektromagnetischen Feldes und damit des Regenerationsprozesses steuerte, entdeckte er eine merkwürdige Beziehung zwischen den Nerven- und den Hautzellen an der Amputationsstelle. Vor dem Einsetzen der Regeneration bildete eine Wucherung von Hautzellen eine „Kappe“ über der Amputationsstelle. Abgerissene Nervenenden wuchsen dann in diese Gruppe von Hautzellen hinein und bildeten eine Verbindung, einen Knoten, der als der Neuroepidermale Knoten (NEK) bekannt ist (*Neuron* = „Nerv“, *Epidermis* = [Ober-]Haut).

Der Neuroepidermale Knoten ist in Wirklichkeit nichts anderes als ein primitiver Berührungssinn – Nerven, die mit der Haut verbunden sind. Auf diese Weise gelangt der sich heilende Organismus buchstäblich mit sich selbst und mit seiner Umgebung in Berührung.

Dieses primitive Berührungssystem erzeugte das elektrische Feld, das die Entdifferenzierung und Regeneration veranlaßte. Becker bewies das, indem er die Bildung des Neuroepidermalen Knotens beim Salamander unterbrach. Nun war nach der Amputation ein abnormales elektromagnetisches Feld vorhanden, und eine Regeneration fand nicht statt.

Als nächstes wendete sich Becker nichtregenerationsfähigen Ratten zu und erzeugte in ihnen künstliche Neuroepidermale Knoten, indem er operativ Nervenenden in die Haut, die sich über der Amputationsstelle der Tiere gebildet hatte, verpflanzte und diese dann vernähte. Es wurde kein künstliches elektromagnetisches Feld erzeugt, doch die anoperierten Neuroepidermalen Knoten wirkten! Der Heilungsprozeß der Ratten entsprach nun dem von Salamandern: die Polarität kehrte sich ins Negative, es kam zur Entdifferenzierung, und ein voll ausgebildetes Glied wuchs nach.

Die Natur sucht Berührung, um zu heilen. Der Berührungssinn ist das erste System, das im Falle einer Regeneration ausgebildet wird. Es aktiviert den Heilungsprozeß, der den Organismus gänzlich umformt und schließlich zu einer vollständigen Regeneration des physischen Körpers führt. Die Regeneration ist das Extrembeispiel für die Selbstheilfähigkeit eines Organismus, und der enge Zusammenhang der Berührung mit diesem Heilungsprozeß läßt vermuten, daß Berührung in anderen, weniger extremen Fällen von Heilung eine ähnliche Rolle spielt.

„Die Rolle des Heilers bestand schon immer darin, etwas Unverstandenes freizusetzen“, bemerkt Becker, „Hindernisse aus dem Weg zu schaffen ... zwischen dem kranken Patienten und der Lebenskraft, die ‚irgendwie‘ nach Ganzheit drängt.“ Und Berührung ist das älteste Heilmittel, mit dem sich dieses unbestimmte „Etwas“ freisetzen läßt und das damit die Reise in das Heil- und Ganzwerden ermöglicht.

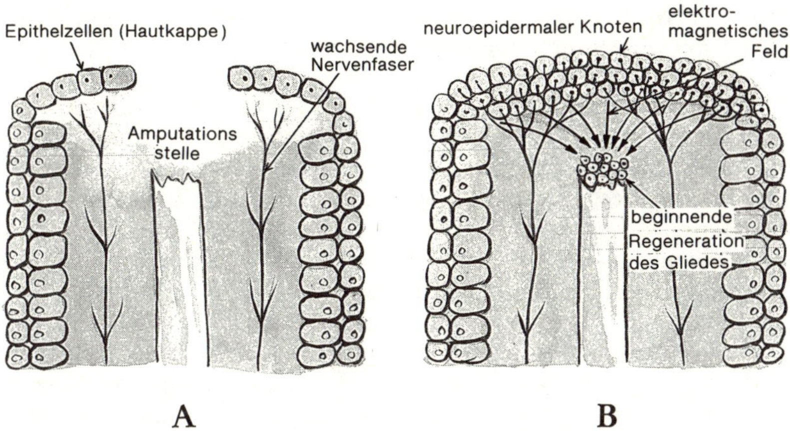

Abb. 2.3: Die Erzeugung eines heilenden elektromagnetischen Feldes an einer Amputationsstelle. In Abb. A sind die Hautzellen dabei, eine Kappe über der Amputationsstelle zu bilden, und die Nerven wachsen auf diese zu. In Abb. B haben die Nervenzellen den Kontakt mit den Hautzellen aufgenommen, und die Bildung des Neuroepidermalen Knotens (NEK), der ein primitives Berührungssystem darstellt (auch: Neuroepithel, Sinnesepithel), ist abgeschlossen. Der NEK erzeugt dann das elektromagnetische Feld (als Pfeile dargestellt), das das Wachstum des regenerierenden Gliedes steuert. (Zeichnung nach Becker, 1982)

Menschliche Berührung: Die Urform des Heilens

Vor Äonen von Jahren begegneten wir in der afrikanischen Steppe als neugeborene Rasse zum ersten Mal dem Sinn des Lebens: ein Jäger, der bei der Jagd verletzt worden war; die Schreie einer Mutter während der Geburt ihres Kindes; ein Alter, der nicht mehr atmete. Wie reagierten wir auf diese Herausforderung von Tod, Geburt, Schmerz und Leiden? Unser erster Impuls war, dessen bin ich mir gewiß, der Drang davonzulaufen. Doch entdeckten wir bald, daß die allgegenwärtigen Lebenskräfte unentrinnbar waren. Anstatt zu fliehen, bemühten wir uns deshalb um Sinn und Verständnis. Wir ergriffen, erfaßten im wahrsten Sinn des Wortes unsere menschliche Bestimmung: wir berührten unseren verletzten

Kameraden, stützten die Gebärende und hielten die Alten, wenn ihnen der letzte Atemzug entwich.

Zweifellos „berührten“ solche Ereignisse auch die frühen Menschen tief. Und um den Sinn dieser Erfahrung des Menschseins zum Vorschein zu bringen, „rührten“ auch wir (Menschen) unsererseits an diese Ereignisse, streckten die Hand aus, um sie zu „begreifen“. Auf diese Weise war unser Körper, der das Leben erfährt, mit unserer Psyche, die nach dem *Sinn* dieses Lebens trachtet, durch Berührung verbunden.

Berühren ist so wesentlich für unsere menschliche Erfahrung, daß das Berühren zum Zweck des Heilens tatsächlich wohl eher eine instinktive als eine erlernte Reaktion ist. Wir wissen, daß das menschliche Nervensystem auf Schmerz mit einem wirkungsvollen Reflex antwortet. Der sogenannte *nocizeptive Reflex* veranlaßt uns, von schmerzhaften Stimuli abzurücken (*noci* vom lateinischen *nocēre* = schaden). Wenn Sie sich zum Beispiel mit einer Nadel stechen oder Ihren Finger auf die heiße Herdplatte legen, ist die unmittelbare Reaktion darauf ein heftiges Zurückziehen des Armes und der Hand. Diese Reflexreaktion vollzieht sich in zwei Stadien. Unsere Nervenpfade für Berührung übermitteln das Schmerzsignal an unser Gehirn, und das Gehirn sendet eine Botschaft an unsere Muskeln und läßt uns den Arm zurückziehen.

Nach der Aktivierung des nocizeptiven Reflexes kommt es jedoch innerhalb von Sekunden zu einer weiteren instinktiven Reaktion: Wir berühren die betroffene Stelle. Wir reiben einen angeschlagenen Ellbogen oder ein angestoßenes Knie, drücken eine Schnittwunde zusammen oder legen bei Magenkrämpfen unsere Arme an den Leib, als umarmten wir uns selbst. Dieses Verhalten findet sich nicht nur bei Menschen, sondern läßt sich an so gut wie allen verletzten Tieren beobachten, die verletzte Stellen sofort lekken oder pflegen.

Diese sekundäre Reaktion auf Verletzungen nannte ich den *curazeptiven Reflex* (vom lateinischen *curare* = sorgen, pflegen, sich kümmern um). Wie der nocizeptive Reflex beruht auch er hauptsächlich auf dem Berührungssinn und bezieht das Gehirn, das Nervensystem und die Muskeln mit ein. Der nocizeptive und der curazeptive Reflex zeigen unsere direkte Verbindung zu den Amöben. Denn diese Reflexe sind leicht als komplexe Adaptationen des bei

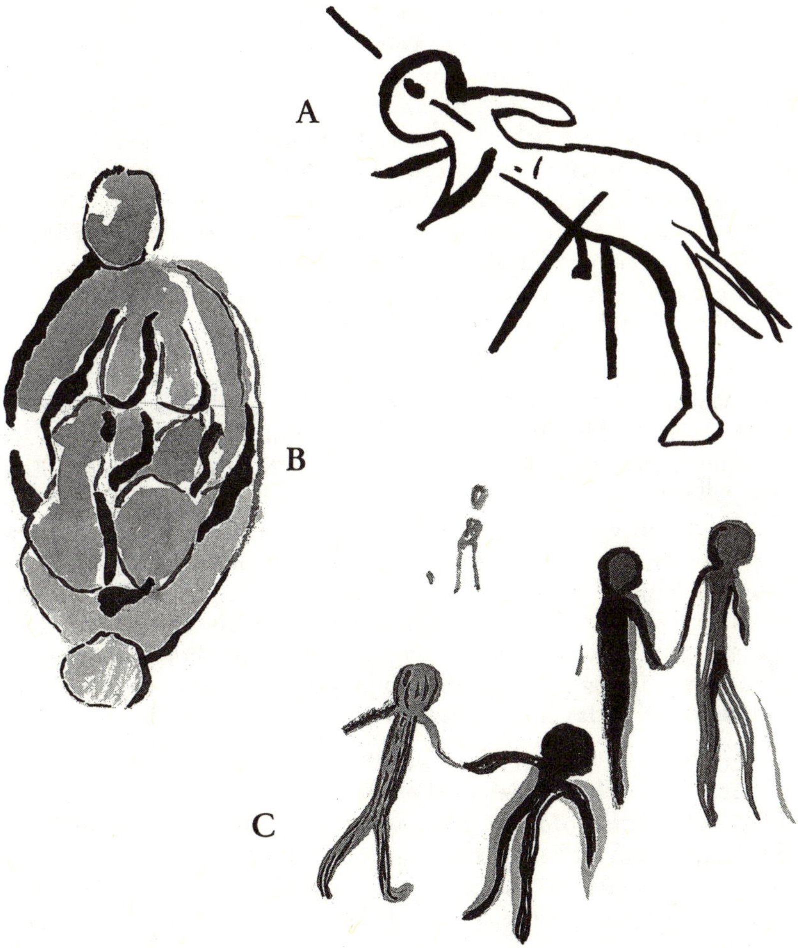

Abb. 2.4: Begegnungen mit Leben und Tod in der Kunst primitiver Menschen. A: Darstellung eines Verwundeten in der Höhlenmalerei der europäischen Steinzeit; B: Geburtsszene in der Höhlenmalerei der europäischen Steinzeit; C: Paare, die einander an den Händen halten (afrikanische Felsmalerei).

primitiven Lebensformen beobachtbaren einfachen Ausweich- und Annäherungsverhaltens erkennbar.

Diese tief verwurzelten Reflexe verbinden uns auch mit anderen Menschen. Man kann sich leicht vorstellen, wie die Menschen der Frühzeit sowohl den nocizeptiven als auch den curazeptiven

Reflex von sich selbst auf andere übertrugen: Wenn ich wünsche, daß mir jemand nicht zu nahe kommt, warum ihm gegenüber dann nicht ein Verhalten an den Tag legen, dem ich selber aus dem Weg gehen würde? Auf diese und ähnliche Weise entwickelte sich das Berühren zu einem Schutz- und Kampfmittel. Und wenn ein anderer Schmerzen leidet oder verletzt ist, warum dann nicht das für ihn tun, was für mich ganz natürlich ist? So mag der Gedanke des Heilens und Helfens durch Berührung entstanden sein. Auf jeden Fall stammt ein großer Teil dessen, was wir über das Heilen durch Berühren wissen, aus der Beobachtung der natürlichen, nicht antrainierten Reaktionen der Menschen.

Der curazeptive Reflex gibt uns Hinweise auf die Bedürfnisse der Menschen. Wir beobachten häufig, daß ein Mensch mit Kopfschmerzen die Hände an den Kopf legt und unabsichtlich auf verschiedene Stellen des Schädels drückt. Die Stimulation dieser Stellen schafft oft eine sehr wirksame Erleichterung. Die typische Reaktion auf einen schmerzhaften Muskelkrampf ist ein kräftiges Reiben des betroffenen Muskels. Wenn wir uns schneiden, drükken wir häufig fest auf die betroffene Stelle, um den Blutfluß zu stoppen. Diese instinktive Reaktion wirkt wie ein Preßverband. In emotionalen Streßsituationen werden oft beide Hände übereinander in der Herzgegend auf die Brust gelegt. Dies ist ein Mittel zur Selbsttröstung, das die Wirkung von Streß mildern hilft.

Das instinktive Verhalten wurde allmählich zum akzeptierten Brauch. Kleanthes bezeichnet es in seinem Buch *How Ancient Healing Governs Modern Therapeutics* als „Hand-Heilmittel“ und entdeckte, daß in jeder größeren menschlichen Zivilisation eine Art des Heilens durch Berührung praktiziert wurde. Er führt anthropologisches Beweismaterial dafür an, daß diese Methoden anfänglich „instinktiv praktiziert“ wurden. Schließlich, meint er, entwickelten sich diese frühen somatischen Methoden zu modernen Praktiken wie Operationen und manipulative Therapien.

Kunst und Kunstgegenstände des Altertums liefern weltweit eine Bestätigung seiner Ansicht. Sie bezeugen, daß die frühen Menschen ihre Hände dazu benutzten, zu heilen und andere zu umsorgen. Archäologische Funde jahrtausendealter Schädel, die Bohrungen aufweisen, liefern weitere Beweise. Die „primitiven“ Menschen führten solche Operationen unserer Meinung nach im Falle schwerer Kopfschmerzen, bei Epilepsie oder bei geistigen Störungen durch. In der Tat leitet sich das Wort *Chirurgie* vom griechischen *cheir* = „Hand" und von *érgon* = „Arbeit, Tätigkeit, Werk" ab und bedeutet also soviel wie Handarbeit. Somit läßt sich die Chirurgie, eine der wichtigsten therapeutischen Techniken der Moderne, tatsächlich auf uralte, auf Berührung beruhende Heilverfahren zurückführen.

Die Verfeinerung primitiven Verhaltens ist für die Evolution unserer Rasse charakteristisch. Das früheste Beweismaterial für die Verfeinerung von Berührung zum Zwecke des Heilens kommt aus den östlichen Zivilisationen, insbesondere China. Akupunktur, Moxibustion, Massage und Pulsdiagnose – die Grundlagen der traditionellen chinesischen Medizin – beruhen alle auf Berührung.

Es heißt, die Akupunktur sei durch die Bemühungen des „Gelben Kaisers" Huang Ti in der Zeit zwischen 2698 und 2598 v. Chr. entstanden. Die meisten chinesischen Medizinhistoriker nehmen an, daß die Akupunktur eine Verfeinerung primitiverer Heilmaßnahmen durch Berührung darstellt. Beispielsweise schreibt Chu, daß die Akupunktur höchstwahrscheinlich aus primitiven Praktiken der Schmerzlinderung durch Druck entstand. Der Druck wurde zuerst von Hand ausgeführt, dann mit Hilfe von Steinen, deren Form zur leichteren Anwendung an besonderen Stellen allmählich immer mehr verfeinert wurde. Schließlich gingen die frühen Chinesen zur Verwendung von angespitztem Feuerstein und Bambus über. Archäologische Funde von Nadeln aus Feuerstein gehen bis 7000 v. Chr. zurück. Mit dem Wandel der Technologie änderten sich auch die Druckinstrumente. Mit dem Einsetzen der Eisenzeit kamen Nadeln aus Eisen, Stahl oder Edelmetallen in Gebrauch. In ihrer *History of Chinese Medicine* sahen Wong und Wu eine ähnliche Entwicklung der Massage. Als medizinische Praktik „entwickelte sie sich aus dem instinktiven Reiben, Streicheln und Kneten verletzter oder steifer Glieder" (curazeptiver Reflex).

R. H. Major berichtet, daß Massage der Akupunktur voranging. Er bemerkt, daß sie in den frühesten Werken der chinesischen Medizin erwähnt wird und sich während zweier Perioden besonderer Beachtung erfreute: zuerst in der frühen chinesischen Geschichte (2600 v. Chr.) und dann wieder in der Tang-Dynastie (619 – 906 n. Chr.), als sie in den Rang einer Wissenschaft erhoben und zu einem der sieben Zweige der chinesischen Medizin erklärt wurde.

Nach Chow wurden die Massagetechniken *An-Mo* (Drücken und Reiben) und *Tui-Na* (Schieben und Rollen) in den medizinischen Texten der Han-Dynastie (207 v. Chr. – 220 n. Chr.) beschrieben und in den Spezialinstituten der Tang-Dynastie gelehrt. Ein ausgeklügeltes System von Handbewegungen, die acht Kua, wurde an speziellen, auf die verschiedenen Organe bezogenen Körperstellen eingesetzt. Auf diese Weise waren Masseure in der Lage, die Funktion der entsprechenden Organe zu beeinflussen.

In der Moxibustion oder Moxa-Technik kommt das Abbrennen von *Artemisia moxa* oder Artemisiakraut zum Einsatz. Die Moxakegel werden in vorgeschriebenen Mustern auf bestimmte Körperstellen verteilt und dann angezündet. Beim Abbrennen entstehen Blasen auf der Haut, die als Reizung oder Stimulans durch die Haut hindurch wirken.

Akupunktur, Moxibustion und Massage bildeten die Grundlage der traditionellen chinesischen Therapie, und die Pulsdiagnose wurde zu ihrem bevorzugten diagnostischen Mittel. Bei der Pulsdiagnose wurden drei Finger an das Handgelenk gelegt. Indem sie unter unterschiedlich starkem Druck die Qualität des Pulses auf beiden Körperseiten prüften, erlangten die chinesischen Diagnostiker Informationen über die Verfassung verschiedener Körpersysteme.

Die Diagnose durch Berührung erscheint im Vergleich zu den modernen Methoden recht primitiv. Der Autor und Arzt Richard Selzer beschrieb eines der seltenen Zusammentreffen zwischen Vertretern der Pulsdiagnose und der modernen Medizin, das 1975 stattfand. Der tibetanische Mönch und Leibarzt des Dalai Lama, Yeshi Dhonden, kam zu einer Visite in das Krankenhaus, in dem Selzer arbeitete.

Yeshi verbrachte fast eine halbe Stunde mit der beinahe rituellen Untersuchung einer Patientin, wobei er nichts weiter tat, als deren Puls zu fühlen. Nach der Untersuchung begab er sich in ein Konferenzzimmer, wo er seine Erkenntnisse einer Gruppe von Ärzten mitteilte. Der tibetanische Arzt kleidete seine Diagnose in poetische Worte: Im Blutstrom der Patientin seien Wirbel und Strudel. Winde hätten durch ihr Herz geblasen, noch ehe sie geboren war, und sie hätten ein großes Tor geöffnet, daß nie geöffnet werden darf. Die Wasser des Lebens stürzten ab wie ein Wasserfall, „reißen das Land mit sich fort und überfluten ihren Atem“. Ein

Medizinprofessor bat um die „wahre" Diagnose, und der gastgebende Arzt, der einzige, dem diese bekannt war, antwortete: „Angeborener Herzfehler. Ventrikelseptum-Defekt mit anschließendem Herzversagen."

Zur Verblüffung Selzers und der anderen anwesenden Ärzte hatte Yeshi Dhonden durch bloße Berührung die genaue Ursache der Probleme dieser Patientin entdeckt. Seine Berührung war so tief gedrungen wie die anspruchvollste Sondierung der westlichen Medizinwissenschaft.

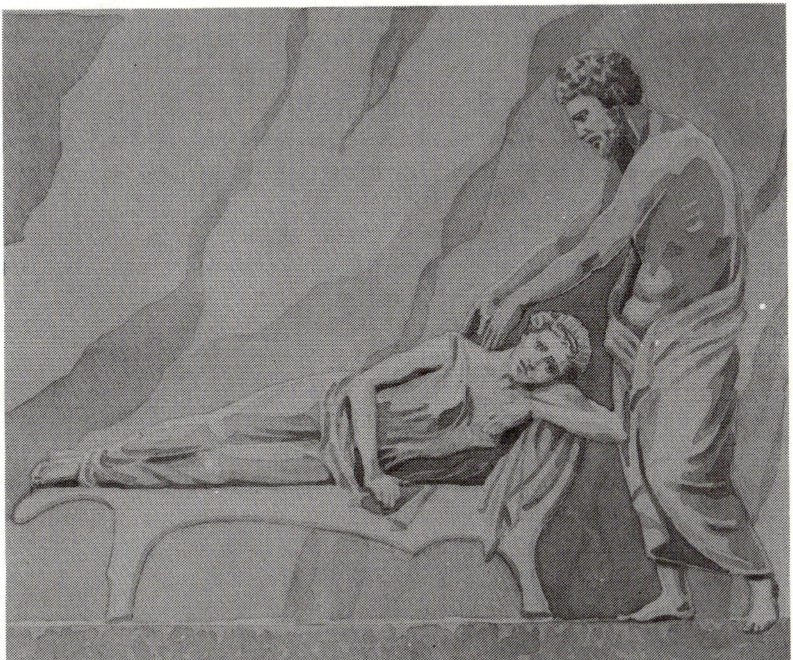

Abb. 2.5: Äskulap läßt einem Mädchen die heilende Berührung zuteil werden. (Zeichnung nach dem griechischen Originalrelief)

In Mythen und Fakten ist die Geschichte der westlichen Medizin eng mit dem Heilen durch Berührung verbunden. In der griechisch-römischen Zivilisation war das Heilen durch Berührung das Fachgebiet Äskulaps, des in den Rang eines Halbgottes erhobenen Arztes. Es heißt, Äskulap (latinisierte Form des griechischen „Asklepios"), der zwei Töchter hatte, Hygieia und Panakeia, sei der Sohn des Apollo und der Coronis.

Der Kult des Äskulap, der auch der Göttliche Arzt oder der Sanfte Heiler genannt wird, begann in Griechenland um ungefähr 420 v. Chr. Die Heilpraktiken Äskulaps wurden in über zweihundert Tempeln, den Äskulapieia, praktiziert, deren Priesterärzte als Medien der göttlichen Heilkraft dieses Gottes angesehen wurden. Für sie war das Handauflegen eines der Mittel zur Übertragung dieser Heilkraft auf die Patienten. Nach dem Historiker W. A. Jayne legten die Priester des Äskulap ihre rechte Hand entweder ganz offen oder mit geöffnetem Daumen, Zeige- und Mittelfinger und geschlossenem Ring- und kleinem Finger auf. Die linke Hand wurde als mißgünstig betrachtet und nie zum Handauflegen verwendet.

Manchmal wurde die Berührung mit Äskulap durch einen Tempelschlaf oder Inkubation genannten Brauch gesucht. Die Patienten wurden zuerst durch Fasten, Baden und Massage „gereinigt". Dann wurde ihnen erlaubt, den Tempel zu betreten und im Heiligtum zu schlafen. Im Schlaf erwarteten sie den Besuch Äskulaps, der oft in Begleitung seiner Töchter Hygieia und Panakeia erschien, die betroffene Stelle berührte, eine Operation ausführte oder spezielle Anweisungen erteilte. Gewöhnlich erwachte der Patient in voller Gesundheit, und das Heilungswunder wurde auf einer steinernen Votivtafel festgehalten. In den Tempeln Äskulaps in Griechenland und Kreta wurden diese Votivtafeln dutzendweise ausgegraben. Die eingeritzten Heilungen reichen von Blindheit bis zu Lähmung. Zumindest zur Zeit der Griechen und Römer war es also allgemein üblich, durch Berührung die heilende Beziehung zwischen Körper und Geist herzustellen.

Die frühen Ärzte

Hippokrates, der in der westlichen Medizin als der „Vater der Medizin“ angesehen wird, war Mitglied der Asklepiaden, einer Zunft von Laienärzten, die sich die Regeln des Heilens nach Äskulap zu eigen gemacht hatten. Der *Eid des Hippokrates*, der bis heute als ethischer Maßstab der Ärzte gilt, beginnt mit dem folgenden Treueschwur: „Ich schwöre, Apollon den Arzt und Asklepios und Hygieia und Panakeia ... zu Zeugen anrufend, daß ich nach bestem Vermögen und Urteil diesen Eid und diese Verpflichtung erfüllen werde ...“

Nach Ansicht des Hippokrates war die Heilung eine Folge des Wirkens der Naturkräfte und ließ sich erreichen, indem man die Lebenskraft *(vis medicatrix naturae)* freisetzte. Die Aufgabe des Arztes bestand nach Meinung des Vaters der Medizin darin, der Natur bei diesem Heilungsprozeß zu beizustehen. Hippokrates war sich der Bedeutung von Berührung zur Unterstützung der Naturheilkräfte sehr wohl bewußt. In seinen Reden und Schriften bezeichnete er die im Gebrauch der manuellen Techniken für die Wiederherstellung der Gesundheit ausgebildeten Ärzte als *chiron.* Er betonte den Wert der Friktion (das ist der lateinische Begriff für Massage) und war einer der ersten Ärzte, die zwischen den Wirkungen der verschiedenen Massagetechniken unterschieden. Nach Hippokrates festigt kräftige Massage schwache Körpergewebe, während eine sanfte sie entspannt. Langanhaltende Massage verringert die Gewebsmasse, Massage von mittelfristiger Dauer steigert sie.

Hippokrates wußte auch um die Bedeutung der Wirbelsäule für die Gesundheit. Er klingt ganz wie ein moderner Chiropraktiker, wenn er seine Ärzte dazu anhält, die Ursache schlechter Gesundheit an der Wirbelsäule zu suchen. Seine Beschreibung des Zusammenhangs zwischen verschiedenen Rückgratbeschwerden und der Erkrankung bestimmter Organe ist auch nach modernen Maßstäben erstaunlich exakt. Hippokrates empfahl Manipulation zur Behandlung von Rückgratbeschwerden. Die von ihm empfohlenen Handpositionen und speziellen Anweisungen zur manipulativen

Druckanwendung werden auch heute noch von den Praktikern befolgt.

Die Schüler und Nachfolger des Hippokrates erweiterten seine therapeutischen Verfahren. Ascelpiades, ein bekannter Arzt in der Nachfolge des Hippokrates, bevorzugte von allen hippokratischen Techniken die Massage. Celsus, ein weiterer Nachfolger des Hippokrates, riet den Ärzten, beim Einsatz von Massage über die erkrankte oder verletzte Stelle hinauszuschauen. „Viel häufiger muß ein anderer Körperteil als der vom Schmerz befallene massiert werden ..." So wurde die Praktik der *Reflexzonenbehandlung*, das heißt die Einwirkung auf eine bestimmte Stelle durch die Stimulation einer anderen Stelle, in die griechisch-römische medizinische Praxis eingeführt. Faktisch ähnelt die Theorie der Reflexzonenbehandlung der Denkweise der traditionellen chinesischen Akupunktur, bei der die Nadeln an weit von der schmerzenden oder erkrankten Stelle liegenden Punkten eingesetzt werden.

Galen, der fast fünfhundert Jahre nach Hippokrates lebte, setzte zur Wiederherstellung der Gesundheit dieselben Methoden der manuellen Medizin ein. Nach dem Autor Chester Wilk erhielt Galen den Titel „Fürst der Ärzte", nachdem er die Halswirbel des berühmten römischen Gelehrten Eudemus manipuliert und dadurch die Lähmung von dessen rechter Hand behoben hatte.

Die fortgeschrittenen anatomischen Kenntnisse der griechisch-römischen Ärzte lieferten einen wichtigen Beitrag zum therapeutischen Einsatz der menschlichen Berührung. Vor der Zeit von Äskulap und Hippokrates schrieb man Krankheit gern dem Besessensein von „Teufeln" und „bösen Geistern" zu. Heilspraktiken konzentrierten sich darauf, diese bösen Geister aus dem Körper zu treiben. Massage zum Beispiel sollte die bösen Geister buchstäblich aus dem Körper treiben. Aus diesem Grund waren die meisten Massagestriche *zentrifugal* – von der Körpermitte nach außen gerichtet. Diese Praktik änderte sich erst mit dem Auftauchen der „Theorie der Körpersäfte" für Krankheiten. Die Lehre von den Körpersäften hielt „stagnierende Säfte" im Körper für die Ursache von Krankheiten. Einer der frühen Vertreter dieser Theorie war der in der westlichen Welt als Avicenna bekannte islamische Gelehrte Ibn Sina. Im 11. Jahrhundert n. Chr. verfaßte Ibn Sina seinen monumentalen *Medizinischen Kanon*, der medizinische Erkenntnisse westlicher und östlicher Quellen einbezieht. Obwohl der Blutkreislauf noch nicht entdeckt worden war, riet Ibn Sina zu

Abb. 2.6: Ägyptische Figuren bei der Hand- und Fußmassage. Dieses Bild scheint den frühen Gebrauch der Reflexzonenbehandlung darzustellen.

zentripetaler Massage, von der Peripherie auf das Herz zu. Das erleichterte seiner Ansicht nach die Bewegung der stagnierenden Säfte – eine These, die sich auch nach modernen anatomischen und physiologischen Erkenntnissen als richtig erwies.

„Du sollst deine Hand darauf legen", steht in einem medizinischen Text der Ägypter aus der Zeit um 1500 v. Chr. zu lesen. Diese Anweisung wurde dem Arzt eines verwundeten Patienten zuteil. Ein Blick auf solche alten ägyptischen Heilpraktiken wird uns durch die Aufzeichnungen der Schreiber jener Tage zuteil. Ein großer Teil der medizinischen Kenntnisse der alten Ägypter ist in Form von Hieroglyphen auf Papyrusblättern aufgezeichnet. Diese sogenannten *medizinischen Papyri* enthüllen, daß die Ärzte des alten Ägypten neben anderen Heilverfahren auch das „Handauflegen" praktizierten.

Im *Berliner medizinischen Papyrus* sind die Anweisungen zum Heilen von Kindern von der folgenden Rezitation begleitet:

> „Meine Hände liegen auf diesem Kind, und die Hände der Isis (Göttin des Heilens) liegen auf ihm, so wie sie ihre Hände auf ihren Sohn Horus legt."

Dieser Gesang beruht auf der ägytischen Sage von Isis und Osiris. Isis, eine bedeutende ägyptische Göttin, hatte zwei Brüder: Osiris und Seth. Seth tötete und zerstückelte Osiris, und Isis setzte den Körper des Osiris wieder zusammen. Später gebar Isis dem Osiris einen Sohn: Horus. Deshalb ist die Hand der Isis im alten Ägypten ein Symbol des Heilens. Weil sie die Mutter des Gottes Horus war, wurde Isis auch als Beschützerin und Heilerin der Kinder angesehen. Darstellungen von Isis mit ihrem Sohn Horus erinnern oft an die ergreifenden Bilder der *Madonna*, des innigsten Symbols des heilenden Bandes zwischen Mutter und Kind.

Eine andere wichtige Figur in der ägypischen Medizin war Wenen-nefer, dessen Beschreibung in ägyptischen Papyri lautet: „Oberhaupt der Priester, Oberhaupt der Zauberer, Oberarzt des Königs; der täglich die Bücher studiert, der die Kranken behandelt, ihnen die Hand auflegt und sie dadurch erkennt; der begabt ist in der Untersuchung mit der Hand."

Guido Majno drückt in seinem Buch *The Healing Hand* Erstaunen darüber aus, wie oft im *Smithschen medizinischen Papyrus* in bezug auf kranke Patienten oder verletzte Stellen von Berührung die Rede ist. Das ist ein Hinweis auf den „intrinsischen Wert", den ägyptische Ärzte dieser Praktik bei der Pflege der Kranken und Verwundeten beimaßen (– auf den inneren Wert, den Berührung an und für sich hat). „Der Trost durch körperliche Berührung", schrieb Majno nachdenklich, „reicht weit zurück, bis zu Vorfahren, die weit älter sind als die Menschheit."

Die königliche Berührung

Denen, die durch Berührung heilten, wurden besondere Kräfte zuerkannt, besonders wenn dies im Zusammenhang mit spirituellen Gebräuchen und Glaubenshaltungen geschah. Aus diesem Grunde glaubten viele, daß schon die Bezeugung des Glaubens an die spirituelle Dimension des Heilens genüge, um das Privileg des Heilens durch Berührung beanspruchen zu können. Zum geistigen

Heilen gehört aber weit mehr als nur ein Glaubensbekenntnis. Doch waren, geschichtlich gesehen, regierende Monarchen bekannt dafür, daß sie sich die Macht des Heilens durch Berührung aneigneten. Man kann sogar heute noch sagen, daß manche evangeliumsgläubigen und charismatischen „Heiler“ sich derselben Praktik schuldig machen.

Der römische Kaiser Vespasian (70 bis 79 n. Chr.) wurde ärgerlich, als ein Blinder einmal um seine Berührung bat. Doch ehe man den Bittsteller vertreiben konnte, ermunterten Vespasians Minister, die den bei Erfolg zu erwartenden Machtgewinn für den Kaiser im Sinn hatten, den Kaiser zu einem Versuch. Vespasian gab seine Zustimmung und legte dem Mann seine Hand auf, wodurch dieser angeblich von seiner Blindheit geheilt wurde. Andere, die dieser Kaiser und Heiler berührte, wurden von ihrer Lähmung geheilt.

Nach den Berichten des Schreibers Spartanius heilte Adrian, ein anderer römischer Kaiser, durch die Berührung mit seinen Fingerspitzen Wassersucht. Der griechische König Pyrrhus benutzte Plutarch zufolge an Stelle seiner Hand seinen Fuß. Er strich mit seiner großen Zehe über die Leiber seiner vor ihm auf dem Rücken liegenden Untertanen und behandelte so Verdauungsstörungen und Milzprobleme. Und vom isländischen Helden Egill wird berichtet, daß er von seinen Kampfverletzungen durch König Olaf geheilt wurde.

An den Höfen Englands und Frankreichs nannte man dies die „königliche Berührung“. Es hieß, das geweihte Öl, mit dem die Monarchen bei ihrer Krönung gesalbt wurden, verleihe ihnen die Macht, durch Berührung zu heilen. Vom 9. bis zum 18. Jahrhundert übten die Könige und Königinnen Englands und Frankreichs diese Macht regelmäßig aus. Es wurde sogar darüber diskutiert, ob die französischen oder die englischen Herrscher die königliche Berührung als erste durchgeführt hätten. Die geschichtlichen Fakten verweisen auf Robert den Frommen (970–1031) als den ersten französischen Herrscher, der durch Berühren heilte. Auf der englischen Seite führte offenbar Edward der Bekenner (1042–1066) diesen Brauch ein. Zuerst wurde die königliche Berührung bei allen Fällen von Krankheit und mangelnder Gesundheit angewendet. Schließlich wurde die Behandlung auf eine einzige Krankheit, nämlich auf „des Königs Übel“ *(„King's Evil“)* eingeschränkt.

„Des Königs Übel“ war der Name für *Skrofulose*, eine jetzt selten gewordene, durch Vieh übertragene Art von Tuberkulose. Dabei sind hauptsächlich die Lymphknoten im Hals betroffen. Diese schwellen an und werden eitrig. Ohne Behandlung breitete sich diese bakterielle Infektion oft bis ins Gesicht aus und verursachte dort offene Eiterpusteln und Entstellungen. Skrofulose war in Europa vom Mittelalter bis in 17. Jahrhundert verbreitet; allerdings wurde die Bezeichnung auch oft als Allerweltsdiagnose für viele unbekannte krankhafte Zustände im Kopf- und Halsbereich verwendet.

„Der fromme Edward wirkt die Wunderkur“, schreibt Shakespeare, als er diese Heimsuchung und die heilende Berührung Edward des Bekenners in *Macbeth* in Reime faßte.

In einer Szene sagt der Arzt auf die Frage, ob der König ausgehe:

> „Ja, Prinz; denn viele Arme sind versammelt,
> Die seine Hilf' erwarten; ihre Krankheit
> Trotzt jeder Heilkunst; doch rührt er sie an,
> Hat so der Himmel seine Hand gesegnet,
> Daß sie sogleich genesen.“

Macduff fragt Malcolm, auf welche Krankheit der Arzt anspielt, und Malcolm antwortet:

> „Sie heißt das Übel:
> Ein wundertätig Werk vom guten König,
> Das ich ihn oft, seit ich in England bin,
> Vollbringen sah. Wie er zum Himmel fleht,
> Weiß er am besten – Seltsam Heimgesuchte,
> Voll Schwulst und Aussatz, kläglich anzuschauen,
> An denen alle Kunst verzweifelt, heilt er,
> 'ne goldne Münz' um ihren Nacken hängend,
> Mit heiligem Gebet – und nach Verheißung
> Wird er vererben auf die künft'gen Herrscher
> Die Wundergabe.“

Nachdem er berührt worden war, erhielt der englische Bittsteller eine Goldmünze vom Monarchen – die *golden stamp* in Shakespeares Versen. Ursprünglich war dieser Münze die Figur des heiligen Michael, der den Drachen tötet, eingeprägt: ein Symbol göttlicher Intervention gegen Krankheit. Diese Münze war später als das „Berührungsstück" *(touch-piece)* bekannt. Sie wurde gelocht und an einem weißen Band als Amulett gegen die Rückkehr der Krankheit um den Hals getragen.

Die Grundlage der königlichen Berührung war das Christentum. Da man Herrscher für göttlich auserwählt hielt, erbten sie mit ihrem Amt auch andere göttliche Gaben, darunter auch die Macht zu heilen. Die Heilung durch die „heilige Hand" des Herrschers wurde als Wunder im Rang der Heiligen der katholischen Kirche angesehen. Der Vergleich zwischen Jesus, der durch Berührung die Aussätzigen heilt, und dem König, der durch Berührung Skrofulose heilt, ist nicht zu übersehen. Ein Kirchenfenster der Abtei Mont St. Michel stellte in einem Abschnitt die Salbung der französischen Könige dar und im nächsten deren anschließenden Gang durch die Reihen der Kranken, denen sie durch die königliche Berührung Heilung zukommen ließen. Diese Szene steht in einer Reihe mit Bildern von Taten und Wundern anderer katholischer Heiliger. Zweifellos freuten sich die englischen und französischen Regenten über diesen Vergleich und wußten ihn zu ihrem Vorteil zu nutzen. Er verlieh ihnen religiöse Macht auf einem Gebiet, das außerhalb des angestammten Herrschaftsbereichs der Kirche lag.

Die königliche Berührung bestand üblicherweise darin, daß die Wunde einfach berührt, daß über sie gestrichen oder daß das Kreuz über ihr geschlagen wurde. Am französischen Hof wurde dies von dem Segensspruch *Le Roi te touche, Dieu te guerisse* („Der König berührt dich, Gott möge dich heilen") begleitet. Im englischen Königshaus gab es eigens ausgestaltete Gottesdienste und eine besondere Liturgie für die königliche Berührung. Unter der Regierung Charles II. wurde dieser Heilungsgottesdienst in das *Book of Common Prayer* (allgemeines Gebetbuch) aufgenommen und so durch die Kirchen der Allgemeinheit zugänglich gemacht.

Die Engländer sahen das Heilen durch Berührung sogar als Beweis für den rechtmäßigen Thronanspruch an. Im Kampf um den Thron zwischen Edward IV. und Henry VI. schrieb Sir John Fortescue, ein ergebener Anhänger Henry VI., in den Jahren zwischen 1461 und 1463, daß jedermann, der Henry bei der Ausübung der königlichen Berührung beobachten könne, sicher sei, daß „der unbezweifelbare Anspruch dieses Herrschers auf den Thron so durch göttliche Zustimmung bestätigt wird". Die Partisanen des Hauses York, die Edward IV. unterstützten, wollten davon nichts hören und entgegneten, in Wahrheit besitze ihr Mann diese wunderbare Gabe.

Nach der Regierungszeit der katholischen Mary Tudor (1558) bekannte sich der englische Hof unter Elizabeth I. wieder zum Protestantismus, woraufhin Rom verkündete, daß der Königin Elizabeth auf Grund ihrer Exkommunikation aus der katholischen Kirche die Gabe des Heilens genommen sei. Dem war nicht so, sagte Richard Wiseman, ein bekannter Chirurg und Medizinhistoriker. Die Gabe der Königin „war ihr durch ihre Abwendung von der römischen Kirche nicht abhanden gekommen." Königin Elizabeth erhielt und praktizierte diese königliche Tradition, obwohl nun zum ersten Mal eine Anzahl oppositioneller Stimmen laut wurde. Nicht nur der Vatikan verurteilte diesen Brauch der protestantischen Herrscher Englands, sondern auch die Mitglieder der radikalen Sekte der Puritaner stellten sich gegen die königliche Berührung und verwarfen diese Praktik als abergläubisch.

Die englischen Bürgerkriege stürzten die Regierung Charles I. Doch wurde Charles I. auch im Gefängnis und schließlich sogar noch auf dem Weg zum Galgen von Kranken belagert, die nach seiner Berührung verlangten. Charles I. war nicht der einzige König, von dem selbst in Gefangenschaft noch die königliche Berührung gefordert wurde. Ein Jahrhundert zuvor hatte der französische König François I. in spanischer Gefangenschaft Menschen aus dem Volk auf Skrofulose hin behandelt, was ihm den folgenden Vers zu seinen Ehren eintrug:

„Schaut, wie der König Skrofulose heilt, mit einer
einzigen Bewegung seiner Hand;
obwohl gefangen, hat er doch das Wohlgefallen von
dort oben nicht verloren."

Am Ende der englischen Bürgerkriege, 1656, wurde Charles I. enthauptet, und Oliver Cromwell übernahm anstelle des Monarchen das Amt des Lord Protectors des Britischen Commonwealth. Es gab Berichte, wohl von den Anhängern des Thrones in Umlauf gesetzt, daß auch er sich an der königlichen Berührung versuchte. Ein englischer Geschichtsschreiber berichtet: „Diese Methode wurde auch von dem verstorbenen Thronräuber Cromwell versucht, jedoch ohne Erfolg."

Mit der Restauration im Jahre 1660 und der Rückkehr zur Monarchie unter Charles II., dem Sohn Charles I., erhielt das königliche Wunder bald seinen früheren Rang zurück. Charles II. war ein beliebter Heiler. Die Aufzeichnungen John Brownes, des Leibarztes des Königs, besagen, daß er während der fünfundzwanzig Jahre seiner Regentschaft pro Jahr vier- bis sechstausend Leidende berührte, was zu einer Gesamtzahl von mehr als einhunderttausend Menschen führt. Browne zufolge kamen die vor ihn Tretenden nicht nur von den britischen Inseln, sondern aus verschiedenen Teilen Europas (Deutschland, Frankreich, Holland) und sogar aus den amerikanischen Kolonien.

Doch von Anbeginn an waren nicht alle von der königlichen Berührung überzeugt. Besonders die katholische Kirche stellte sich gegen diesen Brauch, denn sie sah darin eine Machtaneignung, und es widerstebte ihr, einen lebenden Herrscher in einer Position zu sehen, die üblicherweise Heiligen vorbehalten war. „Die Heilige Kirche preist sie [die Herrscher, die die königliche Berührung ausführen]“, sagte Papst Gregor VII. schon im Jahre 1081, „doch verleiht sie ihnen nicht den Ruhm solcher Wunder.“

Auch die Ärzte der Zeit stellten, obwohl sie kranke Patienten an den König überwiesen, die Methoden in Frage, durch die die Heilungen, von denen ihnen berichtet wurde, zustande kamen. Und doch ergaben die Untersuchungen der skeptischen englischen Ärzte und der Kirchenabgesandten oft Beweise für tatsächlich eingetretene Heilungen. Dies war das erste Mal, daß die moderne Medizinwissenschaft, obgleich noch in den Kinderschuhen, sich einer alten Heilpraktik entgegenstellte.

1732 kam der respektierte Arzt und Erforscher der königlichen Berührung William Beckett zu dem Schluß, daß die Berührung des Königs tatsächlich zu Heilungen führe. Er lieferte auch einen der ersten wissenschaftlichen Erklärungsversuche dieses Phänomens der Heilung. Becketts Meinung nach kam es aufgrund der Aufregung darüber, daß man sich in der Gegenwart des Königs befand, zu einem erhöhten Blutfluß, der dann die Heilung auslöste. Mit dieser angenommenen Verbindung zwischen Körper und Geistig-Seelischem war Becketts Spekulation tatsächlich sehr fortschrittlich für ihre Zeit.

Natürlich wurde nicht jedermann wunderbar geheilt. Untersuchungen im Stil Becketts weisen auf, daß manche Kranke nach nur einer Berührung durch den König von ihrer Skrofulose geheilt wurden, während andere die „heilige Hand“ wiederholt aufsuchten. Die Berichte glaubwürdiger Zeugen attestieren die Wirksamkeit der königlichen Hand bei der Behandlung von Skrofulose nach individuell unterschiedlichen Genesungszeiten.

Sowohl englische als auch französische Herrscher beendeten diesen Brauch im frühen 19. Jahrhundert. Zu den Gründen für sein Aussterben gehörte nicht zuletzt der wankende Glaube an den erhabenen Stand des Herrschers. „Es gibt keine Hände mehr, die tugendhaft genug sind, um die Skrofulose zu heilen“, erklärte Chateaubriand vor dem Entschluß Charles X., den Brauch wiederzubeleben.

Auch das intellektuelle Klima des 17. und 18. Jahrhunderts begünstigte den Gedanken der Heilung durch königliche Berührung keineswegs. Mit der Dämmerung des Vernunftzeitalters blickte man voller Verachtung auf Erklärungen von Phänomenen, die nicht im Einklang mit den akzeptierten Argumentationsweisen standen. 1641 hatte Descartes seine *Meditationen* geschrieben, und Newtons *Principia* entstanden 1687. Diese zukunftsweisenden Werke legten eine logische, rationale Beweisgrundlage fest, die zum Prüfstein für die wissenschaftlichen Untersuchungen der nächsten drei Jahrhunderte wurde. Diejenigen, die sich gegen die königliche Berührung wendeten, waren bei der Wahl ihrer Argumente jedoch ausgesprochen vorsichtig und klug.

Da die meisten Wissenschaftler und Philosophen dieser Zeit darauf achten mußten, mit ihren intellektuellen Bemühungen die Kirche nicht zu beleidigen, gaben sie sich oft große Mühe, ihre Kritik des königlichen Wunders von der Kritik an Wundern im allgemeinen zu trennen. Wunder, wie sie im Rahmen der Kirche auftraten, galten als annehmbar; Wunder, die ein Herrscher ausführte, jedoch nicht. Welch interessante Entwicklung! Einst lieferte dieser Brauch den Monarchen eine privilegierte Position außerhalb des kirchlichen Rahmens; jetzt war es – aus der Sicht ihrer Kritiker – ein Vergehen, abseits des kirchlichen Hauptstroms zu stehen.

Viele wählten in dieser Frage einen intellektuellen Mittelweg. Sie stimmten zu, daß die Berührung des Herrschers im religiösen Sinn kein Wunder sei, schrieben aber der Hand des Regenten dennoch Heilkräfte zu. Einige suchten sogar in der Astrologie, bei den

Kräutern, die der Herrscher zu sich genommen hatte, in der medizinischen Wirksamkeit des Speichels des Monarchen oder im Erbgut der königlichen Familie eine rationale Basis für dieses Phänomen. Die spitzfindigsten Erklärungen verwiesen wie William Beckett auf den Einfluß psychischer Faktoren bei der Heilung.

Schließlich begannen auch andere als regierende Monarchen das Heilen durch Berühren zu praktizieren, und auch dies trug zum Verschwinden dieses königlichen Exlusivrechtes bei. Die Engländer standen denjenigen, die eine den Königen vorbehaltene Gabe beanspruchten, nicht sehr tolerant gegenüber. Als der irische Adelige Valentine Greatrakes erklärte, auch er besitze die Gabe, durch Berührung zu heilen, löste das eine ziemliche Unruhe am Hof Charles II. aus. Das Publikum des sogenannten „Irischen Streichlers“ kam aus allen Teilen der Welt, und er beanspruchte Erfolge, wo Charles II. versagt hatte. Da er angeblich mehr heilen konnte als nur Skrofulose, lud der König Greatrakes ein, seine Fähigkeit an einer Adeligen zu demonstrieren, die unter Kopfschmerzen litt. In Gegenwart Charles II. versuchte Greatrakes diese Frau durch Handauflegen zu heilen, doch sein Mißerfolg kostete ihn Ruf und Karriere.

In Frankreich nannte man sie *septennaires* oder *touchoux* (vom französischen Wort für Berühren), in Spanien *setes* oder *saludors*, in England *seventh-son* oder *seventh-daughter.* In Europa gab und gibt es den Glauben, daß das siebte Kind aus einer ununterbrochenen Reihe von Kindern desselben Geschlechts ein geborener Heiler (*panseux de secret*, Geheimnisträger) sei. Hinweise auf diesen Glauben lassen sich bis ins 16. und 17. Jahrhundert zurückverfolgen, doch scheinen in den metaphysischen Lehren Griechenlands, Roms, Ägyptens und des Ostens noch ältere Wurzeln dafür vorhanden zu sein. Das Handauflegen war die traditionelle Heilmethode dieser Siebten-Söhne-Heiler. Wie die Könige ließen auch die Siebten Söhne ihre Hilfe anfänglich bei allen möglichen Beschwerden zukommen. In England und Frankreich begrenzten einige von ihnen ihre Praktik jedoch auf das Heilen der Skrofulose. In Spanien dagegen verfügten manche *saludors* über die besondere Gabe, Tollwut und andere Tierbisse durch Berührung zu heilen.

Wie schon erwähnt, betrachtete die englische Monarchie diese Siebten Söhne als unerwünschte Konkurrenz und behandelte sie ziemlich grob. In England war es ein Verbrechen, Skrofulose durch Handauflegen zu behandeln. Die Franzosen waren in ihrer

Haltung den Siebten Söhnen gegenüber milder. Faktisch entstand eine enge Verbindung zwischen den *septennaires* und St. Marcoul de Corbeny, dem französischen Schutzpatron für das Heilen von Skrofulose. Auch die französischen Monarchen bezogen die religiöse Legitimation ihrer göttlichen Gabe von St. Marcoul. Vom 14. Jahrhundert an huldigte fast jeder französische Herrscher dem Heiligen in der Abtei von Corbeny und hielt dort einen Gottesdienst für die Heilung von Kranken ab. Doch die Mönche von Corbeny hießen auch die Siebten Söhne willkommen, und diese erkoren später St. Marcoul zu ihrem Schutzheiligen. Die heilende Berührung der Siebten Söhne überdauerte die „heiligen Hände" der französischen und britischen Herrscher. Ein berühmter Heiler, der sogenannte Siebte Sohn von Vovette, praktizierte mit Erfolg bis in die Mitte des 19. Jahrhunderts. Das Erbe der Siebten Söhne bildet die Grundlage einer faszinierenden europäischen schamanischen Tradition, die in den Schriften zu diesem Thema fast vollständig übersehen wird. Reste der Tradition der Siebten Söhne sind in Europa und auch in außereuropäischen Kulturen heute noch vorhanden.

Berührung, Heilen und Spiritualität

Für diese frühen Heiler war die spirituelle Philosophie so wichtig wie die medizinische Philosophie. Auf der ganzen Welt gründeten Zivilisationen ihre Heilungspraktiken auf spirituelle Vorstellungen und bezogen auch das Berühren in diese Beziehung mit ein. Im alten China, in Indien, Ägypten, Griechenland oder Rom nahm man an, daß der Gesundheitszustand die Beziehung zwischen Gott und dem Menschen widerspiegele. Gesundheit deutete auf eine harmonische, Krankheit auf eine unharmonische Beziehung hin. Heilung war deshalb das Wiederherstellen einer ausgewogenen Beziehung zwischen Mensch und Gott.

Das ist denn auch die ursprüngliche Bedeutung des Wortes „heilig" – eine geistliche Verbindung zwischen Mensch und Gott. „Heilig" ist verwandt mit „heil", das ja auch „gesund, ganz, wohl" bedeutet (englisch: *holy – hale – heal – healthy – whole – well*). Gesundheit hatte also ursprünglich die spirituelle Bedeutung von Heil- oder Ganzsein, auch Heiligsein; und Heilen war der Prozeß zur Erlangung der Ganzheit (Heiligkeit).

Der englische Ausdruck für Leiden, Krankheit (also das Gegenteil von Gesundheit), *disease*, stammt interessanterweise von den lateinischen Wörtern *dis* = „auseinander, hinweg", auch „nicht", und *adjacens* = „naheliegend, benachbart, angrenzend" oder „berührend". *Dis-ease* heißt also wörtlich: nicht angrenzend, ohne Berührung, getrennt, geteilt. Wenn wir nicht berühren und selbst nicht berührt werden, sind wir nicht ganz. So ist die Beziehung zwischen Berühren und Heilen in unserer Sprache implizit enthalten. (Vgl. auch „Be-hand-lung"; Anmerkung des Verlags)

Traditionellerweise ist das Heilen der Beziehung zwischen dem Menschen und einer transzendenten Realität (ob sie nun Gott oder Natur genannt wird) ein spirituelles Unterfangen. Es überrascht nicht, daß das Handauflegen zuerst von Priestern und Regenten ausgeführt wurde – denjenigen, die sich in den alten Zivilisationen am direktesten mit spirituellen Fragen beschäftigten. Heilung war eine Natur- oder Gotteskraft, und die spirituellen Führer waren die Gefäße für diese Kraft und deren Einsatz zum Wohl der Menschheit. Sie stellten im symbolischen und wörtlichen Sinn durch Berührung die heilende Beziehung zwischen den Menschen und dieser transzendenten Realität her.

In der Hindu-Praktik *shaktipat diksha* spielt Berührung zum Beispiel eine zentrale Rolle bei der Herstellung dieses spirituellen Bandes zwischen Mensch und Gott. *Diksha* bedeutet Initiation und *shaktipat* bezieht sich auf die verschiedenen Methoden, durch die ein Hindupriester das spirituelle Erwachen des Novizen initiiert. Bei der *Sparsha diksha* oder Initiation durch Berührung berührt der Priester den Novizen an ausgesuchten Körperstellen: traditionsgemäß zwischen den Augenbrauen, über dem Herzen oder am Ende der Wirbelsäule. Diese Berührung erweckt im Novizen eine latente göttliche Energie, die, wenn sie vollständig erweckt wird, zur spirituellen Erleuchtung führt. In einer Aufzeichnung aus dem Jahre 1937 beschreibt Gopi Krishna sein Erlebnis des spirituellen Erwachens:

> „Plötzlich fühlte ich, wie mit dem Tosen eines Wasserfalls ein Strom flüssigen Lichtes über meine Wirbelsäule in mein Gehirn floß. Das Licht wurde immer heller, das Tosen lauter, und dann fühlte ich, wie ich aus meinem Körper schlüpfte und ganz von einem Lichtkranz umgeben war."

Ein ähnliches Thema – die Wiederherstellung der Verbindung zwischen Mensch und Gott – spiegelt sich in den Berichten der Heilungen, die Jesus zugeschrieben werden. Die in der Bibel angeführten zahlreichen Heilungen durch Berührung reichen von Blindheit und Aussatz bis zu Rückgratverkrümmungen und Epilepsie. In jedem Fall diente Berührung als Mittel dazu, die Verbindung des Erkrankten zu Gott wiederherzustellen (spirituelle Heilung) und dadurch die Heilung des Körpers herbeizuführen (physische Heilung). Lukas 13, 11–14 erzählt die Geschichte einer Frau, die von einer Rückgratverkrümmung geheilt wurde:

> „Und da war eine Frau, die hatte achtzehn Jahre lang unter einem Gebrechen gelitten und war gebeugt und konnte sich nicht aufrichten. Und als Jesus sie erblickte, rief er sie zu sich und sprach zu ihr: Frau, du bist von deinem Gebrechen geheilt. Und er legte seine Hände auf sie, und sie richtete sich auf und pries Gott."

Es finden sich häufig Hinweise darauf, daß Jesus als Ergebnis der Heilung fühlte, wie „die Tugend aus ihm herausströmte". Modernere Bibelübersetzungen ersetzen das Wort „Tugend" durch das Wort „Kraft", wie in dieser Passage aus Lukas 6, 17–19: „Und die Menge suchte ihn zu berühren, denn Kraft ging von ihm aus und heilte sie alle." Denn „Tugend" bedeutet nicht nur „moralische Vorbildlichkeit", sondern auch die „inhärente Kraft, eine gegebene Wirkung zu erzielen". Jesus gab diese Gabe des Heilens an seine Jünger weiter. In Markus 16, 18 sagt er von ihnen: „Sie sollen ihre Hände auf die Kranken legen, und diese sollen gesund werden."

Weltweite Verbreitung des Heilens durch Berührung

In der Geschichte der Menschheit findet sich der Einsatz menschlicher Berührung als Heilmittel nicht nur in Kulturen von Ländern wie China, Tibet, Indien, Griechenland, Rom, Ägypten und Europa, deren schriftliche Aufzeichnungen faszinierende Geschichten erzählen, sondern in jeder Kultur der Welt. Die Inselkulturen des Pazifischen Ozeans, Stämme in ganz Afrika, Eskimovölker, australische Eingeborene und die traditionellen Gesellschaften Zentral- und Südamerikas bezogen alle das Berühren in ihre Heilmethoden ein. Die Schwierigkeit liegt darin, daß es im Zeitalter der modernen, technisierten Medizin schwerfällt, den Gedanken an Berühren und Heilen ernstzunehmen. Bestenfalls können Skeptiker, wie William Beckett im Jahre 1732, annehmen, daß die menschliche Berührung ein Placeboeffekt ist, der nicht aus eigener Kraft wirkt, sondern kraft des Wunsches derer, die sie empfangen. Schlimmstenfalls kann man die Praktik einfach als Scharlatanerie betrachten. Sogar Monarchen, die die königliche Berührung durchführten – von Vespasian bis zur Königin Anne –, fanden es schwierig, an ihre Wirksamkeit zu glauben. William III. nannte den Brauch „einen dummen Aberglauben" und führte ihn nur einmal durch. Er bot denen, die zu ihm kamen, einen vorsichtigen Segensspruch an: „Gott gebe dir bessere Gesundheit und mehr Verstand."

Vielleicht ist es heute leichter, die Anwendung der menschlichen Berührung zu Heilungszwecken mit dem Hinweis auf König William III. abzutun, als diesen Brauch anzuerkennen. Und doch verweist die lange Geschichte dieser weltweiten Tradition auf mehr als nur einen ritualistischen Aberglauben. Hier liegt ein klassisches Zusammentreffen zwischen moderner Wissenschaft und alter Tradition vor, und auf den ersten Blick scheint die Logik dem Ritual überlegen.

Moderne Medizin und alte Heilungspraktiken

Im Sommer 1979 erlebte ich in San Diego, zu welch unerwarteten Ergebnissen diese Distanz zwischen der modernen Medizin und alten Heilpraktiken führen kann. Ich stolperte zufällig in einen Vortrag, den eine spirituelle Heilerin vor einer Gruppe von mehreren hundert Ärzten hielt.

Die Heilerin Olga Worrall erinnerte mich an meine Lieblingstante. Sie war eine gepflegte Siebzigerin, die schon seit fünfzig Jahren in der Methodistenkirche von Baltimore im Staate Maryland das „Handauflegen" praktizierte, und hatte in ihrem Leben noch nie eine Bezahlung für ihre Dienste entgegengenommen. Wissenschaftler engagierten sie für wissenschaftliche Experimente, Ärzte überwiesen ihre Patienten an sie, und die vielen Tausend Menschen, deren Leben sie beeinflußt hatte, liebten sie. Bei diesem Treffen sprach sie über ein Forschungsprojekt, das mit ihr durchgeführt worden war und dessen Ergebnisse an der Harvard-Universitätsklinik ausgestellt waren. Gegen Ende ihres Vortrags wandte sie sich an ihr medizinisches Publikum und fragte sachlich: „Sind Sie übrigens daran interessiert zu sehen, wie so eine Sitzung verläuft?"

Olga winkte dann einen jungen Arzt auf das Podium und demonstrierte an ihm das „Handauflegen". Sein Gesichtsausdruck war skeptisch, doch hielt er sehr still. Sie stellte sich hinter ihn und legte sanft ihre eine Hand an seinen Halsansatz und die andere auf seinen Kopf. Sie beschrieb, was sie tat, ohne jeden Dünkel.

„Ich gehe in den Leerlauf", sagte sie, „in den Leerlauf, ganz wie ein Auto, und lasse geschehen, was immer auch geschehen will. Ich versuche nicht, auf die eine oder andere Art irgend etwas zu bewirken, ich handle nur als Kanal für diese Heilkraft."

Nach mehreren Minuten nahm sie ihre Hände weg und flüsterte dem jungen Arzt etwas zu. Er stieg vom Podium herab, und sie führte ihren Vortrag zu Ende. Es war alles ziemlich merkwürdig, äußerlich gesehen hatte sich nichts ereignet. Der Arzt sagte beim Verlassen der Bühne nichts. Als wir jedoch später das Auditorium verließen, sah ich diesen jungen Arzt in seinem weißen Kittel und mit seinem Namensschild unter einem Baum im Gras sitzen. Er hatte seinen Kopf in seine Hände gestützt und schluchzte leise vor sich hin.

Es hatte sich also doch etwas ereignet! In der kurzen Zeit des Handauflegens hatte Olga ihn erreichen können – hatte ihre Berührung seinen Schmerz erleichtert. Und hier kam sich nun jemand auf einem Terrain verloren vor, mit dem er wohl vertraut sein sollte. Welch delikater Ausgang dieser Begegnung zwischen modernem und altertümlichem Heiler. Das „Handauflegen" hatte ihn tief berührt, und es war sehr schwierig, diese Erfahrung mit seiner traditionellen medizinischen Ausbildung zu rationalisieren.

Drei Jahre später waren Olga und ich wieder in San Diego, und wieder war die Szenerie sehr unwahrscheinlich. Diesmal beobachtete ich nicht, sondern nahm teil, ließ mir nicht die Hand auflegen, sondern praktizierte gemeinsam mit vierzehn anderen Personen unter Olgas Aufsicht das „Handauflegen“ selbst. Es war dies auch kein Gottesdienst, sondern eine Gesundheitskonferenz, und doch traten fast zweitausend Konferenzteilnehmer vor uns hin.

Das Ereignis lief sehr formlos ab. Darauf bestand Olga. Jeder von uns stand hinter einem Stuhl. Die Konferenzteilnehmer traten vor und setzten sich auf den Stuhl. Olga wies uns an, beide Hände nicht länger als zwanzig bis dreißig Sekunden lang auf die Schultern oder den Kopf der vor uns sitzenden Person zu legen. Danach konnten wir ein paar Worte des Mitgefühls oder der Anteilnahme mit ihnen wechseln, dann waren wir bereit für die nächste Person.

Es lief ab wie ein choreographiertes Ballett: Menschen strömten vor mich hin, ich berührte sie, sie gingen weg, andere nahmen ihren Platz ein. Es ging so schnell, daß für eine normale Kontaktaufnahme keine Zeit blieb; keine Zeit, um nach Namen zu fragen, und schon gar nicht, um sich ein Gesicht einzuprägen. Aber es gelang uns, all diese Leute in weniger als einer Stunde zu „behandeln“.

Wenn ich auf diese Erfahrung zurückblicke, kann ich verstehen, wie sich Charles II. oder Ludwig XIV. fühlten, wenn sie Tausenden von Menschen die königliche Berührung zukommen ließen. Und auch Vespasians Zurückhaltung beim „Handauflegen“ wird etwas leichter verständlich. Zuerst hatte auch ich etwas Angst. Was wollte ich denn da vor all diesen Leuten? Und wie sollte das helfen?

Zwei Monate später kam eine Antwort auf diese Fragen übers Telefon. Eine Anruferin erkundigte sich bei mir, ob ich derjenige sei, der bei der Konferenz in San Diego das „Handauflegen“ praktiziert hatte. Als ich bejahte, sagte sie: „Gut! Es kostete mich zwei Monate, Sie aufzuspüren.“

Sie erzählte mir, daß sie in den letzten zwanzig Jahren unter Nackenschmerzen gelitten und erfolglos verschiedene Spezialisten aufgesucht hatte.

„Nachdem Sie mich damals berührt hatten, verschwanden meine Nackenschmerzen“, berichtete sie, „und sie sind bis heute nicht wieder aufgetaucht. Ich rief nur an, um mich zu bedanken.“

Ich dankte ihr dafür, daß sie sich so viel Mühe gegeben hatte, mich zu finden. Nachdem ich den Hörer aufgelegt hatte, überkam mich der merkwürdige Drang, gleichzeitig zu weinen und zu lachen – zum Teil aus Freude und zum Teil, weil ich mich überwältigt fühlte. Wie im Fall des jungen Arztes, den ich vor Jahren beobachtet hatte, waren auch in meiner Welt einige der vertrauten Konstanten erschüttert worden.

Hochtechnisiert – vielberührt

Ironischerweise löste die rasche Entwicklung der Medizintechnologie auch ein erneutes Interesse an alten Heilungsmethoden wie zum Beispiel geistiger Heilung aus. John Naisbitt nannte diese entgegengesetzten Entwicklungsrichtungen „hochtechnisiert – vielberührt“ *(High Tech, High Touch).* Naisbitt stellte fest, daß der „menschliche Faktor“ angesichts der Entwicklung des Gesundheitswesens an Bedeutung verloren habe („hochtechnisiert“). Andererseits beobachtete er als Gegentrend aber auch das Auftauchen von mehr menschlich orientierten Gesundheitspraktiken („vielberührt“).

Es gibt viele Beispiele dafür, wie das hohe Maß an Technisierung durch vermehrtes Berühren ausgeglichen wird. Hausgeburten oder Geburtszentren ersetzen oft die traditionellen Krankenhausgeburten. Hospize mit menschlicher Fürsorge für Sterbende treten an die Stelle der hochtechnisierten Methoden der Intensivstationen. Und immer mehr Menschen suchen nach der menschlichsten aller Gesundheitsmaßnahmen – der menschlichen Berührung.

Das westliche Interesse an der Akupunktur, die wachsende Nachfrage nach chiropraktischen und osteopathischen Maßnahmen, der steigende Bedarf an Massage und das Einbeziehen von Handauflegen in Gottesdienste sind Zeichen einer Renaissance der menschlichen Berührung in den westlichen Heilpraktiken.

Massage, der Eckpfeiler des Heilens in der Zeit der Griechen und Römer, wurde bis ins frühe 19. Jahrhundert weitgehend vernachlässigt. Ironischerweise regte die französische Übersetzung eines chinesischen Buches, des *Kung-Fu des Tao-Tse,* das moderne Interesse an der Massage wieder an. Der Vater der modernen Massage, der Schwede Per Henrik Ling, gründete sein System der schwedischen Massage auf die in diesem Buch beschriebenen Massagetechniken. *Effleurage, petrissage, friction, vibration* – diese französischen Übersetzungen der chinesischen Techniken *An-Mo* und *Tui-Na* – bilden die Grundlage der modernen Massage.

Chiropraktik und Osteopathie, ebenfalls im 19. Jahrhundert aufgetaucht, können ein ähnlich altehrwürdiges Erbe für sich beanspruchen. Osteopathie wurde in Amerika kurz nach dem Bürgerkrieg von Andrew Still gegründet. Still war der Ansicht, schlechte Ausrichtung der Körpergelenke beeinträchtige den Fluß von Blut und Lymphe, was seinerseits zum Leiden und Krankwerden beitrage. Manuelle Behandlung zur Wiederausrichtung der Gelenke, schloß Still, stelle die normale Zirkulation der Körperflüssigkeiten wieder her und fördere dadurch die Abwehrkräfte des Körpers und dessen Gesundheit. Schlechte Zirkulation der Körperflüssigkeiten ist ein moderner Ausdruck für die „stagnierenden Säfte", die von Hippokrates, Avicenna und vielen anderen zuvor erwähnten Ärzten als Hauptursache von Krankheiten vermutet worden waren.

Die Chiropraktik verdankt ihre Anfänge Daniel David Palmer, ebenfalls in der zweiten Hälfte des 19. Jahrhunderts. Palmer war der Überzeugung, eine schlechte Ausrichtung der Körpergelenke, besonders der Rückenwirbel, hemme den Fluß von Nervenimpulsen zwischen dem Gehirn und den peripheren Organen. Da die Steuerung des Körpers durch das Nervensystem geleistet wird, folgerte Palmer, daß eine Behinderung dieses Steuerungssystems zu schlechter Koordination und Krankheit führe.

Analog zu Stills Hypothese empfahl Palmer die Korrektur dieser (von ihm *vertebral subluxations* genannten) schlechten Ausrichtung des Rückgrats durch manuelle Behandlung. Dadurch würde die Nervenbeeinträchtigung beendet und diese Krankheitsursache behoben. Palmers Einsicht in den Zusammenhang zwischen Wirbelsäule und Krankheit greift auf Hippokrates zurück; Rückgratmanipulationen werden in verschiedenen Kulturen weltweit schon seit Tausenden von Jahren durchgeführt.

Chiropraktik, Osteopathie, Akupunktur und Massage sind Beispiele für Techniken, die Berührung zum Zwecke des Heilens einsetzen und in den letzten Jahren trotz beschränkter Annahme durch die traditionelle Medizin einen hohen Grad an Beliebtheit erreichten. Gleichzeitig entstand auch ein neues Genre von Heilpraktikern. Sie nennen sich Körpertherapeuten und entlehnen ihre eklektischen Methoden von bereits eingeführten Disziplinen wie

Chiropraktik, Osteopathie, Massage, Krankengymnastik und Akupunktur oder schaffen ihre eigenen, neuen Methoden zum Einsatz menschlicher Berührung beim Heilen. Dieses neue Gebiet umfaßt, wie schon gesagt, eine Vielzahl verschiedener, auf Berührung basierender Techniken zur Diagnose und Therapie – eine ganze Kollektion manueller Methoden, die von der mechanischen Manipulation von Muskeln und Knochen bis zur Modulation der elektromagnetischen Felder um den menschlichen Körper reichen.

Berühren, um Geist und Seele zu heilen

Der Einsatz von Berührung zum Heilen des Körpers ist in der Geschichte der menschlichen Zivilisation fest verwurzelt. Die geschichtliche Rolle der Berührung zum Heilen der Seele oder des Geistes ist schwieriger aufzuspüren. Teilweise kommt das daher, daß frühere Zivilisationen weniger Gewicht auf die Unterscheidung zwischen Körper und Geistig-Seelischem legten als wir heute. Könnten wir die Gedanken unserer frühesten Ahnen lesen, würden wir, glaube ich, feststellen, daß die Motivation für das Heilen durch Berühren (der curazeptive Reflex), sowohl psychologischer als auch physiologischer Art war. Einem Leidenden Trost zu spenden, dies vermag nicht nur Schmerzen zu lindern, sondern kann auch die psychische Belastung mildern, die der Anblick von Schmerzen im Tröster auslöst.

Unsere erste Reaktion auf den Anblick eines leidenden oder weinenden Menschen ist oft ein impulsives Berühren des Betreffenden. Unsere Berührung kann dem Leidenden Trost und Erleichterung verschaffen. Sie mildert aber auch den psychischen Druck, der bei uns entsteht, wenn wir andere leiden sehen. In gewissem Sinne sind wir füreinander „Blitzableiter" und erden durch unsere Berührung die Anhäufung seelischer und körperlicher Schmerzen. Hierin liegt der Keim für den Einsatz der Berührung zum Heilen des menschlichen Geistes.

Beim Überblick über die Geschichte der Berührung stellten wir fest, daß Berührung in der Entwicklung der menschlichen Zivilisation auch dazu diente, die Menschen mit einer jenseits der gewöhnlichen körperlichen Existenz liegenden göttlichen Realität zu verbinden. Heilen ging Hand in Hand mit religiösem Streben und spirituellem Trachten; und Berührung verschaffte Zugang zu diesem Bereich geistigen Seins. Wie die Herkunft des Wortes *Psyche* so deutlich zeigt, waren Verstand, Geist und Seele (Original: *mind, spirit and soul*) ursprünglich eng verbunden. Menschliche Berührung war deshalb lange Zeit ein Weg zur Überbrückung des Abgrunds zwischen den physischen, psychischen und spirituellen Bereichen des Seins.

In der heutigen Zeit ist diese Tradition jedoch verloren gegangen. Heute wird die Psychologie in erster Linie als eine Wissenschaft vom Seelisch-Geistigen *(mental science)* angesehen, die sich gegen das Einbeziehen der Berührung und des menschlichen Körpers in den Genesungsprozeß wehrt. Das ist eine Ironie, denn sogar die moderne Psychologie hat ihre Wurzeln im Studium des menschlichen Körpers. Freuds ursprüngliche Hypothese war, daß die Entwicklung des menschlichen Geistes und der Seele der körperlichen Entwicklung folge: Während der Körper in seiner Entwicklung mehrere Stadien erogener Fixierung (oral, anal, genital) durchläuft, wird der Geist angeregt, sich auf die physischen Bedürfnisse jedes Stadiums zu konzentrieren. Doch entwickelte sich die Psychoanalyse nach streng geistig orientierten Richtlinien, und Freud bezog niemals eine Form menschlichen Kontaktes in seine klinische Arbeit mit ein. In der klassischen Psychoanalyse lag der Patient auf der Couch, während der Analytiker außer Sicht- und Reichweite saß. Nur der Klang ihrer Stimmen verband die beiden.

Einige der Zeitgenossen Freuds untersuchten die Rolle des Körpers in der Psychologie gründlicher als Freud. Am deutlichsten hoben Alfred Adler, Georg Groddeck und Wilhelm Reich die Bedeutung des Körpers in der Psychotherapie hervor. Adler kam 1911 zu dem Schluß, daß psychische Störungen oft als Folge körperlicher Fehlfunktionen auftreten. Nach Adler versucht der Geist die Mängel des Körpers auszugleichen, und dadurch entstehen psychische Verzerrungen.

Groddeck brachte 1923 die entgegengesetzte Ansicht vor. Er vertrat die Meinung, physische Symptome seien der unbewußte Ausdruck psychischer Faktoren, insbesondere psychosexueller Spannung. Groddeck schrieb auch über den Einsatz therapeutischer Massage und empfahl diese seinen Patienten. Doch obwohl Groddeck wie auch Adler die Bedeutung des Körpers für das Wohlbefinden des Geistes erkannt hatten, nahm keiner von beiden eine Form von Körperarbeit in seine klinische Behandlung von Patienten auf.

Wilhelm Reich war der erste, der in der Psychotherapie den Kontakt zum Körper herstellte. Reich begann am Anfang des Jahrhunderts als traditioneller Freudianer. In gewissem Sinne führte Reich die ursprüngliche Hypothese Freuds bis an ihr logisches Extrem. Für Reich war der psychosexuelle Imperativ der fundamentale Antrieb der Menschen. Die Frustration dieses Antriebs zeigte sich nach Reich in einer Vielzahl von Spannungszuständen, die er entweder als „Charakterpanzerungen" (psychische Spannung) oder als „Muskelpanzerung" (physische Spannung) einordnete.

Reich lehnte Groddecks These ab, die die Ursache körperlicher Fehlfunktionen bei den psychischen Kräften sucht (Muskelpanzerung also als Folge von Charakterpanzerung sieht). Er ließ sich auch nicht auf Adlers Standpunkt von der physischen Bedingtheit psychischen Fehlverhalten ein. Im wesentlichen verband Reich beide Positionen durch die einfache, aber tiefgreifende Einsicht, daß die „Muskelzustände [Körperzustände] und Charaktereinstellungen [psychische Zustände] dieselbe Funktion haben ... Sie können einander ersetzen und beeinflussen einander. Grundsätzlich sind sie nicht voneinander trennbar."

Reich nahm dieses Konzept der „funktionellen Identität" von Körper und Geist in seine klinische Arbeit auf. Wenn er bei einem Patienten auf psychischen Widerstand stieß, (Charakterpanzerung), arbeitete er an den entsprechenden Stellen der körperlichen Spannung (Muskelpanzerung) und verwendete zur Korrektur dieser Spannungsursache verschiedene Formen der Körpertherapie (zum Beispiel Massage, Druck, Entspannungsübungen). Dies half nicht nur, die körperliche Spannung abzubauen, sondern führte auch zu einem Auflockern des psychischen Widerstandes eines Patienten. Und wenn es Reich andererseits nicht gelang, durch Körpertherapie die Spannung im Körper des Patienten zu mildern, arbeitete er an der unter dieser Spannung versteckten psychischen Spannung. Wenn er dem Patienten bei der Bewältigung der psychischen Probleme half, konnte er anschließend die im Körper des Patienten ausgedrückte Spannung lösen helfen.

Obwohl die spätere Arbeit Reichs größtenteils umstritten ist, inspirierten seine neuen Einsichten in die funktionelle Identität von Körper und Geist Generationen von Psychotherapeuten, die sog.

Neo-Reichianer. Alexander Lowen zum Beispiel war ein Schüler Reichs. Er übertrug Reichs Werk in ein als *Bioenergetik* bekanntes System der kombinierten Körper- und Psychotherapie.

Der größte Teil der modernen Geschichte des Einsatzes von Berührung und Körpertherapie bei der Arbeit mit der menschlichen Psyche wurde von einer Handvoll kreativer Psychotherapeuten geschrieben, die sich von den Einschränkungen der klassischen Psychoanalysemethoden befreit hatten. Und nur ein sehr kleiner Beitrag zum Heilen des Geistes durch den Körper stammt historisch gesehen von Körpertherapeuten.

In der Geschichte der Chiropraktik findet sich wenigstens ein kleiner Beitrag zu dieser Philosophie. Daniel David Palmer, der Gründer der heutigen Chiropraktik, ging vom Vorhandensein einer *universellen Intelligenz* aus, die sich in jedem einzelnen als die *angeborene Intelligenz* manifestiert und das Leben des einzelnen und seine Gesundheit reguliert. Diese angeborene Intelligenz teilt sich den Organen und Körpergeweben vom Gehirn aus durch das Nervensystem mit. Jede Behinderung in der Kommunikaton der angeborenen Intelligenz vom Gehirn zum Körper zeigt sich als Fehlfunktion oder Krankheit.

Palmer sah die Aufgabe des Chiropraktikers darin, Störungen im Fluß dieser angeborenen Intelligenz durch das Nervensystem zu erkennen und zu beheben. Eine solche Behinderung ergab sich seiner Ansicht nach am wahrscheinlichsten durch eine falsche Ausrichtung *(subluxation)* der Rückenwirbel. Denn die Nerven treten auf ihrem Weg zur Kommunikation mit Muskeln, Organen und anderen Körpergeweben zwischen den Wirbeln des Rückgrats aus.

In Palmers Vision sollten Chiropraktiker nicht nur die strukturelle Ausrichtung des Körpers korrigieren, sondern auch die Kommunikation der angeborenen Intelligenz mit Geist und Körper wiederherstellen. Die meisten modernen Chiropraktiker scheuen den Gedanken an die universelle, angeborene Intelligenz, denn der Begriff klingt antiquiert und unwissenschaftlich. Ersetzt man jedoch das Wort *Intelligenz* durch den Ausdruck *Unbewußtes* und das Wort *universell* durch *kollektiv*, nehmen Palmers Gedanken eine andere, nützliche Bedeutung an. Behalten Sie diesen Austausch im Sinn und betrachten Sie damit die folgende Aussage Georg Groddecks, des Zeitgenossen Adlers, Freuds, Reichs und Palmers:

> „Ich kam durch Zufall auf den Gedanken, daß außer dem Unbewußten des denkenden Gehirns analoge Unbewußte für andere Organe, Zellen und Gewebe usw. vorhanden sind und daß auf Grund der engen Verbindung dieser getrennten unbewußten Einheiten mit dem Organismus als Ganzem durch die Analyse des Unbewußten des Gehirns ein positiver Einfluß auf die einzelnen Einheiten ausgeübt werden kann."

Groddecks Meinung deckt sich mit der Palmers. Der einzige Unterschied liegt darin, daß Groddeck versuchte, die unbewußte Kommunikation zwischen Geist und Körper durch die Behandlung des Geistes zu beeinflussen, während Palmer diese Kommunikation durch die Zuwendung zum Körper zu erreichen suchte. Leider wurden Palmers philosophische Gedanken in der Entwicklung der modernen Chiropraktik vernachlässigt. So ist die heutige Chiropraktik in erster Linie eine Spezialtechnik zur Behandlung des Körpers durch die Manipulation der Wirbelsäule, – eine Technik, die wenig auf den Geist achtet.

Doch unabhängig von ihrer persönlichen Orientierung können nur wenige Körpertherapeuten den Kontakt mit der menschlichen Seele vermeiden. Viele Körpertherapeuten erleben bei der Arbeit mit Patienten als Folge einer Berührung mindestens einmal eine emotionale Reaktion, die meiner Erfahrung mit der Patientin ähnelt, die bei der Untersuchung den sexuellen Mißbrauch in ihrer Kindheit wiedererlebte. Ein Seufzer, ein Wimmern, ein Tränenausbruch, das Gefühl inneren Friedens, Euphorie, ein Wohlgefühl oder sogar Depression: alles das entdeckt ein im Zuhören geübter Körpertherapeut bei denen, die er berührt. Diese Reaktionen sind zumindest ein empirischer Hinweis darauf, daß Berührung sowohl den Körper als auch den Geist erreicht und heilt.

Aus diesen empirischen Hinweisen wurde die Somatosynthese geboren, als Weg zum besseren Verständnis des Zugangs zur Psyche durch Berührung. Die Beziehung zwischen menschlicher Berührung und dem Heilen von Körper *und* Geist ist so alt wie das Leben selbst. Unsere Aufgabe ist es, dem immanenten Zweck dieser ursprünglichen Verbindung wieder Geltung zu verschaffen, nämlich: uns selbst und anderen Heilung und Hilfe zu bringen.

3

Berührung – Band und Barriere

Die menschliche Berührung ist ein wichtiger Vermittler zwischen dem Bereich des Soma (Körper und materielle Realität) und dem psychischen Bereich (Seele, Geist und nichtmaterielle Realität). Diese Bedeutung spiegelt sich nicht nur in der geschichtlichen Betrachtung des Heilens durch Berührung wider, sondern auch in der Rolle der Berührung für die körperliche und seelische Entwicklung des Menschen. Die herausragende Rolle der menschlichen Berührung in den Heilungsmethoden früherer Zivilisationen findet sich jedoch in der modernen Gesellschaft nicht mehr. Und sogar die Bedeutung der menschlichen Berührung für das Wachstum und die Entwicklung des Menschen von der Geburt bis zum Tod wird schon kurz nach dem frühen Kindesalter mißachtet.

Überraschenderweise hat diese Vernachlässigung viel mit der Natur der Berührung selbst zu tun. Denn es zeigt sich, daß menschliche Berührung nicht nur heilt, sondern auch zerstört. Berührung schafft Bande, aber auch Trennlinien. Berührung fügt zusammen, grenzt aber auch ab. Bei der Untersuchung dieser paradoxen Natur der Berührung werden wir sowohl die Möglichkeiten als auch die Probleme dieses wesentlichen Vermittlers menschlicher Erfahrung kennenlernen.

Kinderspiele

„Traust du mir?“ *(Trust Me?)* war ein Spiel, das wir als Heranwachsende spielten. In Zweiergruppen und gewöhnlich mit einem Partner des anderen Geschlechts erforschten wir die Grenzen für das Berühren des menschlichen Körpers. Man legte seine Hand auf den Körper des Partners und fragte: „Traust du mir?“ – Ein Ja bedeutete die Erlaubnis fortzufahren, ein Nein hieß, daß nun der andere an der Reihe war. Einmal berührte Stellen durften nicht noch einmal berührt werden.

Wie in den Eröffnungszügen beim Schach berührte man zunächst leicht erreichbare Stellen wie Füße, Unterschenkel, Hände, Arme, Schultern und Kopf in schneller Abfolge; danach wurde das Spiel zu einem Wettbewerb des Wagemuts. Alle Bewegungen wurden nun mit der langsamen, vorsichtigen Bedächtigkeit von Großmeistern des Schachspiels durchgeführt. Eine Hand verweilte über einer Stelle, als wollte sie eine Schachfigur bewegen. Ein möglicher Moment der Verlegenheit konnte durch ein rasches Nein verhindert werden, bevor die Hand tatsächlich landete. Zuschauer und die eventuelle gegenseitige Anziehung der Spielpartner (auch außerhalb des Spiels) erhöhten den Reiz. „Wird sie wohl kühn genug sein, ihn dort zu berühren? Würde er es ihr tatsächlich erlauben?“

Man mußte feinfühlige Entscheidungen treffen, um vor Freunden nicht als zu aggressiv oder zurückhaltend zu erscheinen. Das Spiel endete schließlich, wenn beide Partner erklärten, es gebe jetzt keine Körperstelle mehr, an der sie sich berühren lassen wollten. Gewinnen oder Verlieren schien nie besonders wichtig, in gewissem Sinne gewannen beide Spieler jedesmal. Der Spieler, der am meisten berührte, wurde nicht unbedingt mehr gelobt als der Spieler, der am meisten Berührung zuließ. Die als Zuschauer versammelten Freunde spornten die Spieler mit „Auf geht's. Los doch!“ an und benannten ihre Favoriten. Ein „Mäuschen“ war jemand, der sich fürchtete zu berühren; als „frigide“ galt jemand, der sich vor dem Berührtwerden scheute; „gute Hände“ und „ganz locker“ sagte man von denjenigen, die das Spiel innerhalb der akzeptierten Grenzen am längsten durchhielten; und „unanständig“

war einer, der die unausgesprochenen Grenzen des Spiels offensichtlich übertrat.

Dies war einer der Wege, auf denen wir unsere knospende Sexualität erforschten. Die Anziehungskraft des Spiels beruhte zum Teil auf der Möglichkeit, dem Partner die Erlaubnis für eine Berührung an einer „verbotenen“ Stelle abzuringen. Doch lag im Spiel auch eine tiefere kulturelle Botschaft verborgen: Die Haut ist die Grenze zwischen dem Selbst und anderen – eine Grenze, die nur auf vorgeschriebene Weise durch Berührung überschritten werden darf. Wir legten unsere „Körpergrenzen“ fest und verteidigten sie in spielerischem Wettbewerb. Wir spielten die mit Berührung verbundenen Geschlechterrollen aus. Meistens waren die jungen Männer die Berührer („Mäuschen“ oder„ gute Hände“) und die Mädchen die Berührten („frigide“ oder „ganz locker“). Kurz gesagt führten wir ein Berührungsritual durch und bestärkten die „hautnahen“ Barrieren zwischen den Menschen – kulturelle Barrieren, die diktieren, wann, wo und warum Berühren erlaubt ist.

Nicht alle Kulturen beinhalten dieselben Berührungsverbote. Sidney Jourard zählte, während er in den Cafés der verschiedenen Länder der Welt saß, die Anzahl der beiläufigen Berührungen im Verlauf einstündiger Unterhaltungen. In San Juan in Puerto Rico zählte er ungefähr einhundertachtzig Berührungen pro Stunde, in Paris einhundertzehn, in London null und in Gainsville/Florida zwei.

Ashley Montagu entwickelte ein Kontinuum der Taktilität. Ans untere Ende plazierte er die Völker germanischen und angelsächsischen Ursprungs – Kulturen, in denen wenig berührt wird. (Amerikaner angelsächsischer Abstammung wurden etwas höher als ihre britischen Vorfahren eingestuft.) Die mittlere Position hielten die Skandinavier, und die Spitze nahmen Völker ein, die von romanischen Vorfahren, aus dem Mittelmeerraum oder aus der dritten Welt stammen.

Kulturelle Einstellungen zur Berührung haben tiefgreifende soziale und verhaltensmäßige Auswirkungen. Ich entdeckte dies in dem Herbst, in dem ich mein Studium an der Wesleyan-Universität in Middletown/Connecticut begann und voller Erregung über meinen Studienbeginn darauf bedacht war, einen guten ersten Eindruck auf meine Studienkollegen zu machen. Ich war gerade von einem Sommeraufenthalt in Ghana an der westafrikanischen Küste zurückgekehrt. Zu meiner Überraschung traf ich beim Spaziergang auf dem Universitätsgelände einen Studenten aus Ghana. Nachdem ich mich kurz vorgestellt und über meinen Aufenthalt im Sommer berichtet hatte, reichte ich ihm die Hand zur Begrüßung. Doch war dies kein gewöhnlicher Händedruck, sondern ein Ritual, das ich in den ersten Tagen meines Afrikaaufenthalts gelernt hatte und das mir den Sommer über in Fleisch und Blut übergegangen war:

Nachdem wir die ausgestreckte Hand des anderen in der üblichen Art ergriffen hatten, zogen wir unsere Hände langsam zurück und ließen dann unsere Handflächen nochmals aneinander vorbei gleiten. Dann packten wir den Mittelfinger des anderen mit dem eigenen Mittelfinger und Daumen. Als nächstes schnalzten wir mit Mittelfinger und Daumen, hakten unsere kleinen Finger ineinander und gingen so die Universitätspromenade entlang. Ein einfacher Handschlag war so zu einem majestätischen Berührungsritual erhoben worden.

Leider kann das Ritual einer Kultur leicht zum Gespött einer anderen Kultur werden. Daß zwei junge Männer ihre Handflächen aneinander reiben und sich dann beim Weitergehen an den kleinen Fingern halten, ist in Ghana vollkommen in Ordnung, doch in Neuengland ist das eine andere Geschichte, und meine Hoffnungen auf einen guten ersten Eindruck zerplatzten, als diese Geschichte die Runde machte. Unnötig zu erwähnen, daß wir mehrere Tage lang das Hauptgesprächsthema auf dem Universitätsgelände und die Zielscheibe vieler unfeiner Witze und Gerüchte waren. Heute kann ich bei der Erinnerung zwar vor mich hinlachen, doch damals dauerte es lange, bis ich mich über die Nachwirkungen dieses Handschlags hinwegsetzen konnte. Berührbarkeit und die Fähigkeit zu berühren sind nicht selbstverständlich. Wir haben einen starken Sinn dafür, wann, wo, warum und wie unsere Körper berührt werden dürfen. Auf dieselbe Art verstehen wir die Grenzen der Berührbarkeit eines anderen für uns. Berührbarkeit beruht trotz geringfügiger individueller Unterschiede auf strengen sozialen und kulturellen Normen. Diese Norm ist in der westlichen Zivilisation vielfach beschränkt: Für Berühren gibt es mehr Verbote als Gebote.

Sidney Jourard war der erste, der Berührbarkeit systematisch erforschte. Mit dem von ihm entwickelten „Fragebogen zur Zugänglichkeit des Körpers“ *(Body Accessibility Questionnaire)* läßt sich erfassen, wie häufig eine Person sich berühren läßt und andere berührt. Jourard unterteilte den Körper in vierundzwanzig Regionen, „nach Art der Schaubilder in Metzgereien, auf denen die Herkunft der verschiedenen Schnitzel, Steaks und Rippenstücke erläutert wird“. Seine Studie aus dem Jahre 1966 bezog sich auf vier Zielgruppen: Mutter, Vater, Freunde desselben Geschlechts und Freunde des anderen Geschlechts. Studentinnen und Studenten zeichneten auf, ob sie im vergangenen Jahr in einer der markierten Zonen von Mitgliedern der verschiedenen Zielgruppen berührt worden waren.

Aus dieser Studie zog Jourard mehrere grundlegende Schlußfolgerungen: In der Familie werden männliche und weibliche Kinder von der Mutter gleichermaßen berührt. Mütter berühren ihre Söhne jedoch an mehr Stellen als Söhne ihre Mütter. Weibliche Kinder berühren ihre Mütter andererseits an mehr Stellen als männliche. Frauen berühren auch ihre Väter an mehr Stellen als Männer, und Väter berühren mehr Körperstellen an ihren Töchtern als an ihren Söhnen. Die Studie bestätigt, daß der ausgedehnteste Körperkontakt der sexuelle ist, denn Freunde des anderen Geschlechts berührten mehr als jede andere Gruppe.

Lawrence Rosenfeld wiederholte Jourards Studie 1976. Die Veränderungen in der Berührbarkeit, die sich in diesen zehn Jahren ergeben hatten, bezogen sich hauptsächlich auf Freunde anderen Geschlechts. Ein größerer Teil des Körpers war für Berührung durch Andersgeschlechtliche zugänglich. Frauen berichteten von mehr Berührungen von den Schenkeln bis zu den Schultern, während Männer von mehr Berührungen in der Unterleibsgegend und im oberen Brustbereich berichteten. Bei den Berührungen durch Gleichgeschlechtliche oder Familienmitglieder zeigten sich wenige oder keine Veränderungen.

Die Zugänglichkeit des Körpers für Berührung

Vielleicht würden Sie gerne Ihre eigene Zugänglichkeit für menschliche Berührung einstufen. Eine abgeänderte Version des Fragebogens zur Körperzugänglichkeit befindet sich im Anhang dieses Buches. (Wenn Sie den Fragebogen an jemand anderen weiterreichen wollen, fotokopieren Sie die Seite einfach vor dem Ausfüllen.) Diese Version des Fragebogens unterscheidet zwischen zehn verschiedenen Körperregionen und zwei Zielgruppen: 1. Freund (oder Partner) des entgegengesetzten Geschlechts; 2. Freund (oder Partner) desselben Geschlechts. In der Tabelle unter dem Körperdiagramm sind links Körperstellen aufgelistet und horizontal die beiden Zielgruppen angegeben. Für jede Zielgruppe gibt es getrennte Spalten mit den Überschriften „habe berührt", „berührt worden".

Der Fragebogen wird beantwortet, indem Sie die zwei Spalten unter jeder Zielgruppe ausfüllen. In dem Kästchen, das sich auf eine gegebene Körperstelle bezieht, sollen Sie unter „habe berührt" angeben, wie oft Sie diese Person in den letzten zwölf Monaten berührten, und unter „berührt worden", wie oft Sie von dieser Person in den letzten zwölf Monaten berührt wurden. Setzen Sie die Zahlen 1, 2, 3, 4 oder 5 zur Angabe der Häufigkeit wie folgt ein:

1 = Diesen Körperteil berühren Sie nie bzw. Sie lassen sich hier nie berühren.

2 = Diesen Körperteil berühren Sie selten bzw. Sie lassen sich hier selten berühren.

3 = Diesen Körperteil berühren Sie manchmal bzw. Sie lassen sich manchmal hier berühren.

4 = Diesen Körperteil berühren Sie oft bzw. Sie lassen sich hier oft berühren.

5 = Diesen Körperteil berühren Sie immer bzw. Sie lassen sich hier immer berühren.

Errechnen Sie nun den Durchschnitt für jede Spalte, indem Sie die Zahlen in der Spalte zusammenzählen, durch zehn teilen und aufrunden. Tragen Sie diesen Durchschnitt in das letzte Kästchen der Spalte hinter „Durchschnitt" ein.

Wenn Sie den Fragebogen ausgefüllt haben, lassen sich die Ergebnisse auf verschiedene Arten analysieren. Ihre durchschnittlichen Ergebnisse der Spalten unter der Überschrift „habe berührt" messen Sie an der folgenden Übersicht:

Durchschnitt:	**Einstufung:**
1–2	streng beschränkter Kontakt mit anderen
3	beschränkter Kontakt mit anderen
4–5	uneingeschränkter Kontakt mit anderen

Dies ist ein Maß dafür, wie schnell Sie mit anderen Kontakt durch Berührung aufnehmen.

Für die Spalten unter der Überschrift „berührt worden" gilt eine ähnliche Einstufung:

Durchschnitt:	**Einstufung:**
1–2	streng beschränkte Berührbarkeit
3	beschränkte Berührbarkeit
4–5	uneingeschränkte Berührbarkeit

Diese Einstufung zeigt Ihnen, wie bereitwillig Sie anderen erlauben, mit Ihnen durch Berührung Kontakt aufzunehmen.

Wie verteilt sich Ihre Einstufung? Sind Ihre Durchschnittsergebnisse konsistent oder sehr verschieden? Betrachten Sie einzelne Körperregionen quer über die Zielgruppen hinweg. Können Sie sich erklären, warum einige Gebiete häufig und andere weniger häufig berührt werden? Gibt es einen großen Unterschied zwischen den Ergebnissen unter „habe berührt" und „berührt worden"? Sind Sie ein Mensch, der mehr zum Geben und damit zum Berühren bereit ist als zum Nehmen? Oder sind Sie eher bereit zum Nehmen als zum Geben?

Der Fragebogen zeigt, wie wir unser körperliches „Grundstück" aufgeteilt und die Grenzen zu den einzelnen Bereichen abgesteckt haben und wie wir sie gegen ein Eindringen von außen verteidigen. So haben wir uns nicht nur von uns selbst, sondern auch von anderen abgegrenzt. Diese taktile Abgrenzung macht es so schwer, im Gesundheitswesen einen Platz für die menschliche Berührung zu finden.

Das Berührungstabu

Jourard war bei seiner Studie über das Berühren besonders an den Gewohnheiten von Menschen interessiert, die im Gesundheitswesen arbeiten. Er ging durch die Korridore von Krankenhäusern und zählte, wie oft das Krankenhauspersonal Patienten berührte. Dabei gelangte er zu erstaunlichen Ergebnissen. Ärzte berührten Patienten nur zum Messen des Pulses und zur Untersuchung, niemals um zu trösten oder zu beruhigen. Krankenschwestern schnitten nur geringfügig besser ab. Sie berührten gelegentlich, um Trost zu spenden, hauptsächlich aber, um Medizin auszuteilen.

Der zwischen Arzt und Patienten gewahrte Abstand scheint ein wohletablierter medizinischer Brauch zu sein. (Dies ist natürlich erst in der Moderne der Fall. Erinnern Sie sich, daß die Ärzte im alten Ägypten ausdrücklich dazu angehalten wurden, die Patienten zu berühren.) Es gibt viele Gründe dafür, weshalb Beschäftigte im Gesundheitswesen Abstand von den Patienten halten und eine Berührung wie die sprichwörtliche Pest scheuen. Absonderung gibt ihnen eine Aura unangreifbarer Autorität. Welcher Patient ist nicht einmal einem Arzt begegnet, der selbstgefällig hinter seinem Schreibtisch sitzt und medizinische Information verteilt nach dem Motto: „Man muß es nur wissen“, wie ein Richter, der vom Richterstuhl aus Recht spricht.

Sogar die Berufskleidung von Ärzten ist eine Art, „Ich berühre nicht“ zu sagen. Der legendäre weiße Kittel hat seinen Ursprung im 18. Jahrhundert, als die westliche Medizin allmählich die Bedeutung steriler Behandlungen erkannte. Vor dieser Zeit waren viele Patienten einfach auf Grund der schlechten hygienischen Bedingungen in den Krankenhäusern gestorben. Weiß erlaubte einem Arzt festzustellen, wie schmutzig sein Arztkittel geworden war und wann er ihn durch einen neuen, sauberen ersetzen mußte. Es gab eine Zeit, da wurden Ärzte tatsächlich danach eingestuft, wie blutig ihre Kittel waren: je blutiger der ärztliche Kittel, desto mehr Operationen hatte der Träger durchgeführt und desto besser mußte er deshalb wohl sein.

Ein weißer Kittel ist, wie der weiße oder schwarze Hut in Cowboyfilmen, auch ein symbolischer Hinweis, der die Unterscheidung zwischen guten und bösen, sauberen und schmutzigen Menschen, zwischen Ärzten und Patienten erleichtert. Ich habe mich oft gefragt, warum wir Ärzte statt unserer Straßenkleider einen weißen Kittel anziehen, wenn wir uns hinter einen Schreibtisch setzen und acht Stunden lang Patienten beraten. Sicherlich ist unsere Identität auch ohne das unverwechselbar. Das Türschild, die Diplome an der Wand genügen zur Absicherung unserer Identität.

Als ich meine Praxis begann, hatte ich das Gefühl, mir durch all die Jahre „des Schweißes und der Tränen" während der Ausbildung das Recht auf das Tragen eines weißen Kittels erworben zu haben. Doch wieso eigentlich? Im Operationsraum oder beim Sezieren ist so etwas vielleicht nötig, aber warum hier? Kein Patient beschmutzte mich jemals, auch nicht mit Blut. Das unbewußte Fortführen dieser Tradition bestärkt die hinter dem weißen Kittel stehenden ursprünglichen Ideen. Der Patient ist schmutzig, der Arzt ist sauber, und wenn ich meinen weißen Kittel überziehe, signalisiere ich den Patienten damit, daß ich sie nicht anfassen will, weil ich mich nicht schmutzig machen möchte. Das ist ein bizarres Paradox. Mein weißer Mantel schafft eine psychische Barriere, die mich von genau den Menschen fernhält, denen zu helfen ich geschworen habe. Wovor fürchten wir uns? Vielleicht davor, daß uns die Menschlichkeit dieser Person ansteckt?

Es herrscht auch die Meinung, daß wir den Heilungsprozeß „vergiften", wenn wir berühren. Das kommt daher, daß wir die moderne Medizin als wissenschaftliches Experiment betrachten und nicht als menschliche Begegnung. Ich als Arzt bin der Versuchsleiter, der Patient ist mein Versuchsobjekt, und die Heilung ist das große Experiment. Und wie bei jedem wissenschaftlichen Versuch steht der Versuchsleiter per Definition außerhalb des Versuchs. Ich darf Anleitungen erteilen, die Versuchsanordnung bestimmen, muß aber vor allem die Rolle des wissenschaftlichen Beobachters spielen. Ein persönliches Interesse würde die wissenschaftliche Methode verletzen und die Objektivität der Versuchsergebnisse beeinflussen.

Es ist verständlich, daß ein Wissenschaftler bei der Durchführung eines wissenschaftlichen Experimentes, um Vorurteile auszuschalten, eine andere Person zum Ablesen der Versuchsdaten einsetzt. So weiß auch der Arzt beim Versuch mit einem *neuen* Medikament nicht, ob er eine Placebo-Pille oder die echte Pille verabreicht, damit er den Patienten nicht durch seinen Gesichtsausdruck oder ein unbewußtes Körpersignal Hinweise auf die wirkliche Art der Behandlung gibt.

Die medizinische Praxis hält sich an dieses Modell: Der Arzt kann Rezepte ausstellen, Therapien verordnen, Anweisungen erteilen, sogar Körperteile entfernen, muß dabei aber die Distanz zum Patienten wahren, damit die berufliche Objektivität gewährleistet bleibt. Der Verlust der Objektivität beeinträchtigt angeblich die Fähigkeit des Arztes als Heiler. Es gibt sogar medizinische Mythen zum Schutz gegen diesen Verlust an Objektivität: Zum Beispiel weigern Ärzte sich häufig, ihre Familie zu behandeln, weil sie dieser „zu nahe stehen“, um objektiv zu bleiben. Ärzte sind auch schlechte Patienten, denn sie stehen den medizinischen Verfahren, deren sie zum Gesundwerden bedürfen, ebenfalls „zu nahe“. Und Ärzte dürfen ihren Patienten nicht „zugetan“ sein, damit sie nur ja ihre Objektivität nicht verlieren. Berühren überschreitet die Grenze der Objektivität und ist deshalb zu vermeiden.

Das Berührungstabu in den helfenden Berufen ist nicht ohne eine gewisse Ironie. Mark Hubble und seine Kollegen am Harding-Krankenhaus in Worthington/Ohio verglichen die Reaktion von Patienten, die (durch speziell ausgebildete Psychotherapeuten) berührt wurden, und die Reaktion von solchen, die unberührt blieben. Die bedeutsame Erkenntnis bestand darin, daß die berührten Patienten ihre Therapeuten weitaus höher einstuften als die nicht berührten. Der Studie Hubbles war eine ergänzende Studie von Joyce Pattison vorausgegangen, die zeigte, daß Patienten, die berührt wurden, dem Urteil von speziell ausgebildeten Beobachtern gemäß tiefere Ebenen der Selbsterforschung erreichten als Patienten, die nicht berührt wurden. Die einfache Moral dieser Geschichte lautet: Berühren ist sowohl für den Therapeuten als auch für den Therapierten von Vorteil.

Doch das Berührungstabu ist eng mit unserer kulturellen und sozialen Einbindung verwoben und reicht von den Spielen, die wir als Heranwachsende spielen, bis zu den Modellen, die wir für heilende und helfende Beziehungen haben. Das Problem besteht darin, daß in der Zeit von der Empfängnis bis in die frühen, prägenden Jahre Berühren der wichtigste Beitrag zu unserem körperlichen und geistigen Wohlergehen ist. Wenn wir heranwachsen und dann erwachsen sind, gibt es plötzlich kein Berühren mehr. In dieser Kluft zwischen den berührungsreichen frühen und den berührungsarmen späten Jahren liegt die Wurzel vieler gesundheitlicher Beschwerden. Hier liegt auch die Notwendigkeit begründet, dem Berühren wieder den ihm gebührenden Platz in der Pflege der Gesundheit zu geben.

Die Bande der Berührung

Innerhalb von drei Wochen nach unserer Empfängnis sind wir Menschen in der Lage zu berühren. Wir haben dann bereits ein primitives Nervensystem ausgebildet, das Hautzellen mit unserem rudimentären Gehirn verbindet. Unser Nervensystem entwickelt sich so früh, weil es für die Schaffung und Erhaltung des Lebens von so vorrangiger Bedeutung ist. Gehirn- und Nervenzellen entstehen im Fötus zusammen mit den Hautzellen aus derselben, *Ektoderm* genannten Masse an Vorläuferzellen. Dieser gemeinsame Ursprung von Haut- und Nervenzellen unterstreicht ebenfalls die Bedeutung der Haut für unsere Entwicklung.

Im Zuge der Entfaltung des Lebens im Mutterleib differenzieren und spezialisieren sich unsere primitiven Hautzellen noch weiter. Unsere Haut schafft Windungen und Falten und bildet die Auskleidung unserer Augen-, Ohren-, Nasen- und Mundhöhlen, – also der Körperstellen, die unsere anderen Sinne beherbergen. Auch die Sinneswerkzeuge, die uns schließlich zu sehen, zu hören, zu riechen und zu schmecken befähigen, leiten sich von den Zellen ab, die uns zuerst das Berühren ermöglichten. Unsere anderen Sinne sind nur verfeinerte Arten des Berührens. Kein Wunder, daß das Berühren die „Mutter aller Sinne“ genannt wird.

Doch die Bedeutung der Haut endet nicht mit der Erschaffung unserer Sinne. Während unserer Entwicklung als Fötus liefert die Haut eine zähe, wasserdichte Barriere, deren Form sich mit der Entwicklung unserer menschlichen Gestalt ändert. Innerhalb unserer Haut wachsen die inneren Strukturen unseres Körpers und nehmen Gestalt an. Von außen ist unsere Haut im Mutterleib vielen verschiedenen Reizen ausgesetzt. Wir werden ständig mit chemischen, Temperatur- und Druck-Veränderungen konfrontiert. Aufgrund der (empfangenen) Berührung vermittelt unsere Haut einen „Bericht“ dieser Sinneswahrnehmungen an das entstehende Menschenwesen. Diese Reize tragen in der vorgeburtlichen Zeit zum Wachstum bei und bereiten uns auf das Leben außerhalb des Mutterleibes vor.

Bei der Geburt durchlaufen wir einen abrupten Übergang vom Wasser an die Luft, von der Wärme in die Kälte und von der Abhängigkeit von anderen zur Selbsterhaltung. Wenn die Nabelschnur durchgetrennt ist, hat unser zartes Wesen nur wenig Zeit zum Anschalten seiner lebenswichtigen Systeme, die nun in selbsterhaltender Weise arbeiten sollen. Berührung spielt bei diesem Prozeß eine entscheidende Rolle. Ashley Montagu war der erste, der in seinem klassischen Werk *Touching: The Human Significance of the Skin* (dt.: *Körperkontakt. Die Bedeutung der Haut für die Entwicklung des Menschen*) unsere Aufmerksamkeit auf die Beziehung zwischen Berühren und Gebären richtete, wobei sich seine Einsicht auf seine vorangegangenen Forschungen an Tieren stützte.

Neugeborene Tiere erleben, im Gegensatz zu Menschenkindern, was die Behandlung durch ihre Mutter angeht, alle dasselbe Schicksal. Von ihren ersten Lebenstagen an – der kritischen Übergangsphase zwischen Mutterleib und Außenwelt – werden sie beständig geleckt, gedrückt, beschnuppert, gekitzelt, beklopft und anderweitig berührt. Oberflächlich gesehen scheint das ein Teil der mütterlichen Pflege- und Putzbemühungen zu sein. Doch Montagu stellte die Hypothese auf, daß diese Formen der Berührung noch eine weit wichtigere Funktion haben und für die körperliche und verhaltensmäßige Entwicklung des Neugeborenen wesentlich sind.

Die Überlebenschancen von Hunden, Katzen, Ratten, Vögeln, Affen, Ziegen, Pferden, Delphinen, Schafen, Kaninchen – von fast jeder Tierart – waren nach den Erfahrungen wissenschaftlicher Experimente und praktischer Versuche viel geringer, wenn das Neugeborene nicht genügend berührt wurde. Das Berühren erleichterte irgendwie den Übergang vom Mutterleib zur Außenwelt.

Alle Tiermütter lecken ihre Jungen am Perineum – der Stelle zwischen den Geschlechtsorganen und dem Anus –, um die Ausscheidung von Abfallstoffen zu fördern. Neugeborene Tiere haben unterentwickelte Ausscheidungssysteme, und so verhindert diese Anregung, daß die Jungen an einer Anhäufung von Giftstoffen sterben. Die Beziehung zwischen der Stimulation des Perineums und der Ausscheidung findet sich im gesamten Tierreich *(„cloacal" reflex)*.

Doch die Anregung der Haut hilft Neugeborenen auch auf vielfältige andere Weise. Einige Tiere, zum Beispiel Schafe und Lämmer, müssen geleckt werden, bevor sie aufstehen, die Euter ihrer Mütter suchen und einen aktiven Saugreflex entwickeln. Hier regt das Berühren die Entwicklung komplexer Reflexe in Gehirn, Nervensystem und Muskulatur an.

Ratten, die von Menschen gestreichelt und berührt werden, gedeihen weitaus besser als unberührte Ratten. Das Berühren führt zu erhöhtem Körpergewicht, größerem Gehirn, weniger Angst und gesteigerter Widerstandskraft gegen Streß und Krankheit. Es scheint, daß das Berühren der gezähmten Ratten eine gesteigerte hormonelle und immunologische Aktivität hervorruft – eine bedeutsame Erkenntnis, die den positiven Effekt von Berührung auf diejenigen Körpersysteme illustriert, die für die Gesundheit des Körpers zuständig sind.

Für Rhesusaffen ist das Berühren so wichtig, daß sie es mehr schätzen als Futter. In Harlows klassischen Experimenten wurde im Labor großgezogenen Rhesusaffen die Wahl zwischen zwei Ersatzmüttern gelassen. Eine Mutter war aus weichem Frottierstoff hergestellt und wurde von hinten mit einer Glühbirne erwärmt. Die andere Mutter war aus Drahtgitter geformt, verfügte aber über eine künstliche Brustwarze, aus der Milch floß. Im Gegensatz zu unserer Erwartung zogen die Rhesusjungen die Stoffmutter der milchgebenden Drahtmutter vor. Der von Harlow so genannte „Berührungskontakt" war ebenso wichtig wie ein voller Magen.

Aber Berührung beruht auf Gegenseitigkeit, und auch Mütter reagieren, wenn sie ihre Säuglinge berühren oder von ihnen berührt werden. Berührung löst wichtige Veränderungen im Körper der Mutter aus, wie zum Beispiel den Milchfluß und die Genesung von der Schwangerschaft. Hier ist der Mechanismus bei den Tieren dem menschlichen ähnlich. Die Stimulierung der Haut beim Säugen regt die Absonderung von Prolaktin an, einem Hormon, das die Erzeugung von Muttermilch reguliert.

Die Stimulierung der Brustwarzen verursacht auch das Zusammenziehen der Gebärmutter, das der Mutter hilft, die Nachgeburt auszustoßen, und die Gebärmutter auf ihre normale Größe zurückschrumpfen läßt. Wenn ein neugeborenes Tier von der Mutter getrennt wird, bevor sie es abgeleckt hat, entwickelt die Mutter nur schwer eine Bindung an ihr Junges. Unberührte Neugeborene werden meist weniger häufig gefüttert oder anderweitig zurückgewiesen, und die Mutter erholt sich oft langsamer von der Schwangerschaft. Auch das Selbstberühren ist für Tiere ähnlich wichtig. Das Selbstablecken ist wie das Gelecktwerden durch die Mutter nicht nur eine Art der Körperpflege und Reinigung, sondern dient zur Anregung der Funktion verschiedener Körpersysteme. Für manche Tierarten scheint die Selbstberührung für das Überleben unabdingbar zu sein. Als man zum Beispiel schwangere Ratten daran hinderte, sich zu lecken, blieben ihre Milchdrüsen unterentwickelt, und ihr mütterliches Verhalten war so schlecht, daß die Jungen unweigerlich starben.

Beim Abwägen dieser Beweisstücke schloß Montagu, daß neugeborene Tiere, die ausreichend berührt werden, eine bessere Allgemeingesundheit und bessere Überlebenschancen haben. Und die menschlichen Neugeborenen? Gibt es einen Ausgleich dafür, daß die wenigsten unter uns von ihren Müttern abgeleckt wurden? Montagu behauptete, es gebe ein menschliches Verhalten, das das Ablecken ersetzt, und es habe mit dem Geburtsvorgang selbst zu tun:

Menschenkinder werden unreif geboren, und es dauert Monate, bis sie sich selbständig bewegen, und Jahre, bis sie von anderen unabhängig werden. Das steht im krassen Gegensatz zu anderen Tieren, die Stunden nach ihrer Geburt laufen und innerhalb von Monaten unabhängig werden. Zum Teil ist das deshalb der Fall, weil wir nur eine verhältnismäßig kurze Zeit, nur ungefähr zweihundertsiebenundsechzig Tage, im Mutterleib verbringen. Tiere mit längerer Tragezeit haben bei der Geburt weiterentwickelte Junge. Beim Menschen ist die Zeit des Wachstums in der Gebärmutter kurz und die des Wachstums und der Entwicklung außerhalb des Mutterleibs lang. Im Vergleich zur Tierwelt machen menschliche Mütter auch eine außergewöhnlich lange Geburtszeit durch. Und das war Montagus Anhaltspunkt. Er mutmaßte, daß das Zusammenziehen der Gebärmutter bei der Geburt „eine sehr ähnliche Funktion wie das Lecken des Neugeborenen bei Tieren“ hat.

Die starken Gebärmutterkontraktionen, die wir bei der Geburt erleben, regen über unsere Haut unser Nervensystem an. Dieses Stimulieren der Haut regt seinerseits die Körperfunktionen an, die wir unmittelbar beim Eintritt in die Welt benötigen. Auch hier erinnert uns die Natur daran, daß das Leben durch Berührung begonnen und erhalten wird. Und wieder stimmen die Forschungsergebnisse damit überein: Frühgeburten und durch Kaiserschnitt geborene Kinder erleben diese langanhaltende Stimulierung der Haut nicht. Und ihr Beispiel untermauert Montagus Hypothese. Im ersten Lebensjahr finden sich bei Frühgeborenen wesentlich mehr Beschwerden im oberen Atemtrakt als bei voll ausgetragenen Babys. Später haben die „frühen" mehr Schwierigkeiten bei der Blasen- und Darmkontrolle, bei der Muskelkoordination, bei der Kontrolle ihrer Haltung und bei der Kontrolle ihrer Emotionen und ihres Verhaltens. Die Sterblichkeitsrate bei den mit Kaiserschnitt geborenen Kindern lag zur Zeit der Studie Montagus zwei- bis dreimal so hoch wie die der vaginal geborenen. Sie schnitten schlecht ab bei ganz grundlegenden, lebenserhaltenden Funktionen wie der Herstellung von Glukose, der Hauptenergiequelle des Körpers, und waren zehnmal mehr anfällig für tödliche Atemstörungen *(hyaline membrane disease).* Kaiserschnittbabys waren ängstlicher und öfter emotional gestört als normal geborene Babys.

Geburt ist Berührung. Und das Muster, das sich aus diesen Beobachtungen ergibt, zeigt, daß unsere Gesundheit und unser Wohlergehen leiden, wenn wir bei der Geburt wegen eines Mangels an Gebärmutterkontraktionen nicht berührt werden. Es besteht dann eine große Infektionsgefahr und die Gefahr, daß die Systeme, die unser Leben erhalten (unser Nervensystem, das Atem-, Verdauungs- und Ausscheidungssystem) nicht voll funktionsfähig sind.

Tierstudien ergeben, daß der Mangel an Berührung bei der Geburt durch vermehrtes Berühren danach ausgeglichen werden kann. Dasselbe gilt auch für uns. Als Tiffany Field im Krankenhaus der Universität Miami zwei Gruppen von frühgeborenen Babys studierte, denen die gleiche Nahrung verabreicht wurde, stellte sie fest, daß die Kinder, die berührt wurden, sich wesentlich besser entwickelten als die Gruppe derer, die nicht berührt wurden. Nach sanfter Massage zeigten Frühgeborene mehr Gewichtszunahme pro Tag, waren aufgeweckter und hatten reifere Nervensysteme. Sie verließen das Krankenhaus früher als die Babys, die nicht massiert wurden.

Forschungsergebnisse wie diese brachten Teddybären in die Krankenhausbettchen frühgeborener Babys. Schon allein das Vorhandensein eines warmen, kuscheligen Gegenstandes steigert die Genesungsrate und verringert die Sterblichkeitsrate dieser Säuglinge.

Auch durch Stillen wird unser Berührungsbedarf nach der Geburt gedeckt. Das Bruststillen versorgt uns nicht nur mit Nahrung, sondern hilft auch bei der Entwicklung von Schlüsselbereichen in unserem Gehirn. Durch das Saugen erlernt unser Gehirn die Kontrolle über die komplexen Handlungen von Lippen und Mund – Körperteile, die wir später zum Essen und Sprechen einsetzen. Schon das einfache Auffinden der Brust unserer Mutter – zuerst mit den Lippen, dann mit den Händen und Augen – hat wichtige Konsequenzen im Gehirn. Das Auffinden und Befolgen des Reizes, den die Mutterbrust liefert, hilft uns die Orientierungs- und Greifreflexe entwickeln, mit deren Hilfe wir später aufrecht stehen, uns bewegen und uns erfolgreich in unserer Umgebung zurechtfinden. Die Koordination unserer Lippen und des Mundes ist so wichtig, daß mehr als fünfzig Prozent des erwachsenen Gehirns dem Aufnehmen von Sinneseindrücken und der muskulären Steuerung dieses Körperteils gewidmet sind.

Bruststillen zeigt auch, wie Berühren unsere wichtigste Beziehung, die Mutter-Kind-Bindung, ermöglicht. Berühren unterstützt die emotionale und verhaltensmäßige Entwicklung von Mutter und Kind durch einen Prozeß, der „psychokutanes Konditionieren" genannt wird. Normalerweise berührt eine Mutter ihr Kind stufenweise und geht von kleinen Kontaktstellen zu größeren über, das heißt sie berührt zuerst mit den Fingerspitzen, dann mit den Handflächen und schließlich mit ihren Armen und ganzen Teilen ihres Körpers. Wenn einer Mutter der körperliche Kontakt mit ihrem Kind gleich nach der Geburt verweigert wird, kommt es nicht zu der auf Berührung beruhenden Mutter-Kind-Bindung.

Mütter, die bald nach der Geburt von ihren Kindern getrennt werden, werden oft keine guten Mütter. Instinktive mütterliche Fähigkeiten bleiben unentwickelt, und auch wenn diese Mütter später mit dem Kind wieder zusammengebracht werden, haben sie oft das Gefühl, das Kind gehöre eher der Krankenschwester oder dem Arzt als ihnen. Im Verlauf der Schwangerschaft und durch das Leiden bei der Geburt hat Berührung die Beziehung zwischen Mutter und Kind bestimmt. Die Kontinuität dieser Beziehung wird abrupt unterbrochen, wenn der gegenseitige Körperkontakt nach der Geburt verhindert wird, und das hat oft katastrophale Folgen.

Es ist nicht nur für Tierjunge, sondern auch für Menschenkinder ein Kampf, am Leben zu bleiben, wenn sie von ihren Müttern getrennt werden. Am Anfang des 20. Jahrhunderts betrug die

Sterblichkeitsrate bei Kindern unter einem Jahr in amerikanischen Waisenhäusern fast einhundert Prozent. Sie lebten in hygienisch einwandfreier Umgebung, wurden nach der Uhr gefüttert und nur selten in den Arm genommen oder getragen. Diese Behandlung entsprach dem damaligen wissenschaftlichen und medizinischen Wissenstand zur Kinderbetreuung, doch fehlte hier ganz offensichtlich die menschliche Komponente.

Dann entdeckten die Amerikaner, daß die Säuglinge in europäischen Einrichtungen regelmäßig in den Arm genommen, massiert, getragen, „geknuddelt" und auf andere Weise „bemuttert" wurden. Obwohl von der Bedeutung dieser Bemutterung nicht überzeugt, übernahmen amerikanische Einrichtungen diese Behandlungsweise, und die Sterblichkeitsrate fiel stark ab. A. Montagu vermutet sogar, daß der unerklärliche, plötzliche Kindstod *(sudden infant death syndrome* oder *„cribdeath")* zum Teil von einem Mangel an taktiler Stimulation herrührt.

Berührung ist wesentlich für unser Wachstum und unsere Entwicklung als menschliche Wesen – vom Fötus über das Neugeborene bis zum Kleinkind. „Das Kleinkind hat ein zwingendes Bedürfnis nach Körperkontakt", faßt Montagu zusammen. „Wenn dieses Bedürfnis nicht gestillt wird, leidet es, auch wenn alle anderen Bedürfnisse erfüllt werden."

Und doch gibt es wenige Jahre nach der Geburt – zehn, wenn es hochkommt – eine dramatische Veränderung in bezug auf dieses zwingende Bedürfnis nach Berührung. Es wird ersetzt durch eine Unmenge von Barrieren und Tabus, Regeln und Vorschriften über das Wer und Wen, Warum und Wo der Berührung. Berührung, die uns anderen einst so nahe brachte, hält uns jetzt von ihnen fern.

Die Barrieren der Berührung

Wie wandelt sich das Berühren so schnell vom intimen Kontakt zu rigider Zurückhaltung? Und warum? Es gehen offensichtlich entwicklungsmäßige Veränderungen vor sich. Wenn wir dem Säuglingsalter entwachsen, verlassen wir uns mehr auf das Sehen und Hören und weniger auf das Berühren. In diesem Sinne verlieren wir, um das Sehen zu erlangen, die „Berührung" mit der Welt. Und die komplexe Sprechfähigkeit, die wir entwickeln, erlaubt es uns, anstelle der Gegenstände eine Welt der Symbole zu handhaben. Wenn ich als Kind einen Baustein von hier nach dort bewegen will, dann „manipuliere" ich ihn buchstäblich, indem ich ihn mit der Hand bewege. („Manipulieren" stammt vom lateinischen *manus* = Hand.) In diesem Stadium ist Manipulation weitgehend eine auf Berührung beruhende, sensomotorische Fähigkeit.

Wenn wir unsere Sprechfertigkeit entwickeln und Gegenstände durch Symbole ersetzen, nimmt Manipulation eine andere Bedeutung an. Es ist jetzt nicht mehr notwenig, die Welt auf der physischen Ebene zu manipulieren; ich kann sie nun auf kognitiver und sprachlicher Ebene angehen. Es ist schneller und weniger anstrengend, beispielsweise über die Bewegung eines Steines zu sprechen oder zu schreiben oder ihn in Gedanken von hier nach dort zu verschieben, als dies mit der Hand zu tun.

Wir können nicht nur symbolisch dargestellte Gegenstände manipulieren, sondern auf ähnliche Art auch Gedanken. Wir sprechen davon, einen Gedanken zu „begreifen" oder zu „erfassen"; zumindest beim Kind geschieht das im wörtlichen Sinn beider Begriffe. Als Säugling er-greife ich einen Bauklotz, wenn ich seine Form be-greifen will. Doch wenn ich älter werde, geschieht das Greifen fast ausschließlich nur noch im visuellen und geistigen Bereich. Jetzt erfasse ich den Baustein lieber visuell und bestimme seine Eigenschaften geistig. Berührung verlangt unsere aktive Teilnahme an den Ereignissen des Lebens, während Sehen, Sprache und unsere geistigen Fähigkeiten es uns erlauben, alles passiv zu beobachten. Beide Erlebnisweisen sind wichtig, doch haben wir aus irgendeinem Grund die eine um der anderen willen aufgegeben.

Auch die Sexualität ist betroffen von den „Berührungsbarrieren“, die wir schließlich errichten. Von Geburt an entfaltet sich unsere Sexualität durch Berühren. „Die Qualität der körperlichen Intimität zwischen Mutter und Kind“, schrieb Alexander Lowen, „spiegelt die Gefühle der Mutter in bezug auf die Intimität beim Sex wider.“ Das tastende Erforschen des eigenen Körpers durch das Kind schließt letztendlich eine angenehme, autoerotische Stimulation ein. Diese frühen sexuellen Erlebnisse bilden zusammen mit den dem Kind überlieferten sozialen und kulturellen Normen die Grundlage unseres späteren Sexualverhaltens.

Durch Berühren kann eine Mutter ihrem Kind positive und negative Botschaften über Sexualität zukommen lassen. Einer Frau, die sich in ihrem Körper nicht wohl fühlt, wird es schwerfallen, ihrem Säugling die Brust anzubieten. Der Säugling spürt diese Abneigung und assoziiert sie mit körperlichem Kontakt. Jedesmal wenn eine Mutter ihr Kind berührt, „ist dies eine Gelegenheit für das Kind, entweder Wohlgefallen an Intimität zu spüren oder sich durch die damit verbundene Scham und Angst abgestoßen zu fühlen“, beobachtete Lowen.

In der westlichen Kultur sind Mythen und Märchen zur Sexualität weit verbreitet. Wenn man Kinder dazu anhält, sich nicht zu berühren, weil „es schmutzig ist“ oder „anständige Mädchen so etwas nicht tun“, lehrt man sie dadurch nur, ihre eigene Sexualität zu unterdrücken – und das kann für ihr späteres Leben möglicherweise katastrophale Folgen haben. Das „Messen mit zweierlei Maß“ ist auch ein solcher Mythos. „Echte“ Männer stehen unter dem Druck, früh sexuell aktiv zu werden, wohingegen „anständige“ Frauen bis zur Heirat Jungfrau bleiben sollen. Das Messen mit zweierlei Maß schafft nicht nur Verwirrung, sondern spornt Männer im Bemühen um die Aufrechterhaltung dieses Maßstabs dazu an, Frauen als Manipulationsobjekte zu betrachten, die man willkürlich anfassen darf. Pubertäre Spiele wie zum Beispiel „Traust du mir?“ erhalten solche kulturellen Barrieren in bezug auf Berühren und sexuelles Verhalten aufrecht.

Die Entwicklung der Sexualität, der Wahrnehmung, der Sprache und der geistigen Fähigkeiten ist Symptom, nicht Ursache dieses Wandels vom intimen Kontakt zu starrer Zurückhaltung. Sie hilft uns dabei, taktile Grenzen zu schaffen und zu erhalten, erklärt aber nicht ausreichend, warum wir diese Grenzen überhaupt ziehen.

Um eine Grenze ziehen zu können, muß man zuerst unterscheiden, was innerhalb und was außerhalb dieser Grenze liegen soll. Durch diesen einfachen Prozeß wurden Kontinente zerschnitten, Städte geplant, Wissen kategorisiert, Krankheiten klassifiziert und menschliche Angelegenheiten institutionalisiert: im wörtlichen oder im übertragenen Sinne eine Linie ziehen und dann entscheiden, was innerhalb und was außerhalb liegen soll.

In der Tat ließe sich die Geschichte der Zivilisation von den Grenzen her erzählen: wer sie schuf, warum und was geschah, nachdem sie eingeführt worden waren. Idealismus gegen Realismus; eine Nation, die andere bekämpft; die Wohlhabenden gegen die Habenichtse; „Sollte ich einen Internisten oder einen Herzspezialisten zu Rate ziehen?"; klassische Physik im Gegensatz zur modernen Physik; Demokraten gegen Republikaner; die wahren Gläubigen gegen die Ungläubigen, – das ist nur ein Bruchteil der Probleme, die sich auf diese Weise ansprechen ließen. Das Ziehen von Grenzen ist wie ein „endemischer" Prozeß, durch den wir trennen, aufteilen und uns und die Welt fragmentieren (Endemie = örtlich begrenztes Auftreten einer Infektion oder, in der Biologie, einer Tier- oder Pflanzenart).

Ein faszinierender und paradoxer Aspekt des Abgrenzens liegt darin, daß es letztendlich auf Berühren beruht! Unsere grundlegende Begrenzung ist durch die Haut gegeben. Das Berührungsverhalten von Säuglingen verhilft ihnen dazu, diese „Hautgrenze" zu schaffen, die das „Selbst" vom „Nicht-Selbst" trennt. Alles, was innerhalb der Haut steckt, wird zum Selbst, alles außerhalb der Haut zum Nicht-Selbst. Ich berühre mich und werde von den Menschen und Dingen um mich herum berührt; und so bedeutet „ich selbst" allmählich „in meiner Haut".

Die Selbstidentifizierung eines Kindes, bei der Geburt noch unausgebildet, wird durch diese Selbst/Nicht-Selbst-Abgrenzung über die Haut schrittweise klarer. „Ich bin nicht Mama." Ich kann meine Sinne dazu benutzen, Mama „da draußen" zu finden, aber Mama ist nicht „hier drin in meiner Haut", – da bin ich. Und ich bin auch nicht dieser Schlüsselbund. Ich kann die Schlüssel handhaben und sogar in meinen Mund stecken. Die Schlüssel sind kalt, hart, haben kantige Ränder und klappern. Mama ist warm, weich und kuschelig und hört sich an wie „gugudada". Mama gibt Milch und die Schlüssel nicht. Deshalb können die Schlüssel nicht Mama sein. Aber die Schlüssel sind auch nicht „hier drin" in meiner Haut.

Ich kann die Schlüssel mit meiner Haut berühren, also sind sie nicht „ich“. Die Schlüssel sind wieder etwas von der Welt dort draußen. Wenn ich es nicht selbst bin, kann es mir *gehören*, aber es kann nicht „ich“ sein. – Es ist *meine* Mama und *mein* Schlüsselbund, aber es ist nicht „ich“.

Nach dem Erlebnis mit Mama und den Schlüsseln ist es nicht allzu schwer, das Auftauchen anderer Grenzen zu verstehen, mit denen wir unsere Welt aufteilen und zerstückeln. Nach der ersten Aufteilung in Selbst und Nicht-Selbst durch unsere Haut spalten wir uns weiter auf in „Körper“ und „Geistig-Seelisches“. Ken Wilber illustriert das Schaffen dieser wichtigen inneren Grenze mit einer einfachen Frage: „Haben Sie das Gefühl, ein Körper zu *sein*, oder haben Sie das Gefühl, einen Körper zu *haben*?“ Die meisten von uns werden wohl antworten, daß wir einen Körper *haben*. Wir sprechen von „unserem“ Körper auf die gleiche Weise, wie wir von „meiner“ Mama, „meinen“ Schlüsseln, „meinen“ Büchern sprechen – von etwas da draußen, das wir besitzen. Unser Körper wurde nur ein anderes Bruchstück in einer bereits überfüllten, zerstückelten Welt.

Das war nicht immer so. Für uns als Säuglinge gehörte der Körper ins Innere der Selbst/Nicht-Selbst-Grenze. Im Reifeprozeß wird diese Grenze jedoch schrittweise durch unseren sich entwikkelnden Geist – oder unser Ich – neu definiert. Schließlich wird unser geistig-seelisches Wesen zur neuen Grenze zwischen Selbst und Nicht-Selbst. Da wir fühlen, daß unser Körper *nicht* in unserem Geist inbegriffen ist, steht der Körper jetzt außerhalb des Selbst.

„Biologisch gesehen gibt es nicht die geringste Grundlage für diese Trennung oder radikale Spaltung zwischen Seele und Leib“, schreibt Wilber, „aber psychologisch ist sie verbreitet wie eine Seuche. Tatsächlich ist die Leib-Seele-Spaltung ... ein grundlegendes Merkmal der westlichen Kultur.“

Schließen Sie einen Moment lang die Augen und fragen Sie sich: „Wo ist die Mitte meines Seins?“ Versuchen Sie zu erfühlen, wohin Sie zur Antwort auf diese Frage deuten würden. Nach der Beschreibung vieler Menschen liegt diese Mitte im Schädel, ungefähr auf Augenhöhe, auf der Mittellinie des Kopfes, vor den Ohren. Machen Sie sich jetzt bewußt, wo im Verhältnis zu dieser Mitte Ihres Seins der Körper liegt. Die Mehrheit sagt einfach, der

Körper sei „irgendwo dort unten“ – physisch gesehen irgendwo unterhalb des Kopfes, psychisch gesehen irgendwo unterhalb des Geistes und diesem unterlegen. Es scheint, als sähen wir uns als entkörperlichte Ichs mit einer Ansammlung marionettenartiger Anhängsel.

Vom Selbst abgespalten, wird unser Körper zu nichts anderem als einem weiteren Fragment dieser Außenwelt und ist denselben Grenzziehungen unterworfen wie andere Gegenstände der „Welt dort draußen“. Er kann wie ein Stadtplan oder Schnittmuster nach einer beliebigen Anzahl von Kriterien aufgeteilt, unterteilt, neu aufgeteilt werden. Der Geist ist der Kartograph, der Körper das Terrain. Viele der Berührungstabus – die Regeln und Vorschriften, das Wer und Wen, Wann, Warum und Wo des Berührens sind einfach Grenzen, die der Geist dem Körper aufzwang.

Die Saat der Trennung wird in uns selbst gesät. Die Grenzlinie zwischen Selbst und Nicht-Selbst ist eine grundlegende Trennung, auf der alle folgenden Abgrenzungen beruhen. Es ist eine durch (Nicht-)Berühren geschaffene Grenze, die uns schließlich alle von uns selbst entfremdet und von anderen isoliert. Grenzlinien sind aber, wie Wilber beobachtet, auch Kampflinien, und die vielen Konflikte, denen wir uns heutzutage gegenübersehen – ob sie nun individueller Art sind oder sich auf die Welt beziehen –, lassen sich direkt bis auf die Grenzen zurückverfolgen, die wir selbst geschaffen haben.

Krieg ist das überzeugendste Beispiel einer Grenzlinie, die zur Kampflinie wurde. Religiös, rassisch, ökonomisch, politisch – wie auch immer die Motivation sein mag: es wird eine Linie gezogen, die Lager werden formiert, und der Krieg beginnt. Glücklicherweise enden nicht alle sozialen Konflikte im Krieg, doch ist der Prozeß vergleichbar: eine Linie ziehen, die Seite wählen und die Verteidigung aufstellen. Politische Macht mag die Waffengewalt ersetzen, Güter und Dienstleistungen mögen an die Stelle von Gewehren und Kugeln treten, die Waffen mögen sich ändern, die Strategie jedoch nicht. Wie schnell vergessen wir, daß es ohne die Grenzlinien nichts gäbe, worum wir kämpfen könnten!

Gesundheit und Krankheit stellen dem einzelnen ähnliche Probleme. Tatsächlich hat das System, das in erster Linie mit der Erhaltung der Gesundheit zu tun hat, das Immunsystem, auch die Aufgabe, die Selbst/Nicht-Selbst-Grenze zu verteidigen. Wie eine

Wache, die eine militärische Einrichtung bewacht, identifiziert das Immunsystem die meisten Substanzen, die den Körper durchfließen. Wird eine Substanz als Teil des Selbst identifiziert, darf sie im Körper bleiben. Kommt es nicht zu dieser Identifikation und wird eine Substanz vom Immunsystem als Nicht-Selbst eingestuft, dann sammelt es seine beträchtlichen Reservekräfte und „neutralisiert" diesen Fremdkörper.

Wenn das Immunsystem in Betrieb ist, verfügen wir über eine ausgezeichnete Widerstandskraft gegen viele unerwünschte Fremdkörper. Versagt das System, hat das möglicherweise fatale Konsequenzen für uns. Viele der gegenwärtigen Gesundheitsprobleme der Menschheit haben direkt mit dem Immunsystem zu tun; und das heißt: mit der Grenze zwischen dem Selbst und dem Nicht-Selbst. Bei Krebs und AIDS ist die Funktion des Immunsystems zum Beispiel gefährdet. Es wird ständig nach neuen Medikamenten zur Bekämpfung dieser Krankheiten gesucht. Neuere Untersuchungen haben jedoch auch gezeigt, daß sich die Funktion des Immunsystems geistig beeinflussen läßt.

Wie im vorangegangenen Kapitel erwähnt, wurden Versuchspersonen psychologisch darauf trainiert, die Aktivität ihres Immunsystems anzuregen oder zu dämpfen. Dies ist eine radikale Abkehr vom herkömmlichen Erkenntnisstand, der eine scharfe Trennungslinie zwischen Körper und Seelisch-Geistigem zieht, wobei die eine Seite die andere angeblich nicht beeinflussen kann. Der geistig-seelische Einfluß auf das Immunsystem stellt die Wahrheit dieser Grenze insgesamt in Frage. Ohne die Grenze zwischen Körper und Geist und die innere Abgrenzung von Selbst gegen Nicht-Selbst gäbe es auch hier keinen Konflikt.

Global wie individuell gesehen wurzelt menschlicher Zwist auf einem gemeinsamen Grund: dem Errichten und der Verteidigung willkürlicher Grenzen, die das Selbst vom Nicht-Selbst trennen. Und ob wir uns selbst oder den Planeten heilen, der Heilungsprozeß ist im Grunde genommen derselbe. Wir müssen die Trennung überbrücken und im wahren Sinne des Wortes wieder mit uns selbst in Berührung kommen. Berühren, das eine wichtige Rolle bei der *Errichtung* dieser Grenze spielte, kann eine ebenso wichtige Rolle beim *Heilen* der Spaltung übernehmen.

Abgrenzung und dadurch entstehende Spaltung sind nicht das unausweichliche Schicksal der Menschheit. In der Tat spielt das

Abgrenzen in vielen nichtwestlichen Kulturen eine unwesentliche Rolle. Daß wir in diesen Prozeß so tief verstrickt sind, läßt sich nur teilweise durch die psychische Entwicklung des einzelnen erklären. Der Rest der Antwort liegt in der Entwicklung der westlichen Kultur.

Historisch gesehen ist die westliche Kultur von Aristoteles bis Freud fasziniert von und versunken in analytisches Denken. Die Fähigkeit zu analysieren (auseinanderzubrechen) wird von vielen als die wichtigste Fähigkeit des menschlichen Geistes angesehen. „Ich denke, also bin ich", sagt René Descartes, der Mathematiker und Philosoph des 16. Jahrhunderts, dessen Schriften die moderne wissenschaftliche Ära ankündigten. Wenn ich denke, existiere ich als ein bewußtes Wesen, eine denkende Einheit. Es ist eine Wahrheit, auf die ich mich immer verlassen kann, beobachtete Descartes.

Doch diese selbstverständliche Wahrheit, dieser Eckpfeiler von Descartes' Logik führte auch das Problem des *Subjektivismus* in das Gedankengut des Westens ein. Subjektivismus schafft durch die Behauptung, daß ich mir nur meiner bewußten Existenz – meiner selbst und meiner Gedanken – gewiß sein kann, eine Wissensgrenze zwischen dem, „was ich weiß", und dem, „was ich nicht weiß". Das Wissen um die Existenz anderer Geister oder Gegenstände, das Wissen um alles, was außerhalb meines Verstandes liegt, ist bestenfalls fragwürdig.

Im Extremfall schafft diese Denkart das sogenannte „Problem des Anderen", denn es wird angenommen, daß mein Geist und meine Gedanken das einzige sind, was wirklich existiert. Die anderen Menschen und die physische Welt im allgemeinen sind nichts als Ideen, Gedanken, die ich mir in meinem Geist vorstelle. Welche Relevanz haben der Subjektivismus und die Logik Descartes' für unser Verständnis von der Bedeutung der menschlichen Berührung? Betrachten wir das folgende vertraute Szenario.

Stellen Sie sich vor, Sie seien auf einer Party mit lauter Leuten, die Sie noch nie gesehen haben. Die Logik Descartes' ließe Sie, sogar wenn Sie sich hier mit jemandem unterhalten, die Existenz dieser anderen Personen anzweifeln. Sie können nicht wissen, wird hier räsoniert, ob Sie sich nicht vielleicht mit einer dreidimensionalen „Erscheinung" unterhalten, mit einem Hologramm vielleicht; oder vielleicht handelt es sich in Wirklichkeit um einen unheimlich gut ausgearbeiteten Androiden aus einem Hollywood-Studio, der aussieht, spricht und sogar fühlt wie ein Mensch. Sie könnten sich dessen nie sicher sein. Das einzige, dessen Sie sich sicher sein könnten, ist, daß Sie da stehen, Gedanken hegen und die sich vor Ihnen entfaltende Realität betrachten.

Ich bin eine Insel, eine unabhängige Bewußtseinssphäre, getrennt von anderen solchen Bewußtseinssphären; nicht einmal fähig, schlüssig zu beweisen, daß außer meinem Bewußtsein irgend etwas existiert. Mein subjektives Bewußtsein trennt mich auf der physischen Ebene von der natürlichen Welt und isoliert mich auf der sozialen Ebene von anderen Menschenwesen. Die Natur und andere sind für mich außerhalb, sind Bruchstücke einer Realität irgendwo „da draußen", getrennt von der einzigen Realität, deren ich mir je sicher sein kann – der Realität meines Bewußtseins und meiner Gedankeninhalte. Das ist nach Descartes das menschliche Selbstgespräch. Und doch sollten wir uns, bevor wir diese Gedanken als überholt, zu kalt und gefühllos abtun, vor Augen halten, daß sie ein Teil unseres kulturellen Erbes und tiefer in unser Verhalten und Erleben eingebettet sind, als wir merken oder zugeben wollen.

Die Fahrt in einem überfüllten Wagen der New Yorker Untergrundbahn ist ein gutes Beispiel. Da ich in New York aufwuchs, fuhr ich häufig mit der Untergrundbahn. Ich erinnere mich deutlich daran, daß die Menschen oft so dicht gedrängt standen, daß die ganze Vorderseite meines Körpers an eine andere Person gedrückt wurde und mein ganzer Rücken einen anderen Menschen berührte. Dies ist wahrscheinlich der engste Körperkontakt, den man abgesehen vom Intimkontakt mit einem Geliebten oder Partner erleben kann – und er kann mehr als eine Stunde lang andauern. Und doch steht der durchschnittliche New Yorker dies täglich durch, ohne viel an das Gewebe der Menschlichkeit zu denken, in das er eingewoben ist. Durch ausdrucksloses Starren, Schweigen und eine Haltung wie „Lächle und laß es über dich ergehen" wird die Illusion geschaffen, daß niemand anderer existiert. Körperlich gesehen befindet man sich in jeder Hinsicht so nahe, wie sich Menschen nur kommen können, und doch tut man verzweifelt so, als sei man allein.

Solche Szenen stehen in scharfem Kontrast zu den „Mami-Lastwagen" Westafrikas. In Ghana, wo ich auf ihnen fuhr, durchqueren die Mami-Lastwagen das Land wie ein Netzwerk von Ameisen und liefern Transportmöglichkeiten zu den abgelegensten Gegenden. „Sprich nie vom Sterben", so hieß der handgemalte Sinnspruch auf einem von ihnen. Ein anderer empfahl: „Hab keine Angst, gib acht." Es waren antiquierte britische Modelle, die leicht Truppen im zweiten oder vielleicht sogar im ersten Weltkrieg transportiert haben könnten. Die jetzt privaten, schäbigen, alten Klapperkästen liefen ständig Gefahr zusammenzubrechen.

Die Laster sollten für zwölf bis fünfzehn Personen Platz bieten, und zwar auf einfachen Holzplanken, die zu diesem Zweck quer über das „Passagierabteil" gelegt waren, und es gab einen oder zwei Sitze vorne neben dem Fahrer. Es gab keinen Fahrplan – sie kamen, wann immer sie kamen. Es gab keine festgelegten Fahrstrecken – einmal hielten sie hier an, ein andermal dort. Es gab wirklich keinen Vergleich. Eine Fahrt auf einem Laster ließ eine Fahrt in der Untergrundbahn zahm erscheinen. Fünfundzwanzig oder mehr Passagiere waren nicht ungewöhnlich, und als Passagiere zählten nicht nur Menschen, sondern auch Hühner, Ziegen und Hunde. Je voller der Lastwagen, desto spannender war es zu sehen, ob nicht noch eine Person mehr an Bord klimmen konnte. Die Leute saßen einander auf den Knien, hockten auf dem Boden oder hingen an der Seite des Gefährts.

Es war heiß unter der afrikanischen Sonne, und wir waren alle verschwitzt, doch war ein sofortiges Gefühl der Kameradschaft vorhanden. Ich erinnere mich an eine Unterhaltung mit drei anderen, alle dicht aneinander gedrängt, von denen keiner die Sprache des anderen verstand, – ohne daß das die Unterhaltung beeinträchtigt hätte. Wir alle verstanden und genossen die Komödie, die Schönheit und den Spaß der Situation. Es gab keine Grenzen, alle witzelten, lachten, teilten sich mit und brachten sich ein in dieses Gewebe der Menschlichkeit, als wir die Straße hinunter ratterten. Es war leicht zu verstehen, warum sie *Mami*-Laster genannt wurden. Sie waren für alle Reisenden eine warme, bequeme und hilfreiche Umgebung.

Warum sollte es in der U-Bahn anders sein? Im Westen scheinen wir äußerst ängstlich darauf bedacht, Grenzen zu schaffen und zu verteidigen. Um die Existenz der anderen zu verleugnen, muß der eingezwängte U-Bahn-Passagier die Grenze zwischen sich und dem Nicht-Selbst ziehen. Es kann nicht nur die einfache Hautgrenze sein, denn die Haut steht in engem Kontakt mit der Welt „dort draußen". Die Selbst/Nicht-Selbst-Grenze muß auf der geistigen Ebene gezogen werden. Wenn das geschieht, kann ich trotz des vorhandenen intimen Körperkontaktes mit Descartesscher Logik sagen: „Das bin nicht ich, denn ich bin hier drin, ich existiere in meinem Geist. Es ist nicht mein, denn es ist nicht mein Freund, mein Geliebter oder mein Kind. Es ist nur mein Körper, der an irgend etwas in der Welt da draußen anstößt. Deshalb, weil es (dieser zufällige Kontakt) nicht ich bin und es nicht mein ist, hat es wirklich keine Bedeutung."

In gewisser Beziehung sind Untergrundbahnpassagiere der lebende Beweis der Macht von Descartes' Gedanken. Denn der Körper ist nach Descartes ein Teil der materiellen Welt, die nur aus Objekten und Gegenständen besteht. Der Geist jedoch gehört in den nichtmateriellen Bereich des Bewußtseins und der Gedanken. Zwischen beiden liegt ein unüberbrückbarer Abgrund.

Diese Trennung zwischen dem Bereich des Körpers und dem Bereich der Psyche war nach Descartes absolut, weil physische Objekte nur durch andere physische Objekte beeinflußbar waren. Eine Billardkugel bewegt sich nur, wenn sie durch eine andere angestoßen wird – die Gedanken des Billardspielers setzen die Kugeln nicht in Bewegung. Ein Uhrenrad dreht sich nur, wenn es vom Zahn eines anderen Uhrenrads angestoßen wird – der Besitzer der Uhr kann dies nicht durch Gedanken auslösen. So kann der Geist den Körper nicht beeinflussen und umgekehrt, denn sie haben zwei verschiedene, unvereinbare Wesenskerne. Ein alter englischer Zweizeiler sagt:

What is mind? No body.
What is body? Never mind.

Der Einfluß Descartes' kann gar nicht überschätzt werden. Seine Logik bildet die Grundlage der modernen Wissenschaft und deshalb auch der modernen Medizin. Sein Bestehen auf der Trennung von Geist und Körper erklärt teilweise, warum die Therapieformen, die mit der Begegnung der beiden Bereiche arbeiten, als so radikale Abweichungen vom „gesunden Menschenverstand" angesehen werden.

Doch mit diesem „gesunden Menschenverstand" haben wir uns selbst und unsere Welt zergliedert, aufgespalten und unterteilt. Und unsere Anstrengungen wurden belohnt. Die Zerstückelung brachte riesige technische Veränderungen mit sich und steigerte unsere Kontrolle über die Naturkräfte. Aber der Sieg ist bittersüß. Durch das Aufsplittern der Welt und das Außerachtlassen der fundamentalen Einheit des Lebens haben wir ebenso viele Probleme geschaffen wie gelöst. Beim Versuch, die Natur zu beherrschen, bringen wir die Natur immer wieder dazu, sich mit unfehlbarer und manchmal tödlicher Zielsicherheit gegen uns zu wenden.

Die Berührungsbarrieren sind tief verwurzelt. Berühren gehört in den Bereich des Körpers, nicht in den des Geistes. Es fällt auf die „falsche" Seite unserer inneren Selbst/Nicht-Selbst-Grenze. Wenn wir uns berühren lassen, bitten wir den Geist, den Körper anzuerkennen, den Abrund zu überbrücken, die Trennung aufzugeben – verlangen von Psyche, Soma zu umarmen. Wenn Körper als materielle Objekte angesehen werden, fallen sie auch auf die „falsche" Seite unserer äußeren Grenzen, in eine unbelebte, leblose, mechanische Welt. Durch Berührung überwinden wir das „Problem des Anderen", fühlen das Pulsieren des Lebens eines anderen und anerkennen unsere gemeinsame Menschlichkeit. Diese Heilung wird durch Berühren möglich. Berührung, unser erster Schritt in die Aufsplitterung, kann auch unser erster Schritt zum Ganzwerden sein.

Für diesen ersten Schritt brauchen wir nicht weiter zu gehen als bis zu unserem Körper. Durch Berühren durchdringen wir die Grenze zwischen dem Selbst und anderen. Das „Problem des Anderen" löst sich durch Berühren, wenn wir den anderen als eine Erweiterung unserer selbst sehen. Wenn wir uns öffnen und uns berühren lassen, heilen wir die Spaltung zwischen Körper und Geist. „Du hast mich tief berührt" heißt dann nicht mehr nur: „Du hast an die Tiefen meiner Seele gerührt", sondern auch: „Du hast an die Tiefen meines Körpers gerührt".

In diesem Kapitel sprach ich über die Probleme, die durch das Errichten und Verteidigen von Grenzen entstehen. Natürlich ist nicht jedes Abgrenzen schädlich. Feste Grenzen sind auch ein wichtiger Teil der menschlichen Entwicklung. Als Säuglinge schaffen wir eine Selbst/Nicht-Selbst-Grenze, um uns von der undifferenzierten Welt der Mutterbindung zu trennen. Schließlich entwickeln wir eine eigenständige Selbstwahrnehmung, die zur Grundlage unseres Ich wird. Es ist eine Tatsache, daß es zu Problemen führt, wenn Grenzen nicht entwickelt oder nicht respektiert werden.

Störungen der Persönlichkeitsabgrenzung *(borderline personality disorders)* finden sich bei Menschen, die als Kleinkinder kein angemessenes Gefühl ihres Selbst entwickelten. Sie können sich durch heftiges „emotionales Überfluten“ und durch die Angst, von anderen verschlungen zu werden, wie gelähmt fühlen. Sexuelle, körperliche und emotionale Mißhandlung sind zum Beispiel schädliche Verletzungen der Persönlichkeitsgrenzen, die den Sinn für das Selbst rauben. Die traditionelle Psychotherapie vermeidet den Einsatz von Berührung bei der Behandlung von Abgrenzungsproblemen wie diesen. Doch Berühren ist die Voraussetzung für unsere erste Grenzziehung und kann dazu eingesetzt werden, unsere Grenzen im Bedarfsfall zu schaffen oder zu heilen. Und dieser Einsatz der menschlichen Berührung zum Heilen der Grenzen, die uns trennen, und zum Schaffen von Grenzen, die uns charakterisieren, ist die Ausgangsbasis der Somatosynthese-Reise.

4

Die Sprache der Berührung

Mein Tagewerk war noch nicht getan. Peggy, die letzte Klientin für heute, wartete im zweiten Behandlungszimmer. Es war achtzehn Uhr an einem Freitagabend, und ich war müde, da ich seit neun Uhr in der Praxis war. Obwohl ein Teil meiner selbst am liebsten nach Hause gegangen wäre, drehte ich den Türknopf und betrat den Raum, in dem sie sich auf dem Behandlungstisch ausruhte.

Es herrschte eine tempelartige Atmosphäre – gedämpftes Licht, sanfte Musik, und in der Luft lagen die Stimmen des Tages. Ich konnte sie immer noch hören: die angespannten Stimmen des Schmerzes, die schrillen Stimmen der Angst, die ruhigen Stimmen der Entspannung und die tiefen Stimmen des Heilens – ein wahrhaft menschlicher Chor. Ich hielt einen Augenblick inne und bat im stillen darum, die Verbindung zu einer Quelle der inneren Weisheit zu finden, die mir verständlich machen konnte, wie dieser Person in meiner Obhut am besten zu helfen sei. Ich verbürgte meinen Kopf, mein Herz und meine Hände für das Erreichen dieses Zieles. Nachdem das getan war, wachten alle meine Sinne auf wie Radarantennen, die einen weiten Horizont nach den schwächsten Signalen abtasten.

„Wie geht es Ihnen?" fragte ich.

Es war in Wirklichkeit nur ein Vorwand, eine Gelegenheit, ihre Stimme zu hören und diese daraufhin zu überprüfen, wie es ihr wirklich ging.

„Gut“, antwortete sie; „ich habe immer noch ein wenig Schmerzen, aber sie haben sich vom unteren Rücken in meinen linken Brustkorb, den oberen Rücken und den Hals verlagert.“

„Hmmm“, sann ich im stillen nach, während ich ihr bei der Beschreibung ihrer Schmerzen und Leiden zuhörte. „Ich frage mich, ob es hier wirklich um Rücken- und Halsschmerzen geht.“

Meine Hände griffen instinktiv nach ihren Füßen, und ich aktivierte meinen Tastsinn. Als ich nach ihren Fersen faßte, durchquerten meine Hände etwas, das sich wie ein Feld statischer Elektrizität anfühlte. Ich hielt inne, bevor ich sie berührte, denn das Feld schien ihren ganzen Körper einzuhüllen.

„Konzentriere dich“, sagte ich mir, schloß meine Augen und blickte nach innen.

Vor meinem inneren Auge tauchte ein Bild von Peggys Körper auf, in dem dieser ganz in einen blaugrauen Nebel eingehüllt war. Ich sah einige sehr helle Lichtpunkte – orangerote, weißumrandete Stellen – auf der rechten Seite ihres unteren Rückens, auf ihrem linken Schulterblatt, auf Schlüsselbein, Hals und linker Nackenseite. Später würde ich die Bedeutung dieser angestrahlten Stellen entdecken; für den Augenblick speicherte ich ihr Vorhandensein im Gedächtnis.

Es war jetzt an der Zeit, ihre Füße anzufassen. Ich streckte behutsam ihre beiden Beine und beurteilte dabei die Reaktion in ihren Gelenken – Fußgelenke, Knie, Hüften, Becken und Rückgrat. Ihr linkes Bein bewegte sich leicht, das rechte wurde von einer Stelle zwischen ihrem Becken und dem unteren Rücken aus eingeschränkt. An dieser Stelle würde unsere Reise beginnen. Meine linke Hand glitt unter ihr Becken, wo die vorstehenden Knochen ihres Kreuzbeins sich in meine Handfläche drückten. Meine rechte Hand ruhte leicht auf ihrem Unterleib. Ich begann ein Selbstgespräch mit mir, als sei ich ein Pilot, der mit einem inneren Kopiloten vor dem Abflug die Checkliste durchgeht.

„Überprüfe den Atem, den Muskeltonus, das Flattern der Augenlider, und denke daran: zuerst entspannen“, wiederholte ich innerlich.

„Ja natürlich", antwortete der Kopilot, „zuerst entspannen."

Ich fühlte, daß Peggy in dieser Woche die Last des Lebens und ihres Berufs als Bankmanagerin mit sich schleppte. Ihr Körper war sehr angespannt, ihre Augen flatterten, ihr Atem kam langsam, aber flach. Ich konzentrierte mich auf den zwischen meinen Händen ruhenden Bereich zwischen ihrem unteren Rücken und ihrem Becken und bot ihr nun die Möglichkeit an, sich zu entspannen:

> „Achten Sie jetzt auf Ihren Atem, beobachten Sie einfach Ihren Atem. Versuchen Sie nicht, ihn zu steuern, lassen Sie ihn ganz von sich aus tiefer werden. Stellen Sie sich vor, daß Sie mit jedem Atemzug Streß, Spannung, Unbehagen und Schmerz ausatmen. Mit jedem Atemzug fließt eine sanfte Welle der Entspannung in Sie hinein, die von Ihrem Kopf durch Ihren Körper bis in Ihre Füße wogt. Ihr Körper entspannt sich, und Sie haben das Gefühl, auf eine weiche Oberfläche zu sinken."

Ich hielt ungefähr zwei Minuten lang inne, um ihr für dieses Entspannungsgefühl Zeit zu lassen. Dann fuhr ich fort:

> „Lassen Sie jetzt auch Ihren Geist dem Körper in die Entspannung folgen. Stellen Sie sich vor, Ihr Geist sei ein Blatt, das vom Ast eines Baumes in einen Teich fällt. Beobachten Sie, wie das Blatt sanft durch die Luft schwebt und auf der Wasseroberfläche dieses stillen, ruhigen, klaren Teiches zur Ruhe kommt. Lassen Sie Ihren Geist einen stillen, ruhigen, hellen Ruheplatz finden."

Wieder war ich mehrere Minuten lang still, danach fuhr ich in bedächtig schreitendem Tonfall fort:

> „Erlauben Sie nun Ihrer Aufmerksamkeit, sich nach innen zu richten, während Ihr Körper und Ihr Geist sich entspannen und loslassen. Stellen Sie sich vor, Sie könnten an eine Stelle reisen, die wir die Mitte Ihres Seins nennen wollen. Diese Stelle kann in

> Ihrer Brust, in Ihrem Bauch, zwischen Ihren Augen oder sonst irgendwo liegen. Ihre Aufmerksamkeit richtet sich auf die Mitte Ihres Seins, wo immer diese auch liegen mag. Dort bemerken Sie ein schwaches Licht, das langsam stärker wird. Dieses Licht erleuchtet allmählich von innen her Ihren ganzen Körper vom Kopf bis in die Zehen. Spüren Sie, wie dieses Licht Ihren Geist und Ihre Gedanken, Ihr Herz und Ihre Emotionen, Ihr ganzes Wesen erleuchtet. Dann lassen Sie dieses Licht aus sich heraus in die Welt strahlen."

Dabei überwachte ich fortwährend Peggys Körper zwischen meinen Händen. Als die Entspannung bis zur Hälfte ihres Weges fortgeschritten war, spürte ich eine tiefgreifende Veränderung in ihrem Becken und im unteren Rücken. Es fühlte sich an, als breche ein Gerüst unter einem größeren Gewicht als dem, für das es ursprünglich geplant war, zusammen. Die Muskeln bewegten sich nach der Seite, und der ganze Bereich wurde weicher, weiter und sank dann ab – ein Phänomen, das von Körpertherapeuten oft als *Gewebeentspannung* bezeichnet wird. Das alles geschah innerhalb von fünf oder zehn Minuten.

Da sich diese Befreiung so schnell eingestellt hatte, bezweifelte ich, daß ihr unterer Rücken und das Becken die Hauptziele unserer Reise darstellten. So blickte ich wie ein Fluglotse, der einen Radarschirm konsultiert, auf das nebelige Bild von Peggys Körper in meiner Erinnerung. Ihre linke Schulter und ihr Hals glühten noch intensiv. „Das ist die richtige Stelle", dachte ich. Zielbewußt bewegte ich meine Hände so, daß ihr oberer linker Brustkorb zwischen meine Hände zu liegen kam und von ihnen unterstützt wurde. Ich bat auch um Peggys Hilfe, denn von hier an würden wir zusammenarbeiten müssen.

„Richten Sie langsam Ihre Aufmerksamkeit auf die Stelle zwischen meinen Händen", schlug ich vor. „Erfühlen Sie diesen Teil Ihres Körpers nur, versuchen Sie nicht, ihn zu kontrollieren oder zu analysieren."

Sie war fünf bis sechs Minuten lang ganz still, dann intervenierte ich: „Wie fühlt sich diese Stelle für Sie an?"

„Es ist dort ein blaugraues Band", antwortete sie langsam. „Es hält mich zurück. Eigentlich fühlt sich mein gesamter Brustkorb wie ein Gefängnis an. Wenn ich auf diese Stelle achte, spüre ich eine Reaktion in meiner ganzen Wirbelsäule. Am unteren Ende meiner Wirbelsäule habe ich Schmerzen."

„Bleiben Sie nur bei Ihrer Wahrnehmung dieser Stelle", forderte ich sie auf, immer mehr davon überzeugt, daß dies die richtige Stelle sei. Ich bemerkte ihre Wortwahl: „Band", „Gefängnis", „Brustkorb", „zurückhalten". Eine erste, vielleicht unlogische Hypothese bildete sich versuchsweise heraus: Die Spannung hier dient dazu, Emotionen oder Gefühle zurückzuhalten. Es kann mit jemandem zu tun haben, den sie liebt, immerhin läßt sich das Herz als Gefangener im Brustkorb ansehen. Vielleicht ist es ihr Ehemann. Ich speicherte diese Gedanken, versehen mit der Möglichkeit der Revision im Verlauf der Weiterreise.

Dann platzte Peggy unaufgefordert heraus:

„Ich spüre einen brennenden Schmerz in meinem Hals. Es ist wie ein Feuer, das von meinem oberen Rücken in meinen Hals gewandert ist. Es ist das Gefühl, nicht sagen zu können, was ich sagen will. Ich fühle mich immer so. Es sieht immer so aus, als sei das, was ich sage, nicht richtig. Besonders bei meinem Mann ist das so. Ob ich nun von meinem Kopf oder von meinem Herzen aus spreche, was ich sage, scheint immer falsch herauszukommen. Ich habe Angst davor, etwas zu sagen, und deshalb sage ich nie etwas."

Ich wußte jetzt, daß wir auf der richtigen Spur waren. Ihre Bemerkung fühlte sich richtig an. Peggy war eine intelligente, sehr intellektuelle Bankmanagerin, der es sehr wohl schwerfallen konnte auszudrücken, was sie wirklich fühlte.

„Geben Sie diesen Gefühlen in Ihrem Körper eine Stimme", forderte ich sie auf. „Wenn diese Stimme sprechen würde, was würde sie sagen?"

Peggy war mehrere Minuten lang still und sagte dann leise, fast am Rande von Tränen: „Sie ruft um Hilfe. Sie ruft um Hilfe. Ich habe nie gut um Hilfe bitten können", fuhr sie fort. „Ich kann zwar meinem Mann und anderen helfen, kann aber selbst nie um Hilfe bitten. Es fällt mir wirklich schwer, mit ihm zu reden. Wir scheinen einander nicht zu verstehen. Ich kann anscheinend auch nicht weinen.“

Peggys Körper wendete jetzt eine ungeheure Menge Energie auf, um die steigende Flut von Emotionen zurückzuhalten. Sie hielt ihre Augen zugepreßt und kämpfte verzweifelt mit ihren Tränen. Ihre Nacken-, Schulter- und Rückenmuskeln wellten sich unter meinen Händen. Wenn es zu einem Ausbruch kommen sollte, mußte dieser Verdrängung Widerstand geleistet werden.

Deshalb ging ich nicht mit den Bewegungen ihres Körpers mit, sondern bot ihnen einen sanften, aber festen Widerstand. Ich hoffte, daß ihre Emotionen wie ein Fluß, dem sich ein Hindernis in den Weg stellt, einen anderen Ausweg finden würden und sich anders als durch ihren Körper ausdrücken könnten. Ich fühlte, daß wir dem wirklichen Problem schrecklich nahe waren, es aber noch nicht ganz erreicht hatten. Das Ausmaß ihrer körperlichen Reaktion ließ mich allerdings meine ursprüngliche Hypothese anzweifeln. Dieser Aufwand schien zu groß, nur wegen ihres Gatten. Schließlich, überlegte ich mir, waren sie erst sieben Jahre verheiratet. Vielleicht verschlimmerte die Beziehung ihre Gefühle, aber ich hatte den Verdacht, daß es hier um mehr ging als um Kommunikationsprobleme zwischen Mann und Frau. Trotzdem fühlte es sich an, als bewegten wir uns in der richtigen Richtung.

„Peggy, stellen Sie sich vor, Sie hätten ein ideales Gespräch mit Ihrem Mann“, warf ich ein. „Wie wäre das für Sie?“

Die darauf folgende tiefe Stille dauerte ungefähr fünf Minuten und wurde gebrochen mit den Worten: „Ich würde mich geliebt und unterstützt fühlen. Ich wäre fähig, diese Verbindung zu haben“, sagte sie wehmütig, „ich wäre dann in der Lage, diese Verbindung mit ihm zu haben. Ich will wirklich diese Verbindung. Diese Verbindung fehlt mir wirklich, ich brauche diese Verbindung.“

Jetzt ging mir ein Licht auf. Es war offensichtlich, daß es sich nicht um ihren Mann handelte. Ich sah ein kleines Mädchen, das eine Verbindung zu seinem Vater sucht. Es war nun mehr als nur ein Verdacht. Ich wußte, das war das wahre Problem ihres Lebens, obwohl sie es weder in dieser noch in anderen Sitzungen erwähnt hatte. Es war dieses merkwürdige Gefühl, bei dem man die Wahrheit auch ohne jeden Beweis klar erkennt. Aber es stand mir nicht zu, das auszusprechen. Ich fühlte, daß sie selbst zu dieser Einsicht gelangen müsse. Also beschloß ich, meine Intuition zu überprüfen:

„Peggy, lassen Sie die Erinnerung zu an das erste Mal, daß Sie diese Verbindung vermißten“, schlug ich vor.

In der nun folgenden Stille war sie unruhig, als befände sie sich in einem inneren Kampf; so als hielte sie etwas davon ab, etwas zu sehen, was direkt vor ihren Augen lag. Jetzt, fühlte ich, war es an der Zeit, meine Hände auf ihren Hals zu legen. Um die richtige Stelle zu bestimmen, erforschte ich mit den Fingerspitzen behutsam ihre Wirbelsäule. Wie ein Blinder beim Lesen von Blindenschrift ertastete ich die Höhen und Täler ihrer zarten Knochen, bis ich an ihrem Schädelrand eine Verkrampfung fand. Es war, als hätte Peggy hier einen Spannungsring geschaffen, der die in ihrem Körper gespeicherten Gefühle am Aufsteigen in ihr Bewußtsein hinderte. Ich legte meine Fingerspitzen am Schädelrand auf ihren Hals, damit ihre Muskeln sich entspannen und einen Kanal zwischen ihrem Körper und ihrem Geist öffnen konnten. Ich spürte, wie ihr ganzer Körper wie ein Fisch an der Angel vor- und zurückschlingerte.

„Komm, sag es, wenn du kannst, sag es doch“, wiederholte ich im stillen. „Du kannst es, Peggy, du kannst es.“ Ich kam mir vor, als feure ich im stillen die Teilnehmer bei einem sportlichen Wettkampf an. Schließlich kam es heraus.

„Das war mit meinem Vater“, entfuhr es ihr.

Ganz recht! Mein Kopf nickte, als wolle ich ungläubigen Beobachtern dieses Geschehens mitteilen, daß ich voll und ganz mit ihr übereinstimme. Peggy war eine mutige Reisende, sonst hätte sie sich nicht so schnell durch den Widerstand gegen diese Frage durchkämpfen können. Ich wußte noch keine Einzelheiten, die Reaktion ihres Körpers zeigte jedoch deutlich, daß dieses Verdrängungsmuster jahrelang bestanden hatte.

Nachdem sie sich jetzt ihres wahren Problems bewußt war, legten sich ihre Hände auf ihr Gesicht, als könne sie dadurch die Tränen zurückhalten. Sie war jedoch zu weit vorangekommen, und Gefühle, die sie jahrelang unter so strenger Kontrolle gehalten hatte, brachen los.

„Aber ich will nicht, daß es dabei um ihn geht“, schluchzte sie, „ich will nicht, daß es dabei um ihn geht. Warum muß er etwas damit zu tun haben? Er verließ uns, als ich sieben Jahre alt war. Er ließ mich einfach im Stich. Warum macht mir das jetzt noch etwas aus? Warum kommt das jetzt hoch, da ich fünfunddreißig bin? Als ich heiratete, sagten alle, ich würde meinen Vater heiraten, weil mein Mann zwanzig Jahre älter ist als ich. Aber ich glaube nicht, daß ich in meinem Mann wirklich nur einen Vater suche, ich will nur diese Verbindung mit ihm. Ich habe mich so sehr darum bemüht, nicht an die Verbindung zu meinem richtigen Vater zu denken, der uns verließ, als ich sieben Jahre alt war. Ich habe einen Onkel, einen wirklich netten Onkel, wir sind wirklich gute Freunde, und ich kann mit ihm reden. Aber irgendwie ist das anders. Ich weiß nicht, warum er nicht den Platz meines Vaters einnehmen kann."

Die Belastung, die zusammen mit diesen lange verdrängten Gefühlen ans Tageslicht kam, wurde allmählich offenbar. Peggy öffnete ihre Augen und sprach über ganz beliebige, nicht zum Thema gehörige Dinge: ihren Beruf, ihr Haus, ihre Haustiere. Ich ließ sie eine Zeitlang weitermachen. Denn sie ruhte sich aus wie ein Schwergewichtsboxer in seiner Ecke zwischen den Runden im Ring. Die Anspannung erreichte ihren Kopf und drehte ihn nach links. Dieses Mal folgte ich ihrer Bewegung. Ich ließ mich von ihrem Kopf führen, als tanzten wir miteinander. Wenn er sich bewegte, bewegte auch ich mich; wenn er anhielt, hielt auch ich; wenn er sich in eine andere Richtung bewegte, folgte ich.

Mit jedem choreographierten Schritt entspannten sich ihr Kopf und ihre Nackenmuskeln weiter. Als nächstes unterstützte ich ihre Brust mit einer leichten, beruhigenden Berührung an ihrem Brustbein. Als diese Stelle sich lockerte, tat ich so, als öffnete ich ihren Hals. Ich legte meine Finger seitlich an ihre Luftröhre und streckte diese Stelle, als schöbe ich Grashalme beiseite auf der Suche nach einem fallengelassenen Gegenstand. Nachdem nun ihr Körper die meiste Verdrängungsspannung losgelassen hatte, hielt ich die Zeit für gekommen, wieder an die Arbeit zu gehen.

„Peggy", flüsterte ich, „lassen Sie Ihre Aufmerksamkeit wieder zu der Beziehung zu Ihrem Vater zurückkehren."

Sie schloß ihre Augen und fand ihren Vater schnell wieder: „Ich weiß nicht mehr viel von dieser Beziehung", sagte sie. „Es scheint jetzt alles so unbewußt, aber ich weiß, daß ich ihm viel nachtrage, daß ich mich fürchte und wütend bin. Es war leicht, diese Gefühle mit Intellektualität zu überdecken, und darum habe ich mich mein ganzes Leben lang bemüht."

Sie begann wieder zu weinen, und dieses Mal versuchte sie nicht, ihre Tränen zurückzuhalten. Auch mir kamen die Tränen, während ich sie beobachtete; es war rührend und schwer zugleich zu sehen, wie sie sich ihre Schmerzen endlich eingestand.

„Ich nehme an, das ist wirklich gut", schluchzte sie. „Ich habe diese Gefühle nie ans Licht kommen lassen. Ich glaube, ich brauche das."

An diesem Punkt angelangt, stützte ich nur einfach noch ihren Kopf, damit sie bei den Gefühlen bleiben konnte, die sie gerade entdeckt hatte. Nach mehreren Minuten begann sie offensichtlich zu ermüden, und ich hatte nicht die Absicht, sie noch weiter zu drängen. Wir waren in dieser Sitzung weit gekommen, und es war an der Zeit, die bisherige Reise abzuschließen. Ich forderte sie auf, ihre Aufmerksamkeit langsam wieder auf ihren Atem zu richten.

„Lassen Sie die Frage an sich heran, wie Sie das Erlebnis dieser Sitzung in Ihr tägliches Leben einbeziehen können", forderte ich sie auf.

Sie tauchte aus ein bis zwei Minuten des Schweigens auf und mutmaßte: „Vielleicht kann ich dies [mit den Gefühlen in Berührung kommen] schrittweise tun und die Beziehung [zu ihrem Vater] und meine Gefühle für ihn langsam kennenlernen. Ich würde das gerne tun."

„Richten Sie Ihre Aufmerksamkeit jetzt wieder auf Ihren Atem", schlug ich vor. „Vielleicht wollen Sie sich strecken, ein paar tiefe Atemzüge tun, und wenn Sie bereit sind, öffnen Sie die Augen."

Ich zog langsam meine Hände zurück, und kurz danach gähnte Peggy, öffnete ihre Augen und sah mich an. Wir schauten einander für einen langen Augenblick an und anerkannten ohne Worte, wo wir gewesen waren und was wir durchgemacht hatten. Wir waren beide voller Erstaunen und Ehrfurcht.

„Ich wußte nicht, daß ich all das so viele Jahre lang in mir trug", sagte sie. „Mein Körper fühlt sich viel besser und entspannter an. Ich habe keine Schmerzen in der Brust und im oberen Rücken mehr."

Als Peggy sich aufsetzte, umarmte ich sie kurz und dankte ihr für den Mut, den sie auf dieser Reise bewiesen hatte. Dann machte ich mich auf den Heimweg.

Wenn ich eine Reise wie diese anleite, habe ich das Gefühl, Jazz zu spielen, zu einer wohlbekannten Melodie zu improvisieren. Der Notenschlüssel, der Takt und der allgemeine Rhythmus der Melodie sind klar und deutlich spürbar; die nächste Note ist noch unbekannt. Der Prozeß entfaltet sich, wenn man die Grundfertigkeiten gemeistert hat und ein ausgeprägtes Gefühl für das entwickelt, was zu einem bestimmten Zeitpunkt richtig klingt – eine kreative Mischung von Technik und Intuition.

Somatosynthese bringt ähnliche Talente hervor. Eine Reise schreitet durch die Sensitivität des Begleiters für die Bedürfnisse des Reisenden voran. Wie beim Musiker beruht diese Sensitivität auf einer Kombination technischer Fertigkeiten und dem Gespür für das, was sich auf der Reise „richtig anfühlt". Das Meistern dieser Techniken und die notwendige Intuition entwickeln sich, wenn der Begleiter lernt, ganz normale menschliche Fähigkeiten über ihr normales Maß hinaus zu erweitern. Zum Beispiel lernt ein Begleiter, durch Berühren den physischen und psychischen Zustand einer Person einzuschätzen.

Wenn die menschliche Berührung zum Diagnoseinstrument wird, nennt man das „Palpieren" (*palpation*) oder Abtasten. Durch Berühren kann man viele Aspekte des Körpers untersuchen – seine Knochen, Gelenke, Muskeln, Sehnen, Organe, Membranen, Flüssigkeiten und sogar die Energie, die von der Oberfläche abstrahlt. Palpieren war einmal der wichtigste Aspekt der medizinischen Diagnose, doch ist es jetzt im herkömmlichen Gesundheitswesen, das auf sehr ausgeklügelte, hochtechnisierte Methoden der Überwachung des Körpers zurückgreift, eine aussterbende Kunst. Für Körpertherapeuten jedoch ist das Abtasten ein wertvolles Werkzeug.

Ich erinnere mich lebhaft an meinen ersten Versuch, die Wirbelsäule abzutasten. Es war mein erster Studientag bei der Ausbildung zum Chiropraktiker, und unsere einzige Anweisung bestand darin, die Anzahl der Wirbel im Rückgrat festzustellen. Sonst wurde nichts erläutert. Wir teilten uns in Paare auf, und jeweils ein Partner machte den Oberkörper frei, damit der andere ihn abtasten konnte. Es war schon einschüchternd genug, jemanden zu berühren, den man kaum kannte, aber es war erst recht eine Herausforderung, als Ergebnis dieser Berührung auch noch eine bestimmte Information liefern zu müssen.

Ich begann am Hals und ließ meinen Mittelfinger sorgfältig über den Rücken meines Studienkollegen wandern, wobei ich im Geiste jeden Bergkamm und jedes Tal auflistete, die ich überquerte. Zur Kontrolle zählte ich noch einmal, nur begann ich diesmal von unten. Manchmal verzählte ich mich und mußte von neuem beginnen. Manchmal debattierte ich mit mir, ob ich wirklich ein Tal zwischen den zu zählenden Wirbeln fühlte, und ließ meinen Finger immer wieder über dieselbe Stelle gleiten. Von oben nach unten zählte ich dreiundvierzig und von unten nach oben einundvierzig. Ich beschloß, im Falle eines Irrtums sei zuviel besser als zuwenig, und einigte mich zuversichtlich auf die erste Zahl, dreiundvierzig; zumindest läge ich damit nicht viel daneben.

Nachdem ich meinem Studienkollegen dann meinen Körper für die gleiche Zeitspanne überlassen hatte, forderte der Lehrer jeden Studenten auf, die Ergebnisse seiner Forschung kundzutun. „Zwanzig“, entfuhr es einem. „Sechsunddreißig“, verkündete ein anderer stolz. „Ich fand nur fünfzehn“, klagte jemand. Und so ging das immer weiter. Es sah so aus, als habe jeder Student ein anderes Ergebnis erzielt. Von den vielen verschiedenen Meinungen etwas unschlüssig gemacht, bot ich zögernd meine Dreiundvierzig an.

„Es gibt vierundzwanzig bewegliche und leicht zählbare Wirbel“, informierte uns der Lehrer. Und diese wenigen Worte beendeten meine erste Unterrichtsstunde im Palpieren.

Abtasten findet in der Chiropraktik weitverbreiteten Einsatz, und in den folgenden Wochen dieses Kurses lernten wir die Kunst und Geschicklichkeit dieser Disziplin. Wir lernten, unsere Augen zu schließen und auf unsere Hände zu hören. Wir erlebten das fundamentale Paradox des Abtastens: je leichter die Berührung, desto mehr Information liefert sie. Wir hörten Geschichten von begabten, alten Doktoren, die bereits nach dem Händedruck wußten, wo das Problem lag. Und wir übten, übten, übten und übten noch einmal.

Für meine Lieblingsübung brauchte ich ein Telefonbuch und ein menschliches Haar. Man legte ein frisch ausgerissenes Haar unter eine Seite des Fernsprechbuchs und versuchte mit geschlossenen

Augen, das unter der Seite liegende Haar zu finden. War das Ertasten erfolgreich, wurde noch eine Seite über das Haar geblättert und dann noch eine weitere und so fort – es erinnerte ein bißchen an die „Prinzessin auf der Erbse“. Zwölf Seiten waren mein größter Erfolg, aber ein wirklich geübter Palpator konnte ein einziges Haar unter zwanzig Seiten und mehr aufspüren.

Denken Sie daran, wie viele Objekte wir berühren, ohne im geringsten auf das zu achten, was wir durch unsere Haut über sie lernen könnten. Das Lesen von Blindenschrift ist nicht die einzige Möglichkeit, durch Abtasten Wissen über die Welt zu erlangen. Einmal erlernt, bringt es einen Körper unter Ihren Händen zum Leben – Knochen tanzen, Gelenke sprechen, Organe enthüllen und Muskeln bewegen sich, Flüssigkeiten strömen, der ganze Körper vibriert vor lauter Leben. Und wo Sie diese Lebendigkeit nicht spüren, finden sich gewöhnlich Probleme.

Palpieren vermittelt auch das unheimliche Gefühl, durch die Fingerspitzen sehen zu können. Mit genügend Übung scheint das Tastgefühl visuelle Bilder hervorzurufen. Wenn Sie einen Körperteil abtasten, „fühlen“ Sie ihn nicht nur, sondern haben auch den Eindruck, ihn zu „sehen“, obwohl dieser Körperteil in Wirklichkeit manchmal zentimeterweit unter der Haut liegt. Ich nehme an, daß dieses Erlebnis des „Sehens mit den Fingerspitzen“ den „Hautbildern“ ähnelt, die Bach-y-Ritas blinde Testpersonen durch seine Apparatur „sehen“. Es zeigt auch, daß das Abtasten eine Art somatischer Visualisierung ist.

Durch diese Form somatischer Visualisierung entsteht im Geist des Reisebegleiters ein Bild vom Körper des Reisenden. Auf der körperlichen Ebene ermöglicht dies dem Begleiter, sich die Beziehung zwischen den Knochen eines Gelenks oder die Verspannung in einem bestimmten Muskel vorzustellen. Wenn dieser Informationskanal zwischen Reisendem und seinem Begleiter aber erst einmal geöffnet ist, kann er auch viel feineres Wissen übermitteln, wie zum Beispiel das Bild eines Energiefelds um den Körper oder den Hinweis auf tiefe emotionale, psychische und spirituelle Probleme, die mit diesem Körperteil in Verbindung stehen.

Auf diese Art verschafft die Berührung dem Begleiter Zugang zu einem Bereich jenseits der physischen Grenzen von Haut und Körper. So ist die durch die Haut geschaffene Barriere – jene ursprüngliche Demarkationslinie zwischen dem Selbst und anderen –

schließlich vielleicht eher eine durch den Geist gesetzte Einschränkung als eine unumstößliche Tatsache.

Das Werk eines unserer Nobelpreisträger hilft uns verstehen, wie es möglich ist, über die offensichtlichen Einschränkungen unseres Körpers hinauszureichen. Der in Ungarn geborene Amerikaner Georg von Bekesy, der 1961 den Nobelpreis für Medizin erhielt, wollte ursprünglich herausfinden, wie das Ohr Töne analysiert und übermittelt. Aber das menschliche Innenohr besteht aus sehr kleinen Teilen und liegt tief in den Schädel eingebettet. Und seine Größe und Unzugänglichkeit bildeten ein schwer überwindbares Hindernis. Bekesey erfand geniale Methoden zum Überwinden dieser Einschränkungen; sein einzigartiger Beitrag bestand jedoch in der Entdeckung, daß die menschliche Haut als Ersatz für das menschliche Ohr dienen kann.

Bekesy ging von der Überlegung aus, daß Haut und Ohr wichtige Eigenschaften gemeinsam haben: beide sind schwingungsempfindliche Membranen und beide sind mit einem empfindlichen System von Nervenfasern ausgestattet. Mit dieser entscheidenden Einsicht wurde es ihm möglich, auf der riesigen Oberfläche der Haut Hunderte von Experimenten durchzuführen. Anschließend übertrug er seine Erkenntnisse auf das Ohr und gelangte so zu einem besseren Verständnis für dieses Organ. Bekesy belehrt uns folglich nicht nur über das Gehör, sondern auch über das Berühren.

In einer seiner Versuchsreihen studierte Bekesy das Wahrnehmen von Reizen, die auf zwei verschiedene Stellen der Haut einwirken. Er schloß zwei Vibratoren an die Spitzen des Zeigefingers und des Mittelfingers an (siehe Abbildung 4.1). Die Vibratoren wurden auf dieselbe Frequenz (dieselbe Anzahl von „Klicks“ pro Sekunde) und auf dieselbe Intensität (die gleiche Stärke der Vibration) eingestellt.

Zuerst variierte Bekesy die Zeit zwischen den Klickserien an jedem Finger. Wenn die Vibrationen in einem bestimmten zeitlichen Abstand voneinander begannen, ergab sich dabei das erwartete Resultat: Die Vibration wurde zuerst in dem einen Finger gespürt (an dem die Vibration zuerst begann), dann in dem anderen Finger. Wurde jedoch die zeitliche Verzögerung zwischen den Vibrationen auf ungefähr ein Tausendstel einer Sekunde verringert (also ungefähr auf den Zeitraum, den ein Augenblinzeln in Anspruch nimmt), so wurden die beiden Reize als *eine* Vibration in dem Finger wahrgenommen, den das Klicken zuerst erreichte.

Als Bekesy die Zeit zwischen dem Beginn der Vibrationen an beiden Fingern weiter verringerte, schien sich die Reizempfindung in das Gebiet *zwischen* den beiden Fingern zu verlagern, und wenn die Reize in umgekehrter Reihenfolge gestartet wurden, verlagerte sich das Gefühl in den anderen Finger. So schuf Bekesy aus zwei Reizen den Eindruck einer einzigen Vibration, die sich fließend zwischen den beiden Fingern seiner Testpersonen hin- und herbewegte.

Ein noch überraschenderes Ergebnis zeigte sich, wenn beide Vibratoren gleichzeitig angeschlossen wurden. Wieder berichteten die Testpersonen, daß sie nur einen einzigen Reiz auf ihrer Haut fühlten, doch lag dieser diesmal „dort draußen" im Raum zwischen ihren Fingern, wo überhaupt keine Haut vorhanden war! Die Testpersonen empfanden dieses Gefühl auch dann, wenn sie ihre Finger weiter voneinander abspreizten. Es fühlte sich an, als würde ihre Haut im leeren Raum stimuliert, wo gar keine Haut vorhanden war. Danach plazierte Bekesy Vibratoren an jedem Bein, direkt über dem Knie – und dasselbe Phänomen stellte sich ein. Als die Vibratoren eingeschaltet wurden, berichteten auch Testpersonen, deren Knie mehrere Zoll weit voneinander abgespreizt waren, vom Gefühl einer Haut zwischen den Knien!

Hier demonstrierte Bekesy, daß unter den richtigen Bedingungen die durch die Haut geschaffene scharfe Trennung zwischen dem Selbst und dem Nicht-Selbst verschwimmt. Wir projizieren und erleben unser körperliches Sein über die Grenzen unserer Haut hinaus. Man könnte dieses Phänomen leicht als Wahrnehmungsillusion abtun, doch stellt sich heraus, daß das Projizieren von Wahrnehmung eine nicht ungewöhnliche Sinneserfahrung ist.

„Visuelle" Bilder zum Beispiel (– eigentlich ein Pleonasmus; hier zur Unterscheidung von Klang- oder Körper-„bildern" verwendet) projizieren wir weit entfernt von den tatsächlichen Rezeptorzellen in unseren Augen. Der Baum, den wir vom Fenster aus sehen, scheint tatsächlich hundert Meter entfernt zu sein (– er ist es ja in Wirklichkeit auch), obwohl jedes Auge das Bild dieses Baumes auf unserer Netzhaut abbildet, die nur ungefähr achteinhalb Zentimeter von den optischen Zentren in unserem Gehirn entfernt liegt. Die Wahrnehmung dieses Baumes wird ungefähr hundert Meter

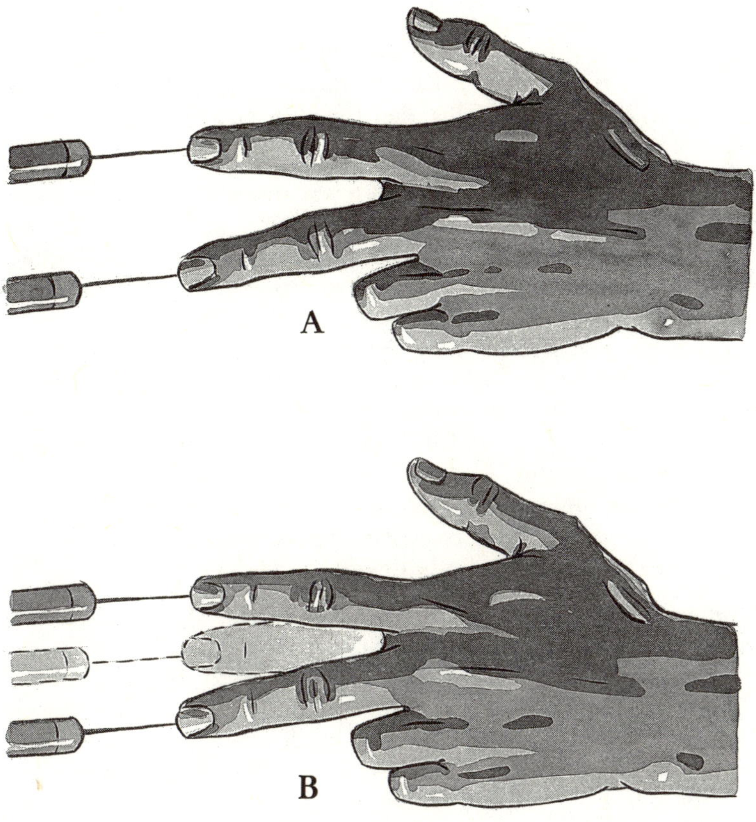

Abb. 4.1: Bekesys Experiment mit Vibratoren. A zeigt die Durchführung des Experiments mit zwei Vibratoren, die an die Fingerspitzen angeschlossen sind. B zeigt, wie die Testpersonen die Vibrationen als *einen* Reiz in der Mitte zwischen den beiden Fingern empfanden (gestrichelte Linien). (Zeichnung nach Bekesy, 1967)

aus dem Körper hinausprojiziert. Auch das Pfeifen eines entfernten Zuges wird als entfernt wahrgenommen, es hört sich nicht an, als sei es nur die paar Zentimeter entfernt, die unser inneres Ohr von den seitlichen Gehirnlappen entfernt liegt, die den Ton bewußt registrieren.

Tatsächlich nehmen wir Töne allgemein auf eine Art wahr, die den Ergebnissen von Bekesys Hautexperimenten bemerkenswert ähnelt. Wenn Sie das nächste Mal vor zwei gut ausbalancierten

Stereolautsprechern sitzen, fragen Sie sich einmal, woher der Klang kommt. Sie nehmen den Klang so wahr, als käme er aus dem Raum zwischen den beiden Lautsprechern, obwohl Sie sehr genau wissen, daß die Schallwellen Ihre Ohren von den Lautsprechern her erreichen.

Sogar unseren Tastsinn projizieren wir ständig. Wenn Sie einen Bleistift zur Hand haben, halten Sie diesen an seinem spitzen Ende, so daß das stumpfe Ende von Ihnen weg zeigt. Schließen Sie Ihre Augen und fahren Sie mit dem stumpfen Ende des Bleistifts langsam über die ganze Breite dieses offenen Buchs von ganz links bis ganz nach rechts. Achten Sie auf die Rauheit der übereinanderliegenden Seitenränder links, dann die Glätte der offenen linken Seite, die Vertiefung in der Mitte zwischen den beiden Seiten, die Glätte der rechten Seite und die Rauheit der Seitenränder rechts. Achten Sie auch darauf, *wo* Sie diese Veränderungen in der Oberflächenstruktur fühlten. Sie fühlten sie nicht an Ihrer Haut, sondern am Ende Ihres Bleistifts. Mit anderen Worten, Sie projizierten Ihren Tastsinn an das Ende des Bleistifts.

Drehen Sie jetzt den Bleistift um und schreiben Sie etwas, Ihren Namen zum Beispiel. Beobachten Sie die unterschiedlichen Grade und Richtungen des Drucks, den Sie ausüben, um die Linien, Schleifen und Kritzel zu schaffen, die Ihren Namen ausmachen. Sie spüren diesen unterschiedlichen Druck an Ihrer Bleistiftspitze und nicht an den Fingern, mit denen Sie den Stift halten. Wenn Sie versuchen den Druck, mit dem Sie den Bleistift festhalten, zu verändern, werden Sie schnell feststellen, daß Sie dann nicht schreiben können. Der Druck, mit dem Sie den Bleistift in den Fingern halten, muß konstant sein, damit Sie Ihre Wahrnehmung bis an die Bleistiftspitze erstrecken und dadurch die komplizierte Aufgabe des Schreibens überwachen können. Ein guter Handwerker weiß das instinktiv. Der Tastsinn eines Schreiners erstreckt sich bis an die Zähne des Sägeblatts, der des Mechanikers bis ans Ende des Schraubenschlüssels, der des Chirurgen bis ans Ende des Skalpells und der des Malers bis ans Ende des Pinsels.

Auch Bekesy erkannte die Bedeutung der Sinnesprojektion beim Palpieren. Er beobachtete, daß der weitverbreitete Einsatz von Röntgenstrahlen (und heutzutage von Computertomographie, Positronenemissionstomographie und Kernspinresonanz [*nuclear magnetic resonance* = NMR]) diese Fertigkeit so gut wie eliminiert hatte:

> „Früher spürte ein guter Arzt den Tumor nicht so, als berühre er ihn mit seinen Fingerspitzen, sondern er projizierte seine Schwingungs- und Druckempfindungen *in* den Patienten hinein.“

Die Haut ist eine willkürliche Grenze zwischen dem Reisenden und dem Reisebegleiter, eine Grenze, die überschritten wird, indem wir unseren Tastsinn hinausprojizieren. Eine Projektion von Sinneswahrnehmungen über die Grenzen unseres Körpers hinaus scheint zwar ungewöhnlich, doch tun wir dies ständig, um Kenntnisse über unsere Alltagswelt zu erhalten. Durch Abtasten machen wir dieses normalerweise unbewußte Verfahren lediglich unserem Bewußtsein zugänglich. Und so überschreitet ein Reisebegleiter durch die Weiterentwicklung der Fähigkeit, den Tastsinn zu projizieren, die heikle Grenze zwischen dem Selbst und dem Anderen, um zu erforschen, zu lernen und schließlich dem Reisenden zu helfen. In der Tat erhält der Begleiter Zugang zu einem wahren Schatz an Informationen über den Reisenden, wenn er auf die normalerweise unbewußten Aspekte des Berührens achtet.

Berührung und das elektromagnetische Feld des Menschen

Beim routinemäßigen Abtasten der Wirbelsäule eines Patienten mit Rückenschmerzen bemerkte I. N. Toftness, ein Chiroprakiker aus dem ländlichen Wisconsin, daß seine Fingerspitzen direkt über problematischen Stellen einen größeren Widerstand fühlten. Toftness empfand an diesen Stellen ein „Schleifen“, das er sonst nirgends spürte,– vergleichbar dem Waten durch Sand im Unterschied zum Gleiten über eine Eisfläche. Diese zufällige Erkenntnis hatte er vor einem halben Jahrhundert, und Toftness verbrachte die folgenden Jahre damit, eine Erklärung für dieses Phänomen zu finden. Er kam zu der Überzeugung, daß der menschliche Körper Signale aussendet, die Stellen kenntlich machen, welche unter abnormalem Streß stehen. Und er versuchte, Apparate zu entwerfen, die diese Signale aufzeichnen und verstärken konnten. Seine ersten Apparate waren, am herkömmlichen, hochentwickelten technischen Standard gemessen, ziemlich primitiv und konnten das Vorhandensein dieser geheimnisvollen Signale nicht bestätigen. Doch

Toftness gab nicht auf, und Anfang der siebziger Jahre gelang ihm der Durchbruch.

Toftness hatte Kontakt mit einem Labor für elektronische Forschung in Maryland, das Zugang zu einem als Interferometer bekannten Spezialgerät hatte. Dieses Gerät dient zum Feststellen der Identität unbekannter Quellen elektromagnetischer Energie. Toftness palpierte im Labor die Wirbelsäulen von Versuchspersonen und hielt an, wenn er eine Stelle mit höherer Reibung spürte. Dann wurde das Interferometer angeschaltet, und die verschiedenen Frequenzen, die er entdeckte, wurden aufgezeichnet. Nach einer Reihe von Versuchen zeigte sich ein Muster.

Wenn Toftness eine „schleifende" Stelle entdeckte, fand der Interferometer gesteigerte Energie im Mikrowellenbereich des elektromagnetischen Spektrums. Es schien, als sende der menschliche Körper meßbare Mikrowellen aus. Zu dieser Zeit gab es keine Erkenntnisse, die diese Mutmaßung unterstützt hätten. Doch waren gleichzeitig von einer ganz anderen Richtung her eine Reihe von Ereignissen ins Rollen gekommen, die schließlich mit dem, was in jenem Labor geschah, zusammentrafen und es bestätigten.

Nach der erfolgreichen Mondlandung wurde das amerikanische Raumfahrtprogramm finanziell gekürzt, und die NASA gab einen großen Teil ihres streng geheim gehaltenen Wissens frei. Und mit der freigegebenen Technologie traten NASA-Wissenschaftler auf den Plan, die darauf bedacht waren, „außerirdisches" Wissen (aus der Raumfahrt) auf irdische Ziele anzuwenden. Insbesondere die Technologie zur Konstruktion äußerst empfindlicher Mikrowellendetektoren wurde nun verfügbar, und der Weltraumspezialist Jochem Edrich strebte danach, diese Technologie in der Medizin anzuwenden.

Gegen Ende des 19. Jahrhunderts hatte der Physiker Max Planck ein Prinzip entdeckt, das unter dem Namen *blackbody radiation* (Strahlung eines „schwarzen Körpers") bekannt wurde. Es besagt, daß jeder Gegenstand, dessen Temperatur über dem absoluten Nullpunkt (minus 273 Grad Celsius) liegt, Energie im gesamten elektromagnetischen Spektrum abstrahlt. So grotesk sich das auch anhört, dieses Buch oder der Bleistift, den Sie in Ihrer Hand halten, strahlt gerade jetzt elektromagnetische Energie aus. Da die menschliche Körpertemperatur weit über dem absoluten Nullpunkt liegt, strahlt auch der menschliche Körper im ganzen elektromagnetischen Spektrum.

Ein großer Anteil der vom Körper ausgestrahlten Energie liegt im Mikrowellenbereich des elektromagnetischen Spektrums. (Mikrowellen liegen zwischen dem Mittelwellenbereich in Radio und Fernsehen und den infraroten Frequenzen.) Die Menge ist jedoch immer noch extrem klein, nur 10^{-10} Watt pro Quadratzentimeter Haut – eintrillionmal weniger als eine 100-Watt-Glühbirne! Aber der NASA-Technologie war es gelungen, so winzige Energiemengen aufzuspüren, und Edrich hatte Erfahrung beim Bau solcher Mikrowellenradiometer (wie die Geräte zum Messen von Mikrowellen genannt werden) für den Weltraum. Er war interessiert daran zu sehen, ob sie in der Lage waren, vom menschlichen Körper ausgestrahlte Phänomene zu entdecken, und durch ein erstaunliches Zusammentreffen von Ereignissen lernten Edrich und Toftness einander kennen.

In den Jahren von 1974 bis 1980 konstruierte Edrich mehrere Radiometer für Toftness, der damit bewies, daß Mikrowellen, die vom menschlichen Körper ausgestrahlt werden, zuverlässig nachgewiesen werden können. Ich schloß mich dem Toftness-Forschungsteam 1981 an und nahm an einer Reihe von Experimenten teil, die bewiesen, daß sich diese Mikrowellenmuster nach der Anwendung von leichtem Druck auf den Körper veränderten. Toftness hatte bei der Körpermanipulation schon jahrelang leichten Druck verwendet und verfügte über zahllose klinische Fallstudien (Röntgenbilder davor und danach, subjektive Berichte von Patienten und die Ergebnisse körperlicher Untersuchungen), die die Wirksamkeit seiner Methode dokumentierten.

Zusätzlich zu dieser Dokumentation war es nun möglich, das elektromagnetische Feld des Menschen objektiv zu messen und dessen Beziehung zur Verfassung des menschlichen Körpers zu demonstrieren. Typischerweise registrierte das Radiometer an problematischen Stellen des menschlichen Körpers abnormal hohe oder abnormal tiefe Mikrowellenwerte. Nach der Anwendung von anhaltendem leichten Druck normalisierten sich diese Gipfel und Täler – die hohen Meßwerte flachten ab, die tiefen stiegen an. Das Überwachen des elektromagnetischen Feldes, das der Körper produziert, ist eine einzigartige Form der Diagnose, weil sie wirklich unaufdringlich ist.

Es gibt keine Strahlung wie bei der Computertomographie, und es ist nicht notwendig, die Betreffenden extrem hohen Magnetfeldern auszusetzen wie bei Kernspinresonanz oder Positronenemissionstomographie. Die Technologie ist seit den frühen Tagen der Mikrowellenmessung so weit fortgeschritten, daß es jetzt sogar batteriebetriebene Einheiten gibt, die so empfindlich sind, daß ich damit ein menschliches elektromagnetisches Feld aus drei Meter Abstand messen konnte.

Es ist ein Beispiel für die Ironie des Schicksals, daß eine so komplizierte Technik wie das Überwachen des menschlichen elektromagnetischen Feldes vom einfachen Berühren abstammt. 1982, während er sich noch mitten im Experimentieren mit den frühen Versionen des Radiometers befand, erhielt Toftness Nachricht von einem interessierten Arzt. Dieser Arzt hatte beim Durchblättern des *Dorland's Medical Dictionary*, einem Standardnachschlagewerk, ein merkwürdiges Wort entdeckt: *Psauoskopie*. Das Lexikon definierte dieses Wort als eine Methode der Palpation, bei der ein Zeigefinger leicht über einer abnormalen Stelle hin- und herbewegt wird. „Über der pathologischen Stelle scheint der Finger auf einen größeren Widerstand zu treffen ..." Wie überraschend. Toftness' Berührungsphänomen war einmal bekannt gewesen und verwendet worden, war dann beiseite geschoben worden, wurde wiederentdeckt und kam schließlich zum Blühen.

Wann berühren der Begleiter und der Reisende (oder zwei beliebige andere Menschen) einander tatsächlich? Wenn die Haut in physischen Kontakt mit der Haut des anderen kommt? Oder lange zuvor, wenn das elektromagnetische Feld des einen mit dem elektromagnetischen Feld des anderen in Berührung kommt? Das Vorhandensein des elektromagnetischen Feldes um den Menschen läßt sich mit Geräten demonstrieren. Und das Feld, das der Körper ausstrahlt, enthält Informationen über den Körper – geradeso wie das elektromagnetische Feld, das eine Fernsehstation ausstrahlt, die von der Station ausgesendeten Informationen enthält. Nach den Berichten von Toftness und anderen Körpertherapeuten kann man dieses Feld sogar in einem gewissen Abstand vom Körper fühlen. So müssen wir, wenn wir Berührung therapeutisch einsetzen wollen, unsere Auffassung von dem, was wir unter Berührung verstehen, erweitern, damit wir alle Arten der Kommunikation durch die Haut einbeziehen können, ob sie nun über Körperkontakt stattfinden oder nicht.

Abb. 4.2: Diese ursprünglich als Bild gefangengehaltener Frauen interpretierte Felsmalerei aus Südafrika stellt in Wahrheit drei Frauen dar, die durch ein „Kraftfeld" verbunden sind.

Die Menschen der Frühzeit hatten die Vorstellung, daß Menschen durch Energiefelder verbunden sein können. Abbildung 4.2 ist einem afrikanischen Felsbild nachempfunden. Viele Jahre lang interpretierten europäische Anthropologen diese Szene als eine Darstellung gefangener Frauen. Die feste Linie, die diese Figuren verbindet, wurde für ein Seil oder eine andere Art Fessel gehalten. Vor kurzem bekam dieses Bild eine neue Bedeutung, nachdem man Afrikaner aus einem nahegelegenen Dorf dazu befragte. Diese Menschen waren in der kulturellen Tradition, die sich in dieser Felsmalerei ausdrückte, aufgewachsen. Sie berichteten, die Linie in diesem Bild stelle ein „Kraftfeld" dar, das die Figuren verbinde. Ähnliche Kraftlinien sind in vielen Felsmalereien zu finden, besonders bei Bildern von Visionären und der Darstellung von Heilpraktiken der Schamanen.

Als die Professorin für Krankenpflege an der Universität New York, Dolores Krieger, eine Therapie einführte, die sie „Therapeutische Berührung" nannte, hielten viele den Namen für falsch gewählt, denn die Technik schloß physischen Kontakt nicht mit ein. Krieger lehrte ihre Schüler, die vom Körper ausgehenden Energiefelder zu spüren, indem sie ihre Hände mehrere Zentimeter über den Körper hielten. Störungen in der Gesundheit der Person zeigten sich nach Krieger als Störungen in einem ansonsten homogenen Energiefeld. Die im Feld auftretenden Störungen ließen sich nach der Hypothese Kriegers durch die Interaktion der Felder von Heiler und Patient korrigieren. Diese Korrektur des Energiefeldes konnte dann zur Wiederherstellung der Gesundheit beitragen. In mehr als einem Jahrzehnt der Forschung bewiesen Krieger und ihre Schüler die Gültigkeit dieser Prämissen und den Wert der therapeutischen Berührung als Heilmethode.

Auch die *diagnostische* Berührung findet nicht unbedingt durch Körperkontakt statt. Denn immer wenn wir darauf angewiesen sind, zum Abtasten physischen Kontakt aufzunehmen, befinden wir uns in einem Dilemma. Erfahrene Palpatoren wissen seit langem, daß die beste Hand eine leichte Hand ist – je leichter die Berührung, desto mehr Information läßt sich „er-reichen". Dies scheint sogar dann zuzutreffen, wenn wir Stellen tief unter der Haut untersuchen. Je mehr Druck wir beim Abtasten anwenden, desto mehr Störfaktoren schaffen wir im Körper und desto weniger nützliche Information sammeln wir.

Nehmen wir zum Beispiel an, Sie hätten schwere Magenschmerzen, und ich wolle Ihren Magen abtasten. Da Ihr Magen unter mehreren Gewebeschichten liegt (Haut, Fett, Muskeln), müßte ich sehr stark drücken, wollte ich tatsächlich mit Ihrem Magen in Berührung kommen. Bevor ich mich Ihrem Magen jedoch auch nur annähern könnte, würden sich Ihre Bauchmuskeln unter diesem festen Druck anspannen, und Sie würden sich wahrscheinlich voller Schmerzen meiner Berührung zu entziehen suchen. Mit anderen Worten: ich würde Ihre *Abwehrreaktion* auf mein Eindringen der Beurteilung unterziehen und bekäme keine nützliche Information über Ihren Magen.

Statt dessen könnte ich meine Hand nur leicht auf Ihrer Magengegend ruhen lassen. Dann erhielte ich, wenn ich meinen Tastsinn projizierte und empfänglich für das von diesem Organ ausstrahlende Energiefeld wäre, ein besseres Bild von der wahren Verfassung dieses Organs. Beim Einschätzen eines Reisenden versucht der Begleiter also, mit einem Miminum an Aufwand ein Maximum an Information über den Zustand des Reisenden zu erhalten.

Berührung, Wahrnehmung und Heilen

Bekesy, Toftness und Krieger zeigen, daß die Rolle der Berührung beim Heilen eng mit der Natur der Sinneswahrnehmung selbst verbunden ist. Wie sieht es „hier drin“ aus, in dieser inneren Welt, die meiner Haut das Vermögen verleiht, etwas zu empfinden, wenn ich berühre? Und wie sieht es „da draußen“ aus, jenseits meiner Haut, in der äußeren Welt, die meine Erfahrung der Berührung hervorruft? Da das Berühren so wichtig für unser Wachstum und unsere Entwicklung ist und so zentral für den Heilungsprozeß in der Somatosynthese, wollen wir diese Fragen weiter untersuchen.

Betrachten wir Bekesys Erkenntnisse noch einmal: Vibratoren, die gleichzeitig zwei Finger stimulieren, lösen ein Gefühl aus, als erfolge die Berührung im Raum zwischen den beiden Fingern, wo überhaupt keine Haut vorhanden ist. Wie erklären Sie sich diese Erfahrung? Werden Sie zu einem Rationalisten und sprechen über die Vibratoren, die dieses Gefühl hervorrufen? Oder schlagen Sie sich auf die Seite der Phänomenalisten und bestehen auf der Gültigkeit Ihrer Berührungsempfindung, wo immer diese auch liegen mag? Was ist das wesentliche Charakteristikum dieser Sinneserfahrung: die Geräte, die Ihre Wahrnehmung verursachen, oder Ihre Wahrnehmung, die von den Geräten herrührt?

Ähnliche Fragen tauchen auch auf, wenn wir den Körper ohne wohldurchdachte Apparaturen abtasten: Was genau ist das nun eigentlich, womit wir in Berührung kommen? Und wie entsteht die Empfindung, die „Berührung“ genannt wird? Wir fragen also nach der Natur der Realität, die unsere Wahrnehmungserfahrung hervorruft, und gleichzeitig erforschen wir die Natur unserer Wahrnehmungen. Diese Fragen bilden den Kern jedes auf Berührung beruhenden therapeutischen Verfahrens. Und das Heilen durch Berührung ist an unsere Antworten gekoppelt.

Die Geschichte der Erforschung solcher Fragen ist lang. In der Neuzeit haben sich die Physiker an das Studium der Natur der Realität – der Welt, die unsere Sinneserfahrung auslöst – gemacht. Psychologen sind andererseits mit der Natur der Wahrnehmung selbst beschäftigt.

„Moderne Physiker und moderne Wahrnehmungspsychologen", bemerkte der Gehirnforscher Karl Pribram, „treffen einander bei einer Anzahl von Fragen, die keiner von ihnen alleine lösen kann." Um die Natur der Realität zu studieren, die die Welt der Erscheinungen hervorruft, muß sich der Psychologe an den Physiker wenden. Und um seine eigenen Wahrnehmungen beim Studium der Natur der Realität zu verstehen, muß sich der Physiker an den Psychologen wenden. Wie reagieren Physiker und Psychologen auf diese Herausforderung?

Die Frage der Physiker ist täuschend einfach: Was ist die Natur der Welt, die ich außerhalb meiner selbst berühre? Schließen Sie Ihre Augen, strecken Sie die Hand aus; berühren Sie irgend etwas in Ihrer Reichweite und stellen Sie sich diese Frage. Tausende von Jahren lang war die offensichtliche Antwort: *Es sind Dinge.* Sie, ich und die Physiker berühren in der Welt „da draußen" *Dinge.* Diese einfache Antwort stützt sich, wie es scheint, auf unsere alltägliche Erfahrung. Ich berühre, sehe, schmecke, rieche und höre *Dinge.* Wenn die Natur der Realität die *Dinglichkeit* ist, dann ist die Aufgabe der Physiker ziemlich klar und eindeutig: herauszufinden, woraus diese Dinge „da draußen" gemacht sind. Natürlich weiß man allgemein, daß diese Dinge in einer Art Hierarchie aus anderen Dingen aufgebaut sind. Wie die chinesische Puppe enthalten große Dinge kleinere, die wiederum noch kleinere enthalten, und so weiter. Wenn unsere Physiker nur hart genug arbeiten, so die Logik, werden sie letztendlich schon „auf den Grund der Dinge" stoßen.

David Bohm, ein Protegé Albert Einsteins, äußerte sogar die Ansicht, daß die Physik größtenteils als die Suche nach dem endgültigen „Ding", dem fundamentalen Baustein der materiellen Welt angesehen werden kann. In der Frühzeit nahm man an, Materie bestehe aus bestimmten Naturelementen – Wasser, Luft, Feuer, Erde und Holz. Aber später spürte man, daß es noch einen

„fundamentaleren" Baustein für die Materie geben müsse, und das Rennen begann.

Als nächstes wurden Moleküle als die Bausteine der Materie angesehen, doch entdeckte man bald, daß auch sie aus noch „elementareren" Dingen, sogenannten Atomen, aufgebaut waren. Die Regentschaft der Atome als der fundamentalen Bausteine von Materie war kurzlebig. Denn Atome, so stellte sich heraus, ließen sich in *Protonen, Neutronen und Elektronen* unterteilen, die nun für die wahren Bausteine gehalten wurden. Aber auch sie „regierten" nicht lange, denn man fand *Leptonen, Myonen, Baryonen* und eine Menge anderer subatomarer Partikel. Doch diese wurden bald als Hochstapler entlarvt, denn *Quarks* wurden als „fundamentalste" Bausteine der Materie entdeckt. Die Anzahl der unterscheidbaren Typen von Quarks stieg schnell, und einige von ihnen hatten sogar „Charme", „Farbe" oder „Geschmack" (*charm, color, flavor*; diese Qualitäten wurden ihnen – als Namen – von den Physikern selbst zugeordnet!). Also wurden auch die Quarks entthront. Unverzagt schlugen die Physiker als nächstes die Existenz von *Gluonen* vor, denn etwas mußte notwendigerweise die Quarks ja zusammenhalten. Die Gluonen wurden durch *W-Teilchen* ersetzt – schwer faßbare Dinge, von denen man annimmt, daß sie existieren, die man aber noch nie tatsächlich gesehen hat. Bei meinem letzten Besuch im „Teilchen-Zoo" waren als fundamentale Bausteine der materiellen Welt *„ultraschwache Schnüre" (ultra-weak strings)* in Mode.

Haben Sie einmal versucht, ein Stückchen Quecksilber aus einem zerbrochenen Thermometer aufzuheben? Jedesmal wenn man das Quecksilber anfaßt, bricht es in immer kleinere Stücke. Obwohl mit ähnlichen Schwierigkeiten konfrontiert, arbeiten die Physiker unbeirrt weiter, und ihr Glaube, daß sie einmal „auf den Grund der Dinge" gelangen können, ist unerschüttert. Mitten in diesem offenbar endlosen Paradox machte Bohm einen schlichten Vorschlag: Physiker, so beobachtete er, haben diese Frage nach dem letzten Baustein schon seit dreitausend Jahren gestellt; wenn die Natur sie immer wieder zu paradoxen Antworten führt, ist es vielleicht die falsche Frage.

Bohm war nicht der erste, der dies vorbrachte. Beim Studium der Natur des Lichtes schlug Einstein mit seiner berühmten Gleichung von Materie und Energie ($E = mc^2$) etwas Ähnliches vor. Auf eine bestimmte Weise beobachtet, schien Licht ein Teilchen zu sein, das *Photon* genannt wurde. Auf eine andere Art betrachtet, erschien Licht wie eine *Welle* ohne die Eigenschaften von Materie. Könnte es sein, daß das Licht sowohl ein Ding als auch ein Nicht-Ding ist? Einstein zeigte, daß dies tatsächlich davon abhängt, *wie* die Beobachtung angestellt wird. Aber Beobachtung ist schließlich eine geistige Fähigkeit. Die Natur schien den Physikern zu sagen: *Wie* ihr wahrnehmt, das bestimmt, *was* ihr seht.

Natürlich ist dieser Vorschlag ein wenig beunruhigend, wenn man nach einer „objektiven" Realität in der Welt „da draußen" sucht. Eine objektive Realität erfordert Subjekte und Objekte; Beobachter und Dinge, die zu beobachten sind; Berührer und Dinge, die sich berühren lassen. Beobachter und Beobachtetes sollen getrennt voneinander existieren und sich gegenseitig nicht beeinflussen können. Nach Einstein war das nicht länger wahr, und einige Physiker erkannten die tiefgreifenden Implikationen, die sich daraus ergaben.

Erwin Schrödinger, der Begründer der Quantenmechanik, sprach beredt für viele andere Physiker, als er sagte:

> „Mein Geist und meine Welt bestehen aus den gleichen Elementen. Diese Situation ist dieselbe für jeden Geist und seine Welt, trotz der unergründlichen ‚Querbeziehungen' zwischen ihnen. Die Welt ist mir nur einmal gegeben, nicht als eine, die existiert, und eine, die wahrgenommen wird. Subjekt und Objekt sind eins. Man kann nicht sagen, daß die Barriere zwischen ihnen als Folge der neueren Erfahrungen in der Physik zusammengebrochen sei, denn *diese Barriere existiert nicht.*"

Was für einige als Studium der Welt „da draußen" (objektive Realität) begann, führte zur Welt „da drinnen" (geistig-seelische Realität) und schließlich zur Schlußfolgerung, daß die beiden untrennbar sind. „Der Stoff des Universums ist geistiger Stoff", sagte der Astrophysiker Arthur Eddington.

Denken Sie einmal darüber nach, was das in bezug auf das Berühren bedeutet. Schließen Sie wieder Ihre Augen und berühren Sie etwas in Ihrer Reichweite. Was diese Physiker sagen ist, daß Sie „da draußen" nicht einen festen Gegenstand anfassen, sondern ein geistiges Phänomen erleben, das wir als „fest" bezeichnen.

Bevor wir aber weitergehen, sollten wir den Psychologen erlauben, über diese Fragen des Geistig-Seelischen nachzusinnen. Auch für die Psychologen ist die Frage täuschend einfach: Was ist die Natur meiner Wahrnehmung, der Welt „hier drinnen", wenn ich berühre? Strecken Sie wieder mit geschlossenen Augen Ihre Hand aus und fragen Sie sich, wenn Sie etwas anfassen: Wie erreicht mich das Bild dessen, was ich berühre? Die offensichtliche Antwort ist wieder: *Dinge*. Dinge, die „da draußen" geschehen, veranlassen Dinge „hier drinnen", im Gehirn des Berührenden. Was „hier drinnen" geschieht, lautet die Schlußfolgerung, ist eine Reflexion dessen, was „da draußen" geschieht.

An Stellen unterschiedlicher Tiefe liegen unter unserer Haut Millionen spezialisierter Nervenrezeptoren. Sie haben seltsame Namen: Merkel-Zellen, Pacini-Körperchen, Meissner-Tastkörperchen, Krause-Endkolben, Ruffini-Körperchen. Ihnen gemeinsam ist eine Empfindlichkeit für Berührung. Wenn sie gedrückt, geschoben oder angestoßen werden, feuern sie Impulse von Ihrer Haut an Ihr Gehirn ab. Auf diese Impulse gestützt, vermuten Sie dann, daß eine „Berührung" stattgefunden hat.

Es wird allgemein angenommen, daß jeder Aspekt von allem, mit dem wir in der Welt „da draußen" Kontakt aufnehmen, einen speziellen Platz in unserem Gehirn angewiesen bekommt. Wir haben im Endeffekt also ein taktiles Bild der Außenwelt. Diese Vorstellung läßt sich folgendermaßen veranschaulichen: In einer rechteckigen Schachtel stehen mehrere Hundert Nadeln senkrecht nebeneinander, mit den Spitzen nach unten. Wenn Sie Ihre flache Hand unter die Spitzen dieser Nadeln halten, werden die stumpfen Enden der Nadeln so herausgedrückt, daß sie ein Bild Ihrer Hand wiedergeben. Die Bewegung der Nadeln entspricht den Zügen Ihrer Handoberfläche. Zum Beispiel werden die Nadeln über der fleischigen Erhöhung an Ihrem Daumengelenk weiter herausgedrückt als über der ebenen Stelle in der Mitte Ihrer Handfläche.

Ähnlich feuern Ihre Gehirnzellen, wenn Sie etwas „da draußen" berühren, je nach der Eigenschaft des berührten Objekts Impulse ab. Wenn Sie die Hand eines Menschen berühren, werden die Zellen, die auf Erhöhungen reagieren, viel feuern, wenn sie über der fleischigen Erhöhung um das Daumengelenk zu liegen kommen. Dieselben Zellen würden über der Handmitte nicht so viel feuern.

Tasten, Sehen, Hören, Schmecken und Riechen – nimmt man an – geschehen alle auf dieselbe Art. Gehirnzellen sind wie die Abteilungen eines Verwaltungsapparates oder wie die Befehlshierarchie in der Armee organisiert. Die Zellen der unteren Ebenen führen die niedrigsten Dienste aus: sie entnehmen Grundeigenschaften aus der Sinnesumwelt. Mehrere solcher Zellen des niedrigen Niveaus „berichten" dann an eine einzige Zelle auf der nächsthöheren Kommandoebene. Dieser Prozeß setzt sich fort, bis nur noch eine einzige Zelle an der Spitze übrig ist. Wie ein Verwaltungs- oder Betriebsleiter beziehungsweise wie der Oberkommandierende einer Armee befehligt diese einzelne Zelle der obersten Ebene die Aktionen der ihr untergeordneten Zellen. Sie wurde in den frühen Tagen dieser Wahrnehmungstheorie tatsächlich „Pontifikalzelle" genannt.

Aber diese Zelltheorie der Wahrnehmung hatte ihre Probleme. Was passiert zum Beispiel bei einem Schlaganfall? Dabei kann jemand Gehirnsubstanz verlieren, ohne daß dabei eine gleichwertige Menge an Gedächtnis verloren geht. Wenn Sie durch einen Schlaganfall zehn Prozent Ihrer Gehirnsubstanz verlieren, heißt das, wie Karl Pribram einmal bemerkte, noch lange nicht, daß Sie sich nur an neun von zehn Ihrer Hausgenossen erinnern können. Ihr Gedächtnis mag *teilweise* fehlen oder etwas unscharf sein, es fällt aber nicht einfach weg. Wenn eine Pontifikalzelle verloren geht, müßte damit auch die gesamte Wahrnehmung unter ihrem Kommando verloren sein.

In Reaktion auf diese Zelltheorie der Wahrnehmung schlug eine Gruppe von Forschern unter der Leitung Karl Lashleys eine Feldtheorie vor, die auf der Vorstellung beruht, daß unterschiedliche Wellenmuster im Gehirn aufeinander reagieren. Die Psychologie ähnelte nun allmählich der Physik vor Einstein mit einer Spaltung zwischen einer „Teilchen"- (Zellen-) und einer „Wellen"- oder Feld-Theorie der Wahrnehmung.

In einem Gespräch über die Feldtheorie sagte Lashley 1950: „Ich kann diese Auffassung am besten illustrieren, wenn ich mir das Gehirn als die Oberfläche eines Sees vorstelle." Er erklärte, wie die normale Hintergrundaktivität des Gehirns in alle Richtungen kleine Wellen über den See schickt. Ankommende Stimuli verglich er mit den Bugwellen eines Motorboots, die zeitweise mit dem ständigen Auf und Ab der Hintergrundwellenbewegung in Beziehung treten.

Lashleys Theorie der Wahrnehmung war prophetisch, wenn er auch selbst den Beweis nicht mehr erlebte. In den sechziger Jahren ebneten Entdeckungen im Bereich der Gehirnforschung und auf dem Gebiet der optischen Wahrnehmungsprozesse den Weg für eine elegante Wahrnehmungstheorie, die auf der Wellenidee beruht. 1958 demonstrierte Sir John Eccles, ein prominenter Nervenforscher, wie wellenartige Aktivität im Gehirn stattfinden kann, und bewies so Lashleys poetische Vision von „Bugwellen" auf einem See. Mehrere Jahre später wurde die Holographie – eine damals neue Technik für das Speichern optischer Information – beschrieben. Es gab also nicht nur Wellen auf dem See, sondern diese konnten sogar Botschaften übermitteln.

Mehrere Forscher, besonders Lashleys ehemaliger Mitarbeiter Karl Pribram, faßten diese Entdeckungen zu einer einheitlichen Hypothese der Wahrnehmung und der Gehirnfunktionen zusammen. Durch eigene Forschungen und gestützt auf die Erkenntnisse anderer, wie zum Beispiel Bekesys, demonstrierte Pribram, daß das Gehirn bei der Wahrnehmung so funktioniert, als schaffe es ein Hologramm.

Das Konzept von Pribrams holographischem Modell der Gehirnfunktion ist direkt und unkompliziert. Ankommende Sinnesinformation wird zuerst als Wellenmuster im Gehirn gespeichert. Aus diesen gespeicherten Wellenmustern rekonstruiert unser Gehirn dann die Bilder, die wir mit unserer Wahrnehmung assoziieren.

Zurück zu unserem laufenden Experiment: Schließen Sie Ihre Augen und berühren Sie etwas in Ihrer Reichweite. Halten Sie diese Berührung aufrecht, während Sie die Ereignisse, die in Ihrem Gehirn stattfinden, betrachten. Der Druck, den Sie ausüben, veranlaßt die Nervenrezeptoren unter Ihrer Haut dazu, eine Salve von Nervenimpulsen nach der anderen in Richtung Gehirn abzufeuern. Meissner-Rezeptoren passen sich schnell an die leichteste Druckveränderung an. Wie ein Kompaß reagieren diese Rezeptorzellen selektiv auf Druck, der in verschiedenen Richtungen ausgeübt wird. Manche Rezeptoren reagieren auf Druck, der quer über Ihre Handfläche ausgeübt wird. Andere werden durch Druck in Längsrichtung parallel zur Ausrichtung Ihrer Finger erregt, und wieder andere sind am sensitivsten für Druck, der in einem Winkel irgendwo dazwischen liegt.

Durch Ihre Berührung werden auch Merkel-Zellen stimuliert. Viele solcher Merkel-Rezeptoren sind direkt unter Ihrer Hautoberfläche zu einer „Tastkuppel“ zusammengedrängt – eine Erhöhung der Haut, die für das bloße Auge nicht wahrnehmbar ist. Diese Rezeptorzellen feuern je nach der ausgeübten Druckmenge Sinnesimpulse ab. Tiefer unter Ihrer Haut sind Pacini-Rezeptoren fleißig dabei, alle Reize außer denjenigen auszufiltern, die von den schnellsten Druckveränderungen kommen, und antworten dadurch nur auf das Schnurren einer ständigen Vibration unter Ihrer Hand.

Inzwischen findet in Ihrem Gehirn ein Wirbelwind an Aktivität statt. Jedesmal, wenn ein Rezeptor feuert, ist das so, als falle ein Kiesel in Lashleys See. Jeder Kiesel enkodiert unterschiedliche Information in die Wellen, die er auslöst. Schließlich fließen diese Wellen taktiler Information über die ganze Oberfläche des Gehirns und reagieren aufeinander und auf die laufende Gehirnaktivität.

Aber wie rufen aufeinander reagierende Wellen Bilder hervor? Für die Beantwortung dieser Frage nahm Pribram das Prinzip des Hologramms zu Hilfe. Ein Hologramm zeichnet Information auf, indem es die unfokussierte Interaktion der Lichtwellen speichert, die ein Objekt abstrahlt. Dies ist ganz anders als ein normales Foto, das Information durch Speichern fokussierter Lichtpunkte übermittelt.

Stellen Sie sich vor, Sie schauen durch die Linse Ihrer Kamera und sind dabei, eine Aufnahme von einem Baum zu machen. Sie drehen den Entfernungsring, bis Sie den Baum scharf eingestellt haben. Klick! Sie drücken auf den Auslöser und fangen das Bild des Baumes auf dem Film ein. Sie haben ein gewöhnliches Foto gemacht. Jeder Punkt des Baums ist durch einen einzelnen Lichtpunkt auf dem Foto wiedergegeben.

Jetzt stellen Sie sich vor, daß Sie – statt den Baum scharf einzustellen – die Linse der Kamera so unscharf einstellen, daß man nicht einmal die Umrisse des Baumes erkennen kann. Wenn Sie jetzt auf den Auslöser drücken, fangen Sie unfokussierte Lichtwellen ein. Dies ähnelt dem Herstellen eines Hologramms. Jeder Punkt des Baumes ist auf dem Film jetzt durch Lichtwellen repräsentiert. Alle Wellen jedes Punktes reagieren aufeinander und bilden ein komplexes Wellenmuster.

Es ist nichts auf dem Film als unfokussierte Lichtwellen, sagen Sie. „Wo ist das Bild?“ Lassen Sie mich die Analogie der Kameralinse für diese Frage noch weiter ausführen. Nehmen wir an, ich erreichte die unscharfe Kameraeinstellung dadurch, daß ich den Ring zehnmal nach rechts drehte. Können Sie sich einen Vorgang vorstellen, der umgekehrt abläuft? Sie müßten durch einen Sucher mit einer ähnlichen Linse schauen, die sich zehnmal nach links drehen ließe. Jedesmal wenn Sie durch diese Linse auf das verschwommene Bild schauten, tauchte – voilá – der Baum wieder auf.

Übrigens, versuchen Sie nicht, durch eine unfokussierte Kameralinse ein Hologramm zu schaffen. Das geht nicht. Dazu ist viel mehr nötig. Aber diese Analogie veranschaulicht die wesentlichen Einzelheiten. Das holographische Abbilden besteht im wesentlichen aus einem Prozeß, der interagierende Wellenformen aufzeichnet, und einem umgekehrten Prozeß, der aus diesen aufgezeichneten Wellenformen ein Bild macht. Pribram zeigte, daß unser Gehirn Sinnesinformation auf diese Weise verarbeitet.

Aber lassen Sie uns zu unserem immer noch laufenden Experiment zurückkehren. Sie hatten etwas angefaßt und ich beschrieb, was in Ihrem Gehirn vor sich ging. Wir hatten den Punkt erreicht, da Wellen taktiler Information sich über die Oberfläche des Gehirns ausbreiteten. Auf ähnliche Art, wie die empfindliche Schicht auf einem Film Licht aufzeichnet, zeichnen Ihre Gehirnzellen jetzt das Muster dieser interagierenden Wellenformen auf. Wenn es Zeit ist, ein Bild dessen zu formen, was sie berühren, läßt Ihr Gehirn den Prozeß in umgekehrter Reihenfolge ablaufen.

Vom Anfang bis zum Ende dauert es nur ein paar Millisekunden, bis Sie ausrufen: „Aha! Ich streichle meine Katze!“

So geschieht Wahrnehmung in unserem Gehirn durch die Rekonstruktion von Bildern aus gespeicherten Mustern. *Die Psychologie sagt, daß wir Bilder dessen konstruieren, was wir berühren, während die Physik sagt, daß wir Bilder berühren, die wir konstruieren.* Es gibt keine Trennung zwischen dem Wahrnehmungsprozeß und den Objekten der Wahrnehmung, und unser Psychologe folgert: „Hier drinnen“ und „da draußen“ sind eins.

Eine fällige Schlußfolgerung lautet damit auch, daß Berühren mehr ist als nur ein Mittel zum Zugang zu psychischen Erlebnissen, denn Berühren selbst *ist* ein psychisches Ereignis. Wenn wir also zum Zwecke des Heilens berühren, manipulieren wir nicht nur den Körper in der Welt „da draußen". Berühren schafft neue Muster im Gehirn und befähigt uns so, neue Bilder unserer selbst zu schaffen. Wenn wir nach diesen Bildern der Ganzheit handeln, die uns das Berühren vermittelt, geben wir dem Heilungsprozeß körperliche Gestalt (wir „ver-körpern" ihn).

Körpertherapie und Somatosynthese

Unterstützung für diese Beziehung von Berührung und Wahrnehmung findet sich in der engen Beziehung zwischen diagnostischem und therapeutischem Gebrauch von Berührung. Beim Berühren ist es nicht ungewöhnlich, daß sich die Diagnose in Therapie verwandelt, ohne daß sich der Begleiter oder der Reisende dessen bewußt sind. In dieser unerwarteten Situation befand auch ich mich einmal mit einem Reisenden.

Paul war ein junger Künstler in den Zwanzigern, der seit über einem Jahr unter ständigem Fieber von mehr als 37,8 Grad Celsius litt. Als Folge davon war er chronisch müde und erschöpft. Er war von der herkömmlichen Medizin gründlich untersucht worden und kam aus Frustration zu mir, weil keiner der zahlreichen von ihm konsultierten Spezialisten eine Diagnose erstellt oder eine Behandlung empfohlen hatte. Jeder schüttelte über seinen Zustand den Kopf, keiner hatte eine Antwort. Ich konnte ihm auch nichts Bestimmtes sagen, außer daß ich ihn, bevor ich eine Behandlung empfehlen könne, zuerst vollständig untersuchen müsse.

Ich untersuchte Paul hauptsächlich durch Abtasten. Ich überprüfte sein Rückgrat vom Steißbein bis zum Schädelrand auf Ausrichtung, Beweglichkeit und Schmerzen. Ich prüfte seine Muskeln auf Stärke, Spannung und Empfindlichkeit. Ich tastete die inneren Organe ab: Leber, Milz und Nieren. Und ich überprüfte das Energiefeld um seinen Körper. Danach bat ich ihn, mir einen Tag Zeit zu lassen, um meine Ergebnisse auszuarbeiten, die medizinischen Berichte, die er mitgebracht hatte, zu lesen und einen Behandlungsplan auszuarbeiten. Wir verabredeten eine Konsultation für den nächstfolgenden Tag, um diese Fragen zu besprechen. Als Paul an diesem Tag in meine Praxis kam, strahlte er übers ganze Gesicht und schüttelte mir kräftig die Hand.

„Danke. Das war eine phantastische Behandlung, die Sie mir gestern gaben", sagte er. „Mein Fieber senkte sich ungefähr eine Stunde, nachdem ich fertig war. Meine Temperatur ist jetzt normal, und ich fühle mich viel besser. Können wir das wiederholen?"

Ich lächelte und versicherte ihm, ich würde mein Bestes tun, um ihm zu helfen. Ich glaube, ich lächelte den ganzen Tag über auch weiterhin innerlich, zum Teil aus Dankbarkeit, zum Teil aus Überraschung über das, was sich ereignet hatte. Ich fragte mich, ob es eine *Bona-fide*-Behandlung gewesen war oder ob das Berühren einen Placeboeffekt ausgelöst hatte. Letztendlich, folgerte ich, spielte es wirklich keine Rolle. Worauf es ankam, war, daß Berühren diesem Reisenden auf seiner Reise ins Heil geholfen hatte.

*

Berühren läßt sich auf zahllose Arten therapeutisch einsetzen. Analog zum Spektrum des Abtastens gibt es auch ein Spektrum des therapeutischen Berührens – vom festen bis zum leichten Berühren, von starker bis zu schwacher Kraftanwendung, von „gewaltsamem" bis zu sanftem Druck, von der Manipulation des menschlichen Körpers bis zur Modulation des menschlichen Energiefelds. Bei der Somatosynthese-Behandlung setzen wir alle Varianten dieses Spektrums ein, wenn auch die leichte, möglichst wenig aufdringliche Berührung bevorzugt wird.

Die Schwierigkeit bei der Empfehlung von leichter Berührung in der Therapie liegt in dem weitverbreiteten Glauben, daß, „wenn *ein wenig* gut ist, *viel* noch besser sein muß". Dieser Volksweisheit gemäß müßte, wenn ich Schmerzen schon mit einem Druck von wenigen Pond erleichtern kann, ein Kilopond die Arbeit schneller erledigen. In der Praxis ist das aber nicht unbedingt der Fall.

Eine neuere Studie über die Auswirkungen der chiropraktischen Wirbelsäulenausrichtung illustriert diesen Punkt. Chiropraktiker sind dafür bekannt, daß sie kräftig und intensiv an der Wirbelsäule arbeiten, um die Lage der Wirbel zu verändern. Chung-Ha Suh, der Vorsitzende der Abteilung für Biomechanik an der Universität von Colorado in Boulder, untersuchte die Manipulation der Wirbelsäule, indem er Röntgen-Filmaufnahmen machte, während ein Chiropraktiker an der Wirbelsäule arbeitete.

Diese *Cineradiographie* genannte Technik erlaubte es Suh, die Grundannahme der Chiropraktiker zu überprüfen: nämlich daß sich als Ergebnis der Manipulation die Lage der Wirbelsäule tatsächlich verändert. Suhs Ergebnisse waren überraschend. Die Wirbelsäule bewegte sich in der Tat in die Richtung des vom Chiropraktiker ausgeübten Stoßes. Der Film zeigte jedoch auch, daß die Wirbelsäule nach der Manipulation wieder in ihre alte Lage zurückkehrte – ein Ergebnis, das der Auffassung von Chiropraktikern zu widersprechen schien.

Aber Suh beobachtete die Wirbelsäule weiter und fand, daß sie sich im Laufe der Zeit wieder in die Position bewegte, in die sie durch die Manipulation geschoben worden war, und auch darin verblieb. Suh schloß daraus, daß die Wirkung der Manipulation nicht darin bestehe, daß sich ein Knochen auf die Dauer von einer Stelle an die andere verlagere. Vielmehr sei die Manipulation eine Kraft, die das Gehirn und das Nervensystem anrege. Und das Nervensystem wiederum steuere die Muskeln und Gelenke des Körpers und veranlasse die dauerhafte Verschiebung von Knochen. Wie sich herausstellte, ist der Kraftaufwand, der zur Anregung von Gehirn und Nervensystem notwendig ist, wesentlich geringer als der, dessen es zur Verschiebung von Knochen bedarf.

Es gibt einen Punkt in der Mitte jeder Gesäßbacke, den Chiropraktiker den *Logan Basic Contact Point* nennen. Hugh B. Logan war der Arzt, der dessen Wirkung auf die strukturelle Ausrichtung des Rückgrats in den Jahren zwischen 1930 und 1940 zuerst beschrieb. (Fühlen Sie, wo Ihr Körper mit der Oberfläche, auf der Sie gerade sitzen, in Kontakt kommt, und Sie sind diesem Punkt sehr nahe.)

Logan demonstrierte mit Röntgenaufnahmen vor und nach der Behandlung, daß ein leichtes Halten dieses Punktes die Ausrichtung der Wirbelsäule dramatisch verändern kann. Seine Behandlung normalisierte die Ausrichtung des Rückgrats, verringerte Rückgratverkrümmungen (Skoliose), milderte Schmerzen, entspannte Muskeln und besserte die Gesundheit allgemein. Wieviel Druck wendete er an? Schließen Sie Ihre Augen und drücken Sie mit Ihren Daumen sanft auf Ihre Augäpfel unter den geschlossenen Lidern. Wenn der Druck unangenehm ist, lassen Sie nach, bis er sich angenehm anfühlt. Das war Logans Maßstab für die Druckstärke, die tatsächlich nötig ist, um die Wirbelsäule zu bewegen.

Natürlich können wir Berührung therapeutisch für mehr als nur die Wiederausrichtung des Rückgrats verwenden. Alles, was sich abtasten läßt, jedes so entdeckte Problem kann durch eine entsprechende Anwendung von Berührung behoben werden – Knochen lassen sich wieder ausrichten, Gelenke wieder beweglich machen, Organe wieder in die richtige Lage bringen, Muskeln entspannen, der „Säfte"-fluß läßt sich anregen, die Koordination zwischen dem Gehirn und dem Körper kann verbessert und das Energiefeld kann moduliert werden.

Berührung läßt sich auch einsetzen, um die tiefere psychische Ursache unter den physischen Problemen zu finden – und das ist eine der Hauptfunktionen der Somatosynthese-Behandlung. Meine Einstellung zum therapeutischen Berühren war schon immer, es einfach zu gestalten und mit einem Minimum an Techniken und Verfahren maximale Ergebnisse zu erzielen. In einer typischen Somatosynthese-Sitzung berühre ich normalerweise nur ein paar strategische Körperstellen. Wenn ich durch das Abtasten bestimmt habe, wo die Berührung beginnen soll, ziehe ich drei Dinge in Betracht: *Tiefe, Richtung und Dauer (depth, direction and duration).* Wie tief muß meine Berührung reichen? Sollte sie ohne Körperkontakt auf der Ebene des Energiefelds liegen oder auf der Haut, wobei meine Hand auf dem Körper des Reisenden ruht, oder sollte ich fest auf den Körper des Reisenden drücken? In welcher Richtung sollte ich Kraft anwenden? Direkt nach unten, nach rechts, links, ziehen, schieben, Dauerdruck, andauernde Bewegung oder eine Kombination dieser Möglichkeiten? Schließlich: wie lange sollte ich diese Kraft anwenden? Der Körper des Reisenden ist für die Antwort auf diese Fragen immer mein Führer.

Mit diesen drei *„d"* der Körpertherapie läßt sich fast jeder Bedarf an therapeutischer Berührung decken. Da Abtasten und Therapie gleichzeitig vor sich gehen, kann ich die Wirkung meiner Berührung auf den Reisenden ständig überwachen, ohne die Lage meiner Hände zu verändern. Zum Beispiel beginne ich vielleicht an den vier Hauptstellen von Querbehinderung im Körper: dem Beckenboden, dem unteren Rand des Brustkorbs, dem Halsansatz und dem Schädelansatz. Diese Stellen werden oft als „Querbehinderungen" bezeichnet, weil hier die Ausrichtung der Körpergewebe von vorn nach hinten verläuft und nicht von oben nach unten.

Wenn Sie im Stehen Ihre Arme an den Körper legen, sehen Sie, daß die meisten Muskeln in Ihrem Körper von oben nach unten (vertikal) angeordnet sind. Ihre Hauptblutgefäße und Nervenpfade verlaufen ebenfalls in dieser Richtung. An manchen Stellen sind die Muskeln, Sehnen und anderen Stützgewebe jedoch von vorn nach hinten (horizontal) angeordnet und nicht von oben nach unten. Wo die normalerweise vertikal verlaufende Orientierung des Körpers auf diese horizontale Ausrichtung trifft, kommt es zu einem Über-Kreuz-Effekt und damit zu einer Querbehinderung. Gewöhnlich behindert das horizontale Gewebe das vertikale Körpergewebe und hemmt die übliche Muskelbewegung, den Flüssigkeitsstrom und die Nervenübertragung. Es kann auch sein, daß der normale Energiefluß im Körper blockiert ist, und diese behinderten Stellen zeigen oft abnormale Mikrowellenstrahlung.

Die praktische Folge davon ist, daß diese Stellen der Querbehinderung sich oft als die Stellen erweisen, an denen die meisten von uns Streß, Spannung und Schmerzen im Körper erleben und festhalten. Und es sind auch die Stellen, die oft in Beziehung zu den hinter unseren körperlichen Zeichen und Symptomen versteckten psychischen Faktoren stehen. Eine einfache und direkte Art der Arbeit an diesen Querbehinderungen besteht darin, sie von vorn nach hinten behutsam zusammenzudrücken.

Die Abbildung 4.3 ist eine bildliche Darstellung derjenigen Membranen (auch Diaphragmata, Scheidewände oder Ebenen), die im Körper die meiste Querbehinderung verursachen. Die Beschreibung dieser Stellen und der damit verbundenen physischen und psychischen Zustände finden Sie in den folgenden Abschnitten.

Am unteren Ende der Wirbelsäule befindet sich ein großer Bereich möglicher Querbehinderung, der *Beckenboden* (*Diaphragma pelvis* mit *Diaphragma urogenitale*). Die normale Aufgabe dieser Membran besteht darin, als Boden für das Becken die Unterleibsorgane zu stützen. Sie ist seitlich und vorn mit dem inneren Bekkenrand und hinten mit dem Kreuzbein und der unteren Wirbelsäule verwachsen.

Behinderungen an dieser Stelle sind oft verbunden mit Schmerzen im unteren Rücken und Fehlfunktion der Becken- und urogenitalen Organe. Wenn der Reisende auf dem Rücken liegt, kann man leicht eine Hand unter das Kreuzbein schieben, die andere

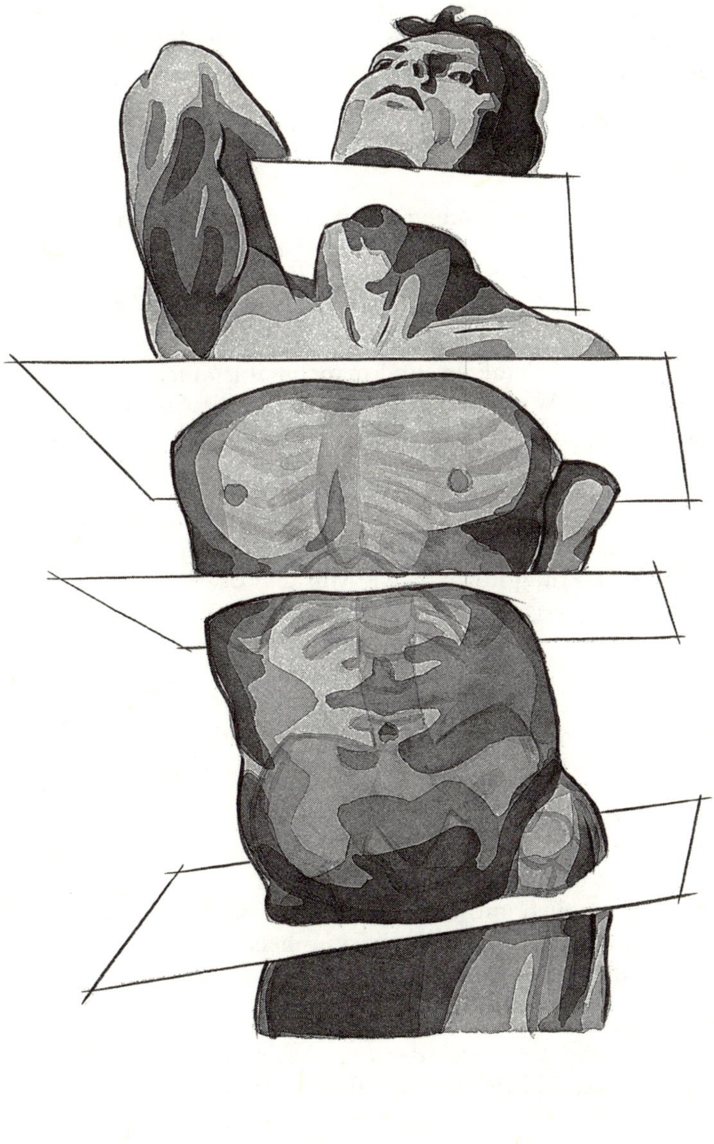

Abb. 4.3: Die Lage der vier Hauptebenen von querbehinderndem weichem Gewebe (Membranen).

Hand auf dem Unterleib ruhen lassen und dann auf diese Stelle einen leichten Druck ausüben. In diesem Fall ist der Druck anfangs sehr leicht – das Gewicht Ihrer Hand genügt schon. Der Körper des Reisenden reagiert darauf so, daß er die Stelle zwischen Ihren Händen freiläßt. Wenn dieses Freiwerden beginnt, können dort alle möglichen Empfindungen auftreten. Häufig spüren Sie, wie das Gewebe des Unterleibs weicher und weiter wird und unter Ihren Händen absinkt – ein Gefühl ähnlich dem Einsinken in ein Wasserbett.

Wenn Sie Ihrer Hand erlauben, diesem ersten Freiwerden zu folgen und ein bißchen tiefer in das weiche Gewebe des Unterleibs einzusinken, können mehrfache Freisetzungen erfolgen. Gleichzeitig spürt Ihre untere Hand oft eine Bewegung in der Wirbelsäule – das Kreuzbein mag vor und zurück und das Becken von einer Seite zur anderen schaukeln, und manchmal ist auch ein deutliches Klicken in der Wirbelsäule hörbar, wenn die Spannung in dieser Gegend nachläßt und der Körper sich strukturell besser ausrichtet.

Es können sich auch Veränderungen in anderen Körperteilen ergeben: Oft wird der Atem des Reisenden tiefer, und es ist ein Seufzer der Erleichterung hörbar. Die Muskeln des Beckens oder diejenigen der Beine mögen zucken, wenn die Spannung nachläßt, so wie das manchmal vor dem Einschlafen der Fall ist. Der Reisende mag von einem Wärmegefühl oder einem Prickeln im Bekken und in den Beinen berichten. Der untere Teil des Körpers mag sich anfühlen, als sei er vom oberen Teil, der noch verspannt ist, abgetrennt.

Und der Reisende kann auch davon berichten, daß er vergangene Ereignisse wiedererlebt, die mit Streß, Trauma oder Schmerz in dieser Gegend zu tun haben. Sie selbst tun nichts weiter, als sanften Druck auszuüben und die Reaktion des Körpers darauf zu beobachten. Wenn die Spannungsauflösung beendet ist, fühlt sich das Becken an, als sei es in eine tiefe Stille verfallen.

Die therapeutischen Gewinne der Beckenentspannung sind vielfältig und reichen vom Verschwinden der physischen Symptome in diesem Gebiet bis zur Besserung der damit verbundenen psychischen Symptome. Ich habe eine wesentliche Besserung bei Schmerzen im unteren Rücken, Darmproblemen (Verstopfung, Durchfall, Hämorrhoiden, Darmreizung und Darmentzündung), sexuellen

Problemen bei Frauen (Beckenentzündung, Zysten, Spannung vor der Menstruation, Dysmenorrhoe, Endometriose, Vaginitis, Dyspareunie), männlichen Sexualproblemen (Prostataprobleme, Impotenz, Bruch), Geburten und dem Allgemeinstreß der Beckenregion beobachtet. Viele dieser körperlichen Symptome von Reisenden haben offensichtlich ihr psychisches Gegenstück, oft in der Sexualität der Reisenden. Wenn der Streß und die Spannung in der Beckenregion freigesetzt werden, kommen diese tieferliegenden psychischen und emotionalen Probleme häufig zutage.

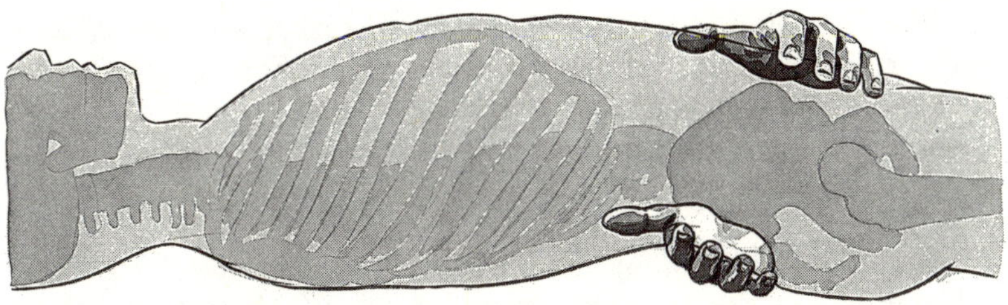

Abb. 4.4: Handstellung für das Entspannen des Beckenbodens

Weiter oben ist die nächste Ebene einer Querbehinderung das *Zwerchfell.* Dies ist ein riesiger Muskel, der vom unteren Rippenbogen bis zum oberen Teil der Lendenwirbel reicht. Die wichtigste Aufgabe des Zwerchfells ist die Steuerung des Atems. Beim Einatmen zieht sich das Zwerchfell zusammen und fällt nach unten, wodurch im Brustraum ein negativer Druck entsteht, der die Luft in die Lungen strömen läßt. Beim Ausatmen entspannt sich das Zwerchfell, bewegt sich nach oben und drückt so die Luft aus den Lungen.

Das Zwerchfell wird von wichtigen Röhren durchstoßen: von der Speiseröhre, die Nahrung in den Magen befördert, der Unterleibsaorta, die das Becken mit Blut vom Herzen versorgt, und der unteren Hohlvene, die das Blut wieder zum Herzen zurück transportiert. Wichtige Nervenzentren, die *Ganglien*, die die Funktion der Verdauungsorgane steuern, liegen nahe den Stellen, an denen das Zwerchfell im Rücken angewachsen ist. Behinderungen in dieser Gegend beeinflussen viele Körperfunktionen.

Das Zwerchfell wird auf die gleiche Weise freigesetzt wie der Beckenboden. Eine Hand liegt unterhalb und eine oberhalb dieser Stelle, und es erfolgt ein leichtes Zusammendrücken. Die untere Hand liegt auf dem hinteren Rippenbogen und die obere Hand ruht leicht direkt unterhalb des vorderen Rippenbogens. Wenn Sie ganz leichten Druck anwenden, erleben Sie die gleichen Phänomene wie im Beckenraum. Das weiche Gewebe des Oberbauchs wird frei, weicher, weiter und sinkt ab. Der Brustkorb verschiebt sich oft in die eine oder andere Richtung, die Wirbelsäule bewegt sich, der Atem wird tiefer, und man hört ein Gurgeln in den Eingeweiden. Dies sind Zeichen von weniger Muskelanspannung, verstärkter Blutzufuhr und besserer neurologischer Kontrolle der Beckenorgane. Kurz gesagt erhält der Körper durch das Freiwerden von Spannung in dieser Region die Möglichkeit, sich zu heilen.

Durch die Entspannung des Zwerchfells kann – auf der körperlichen Ebene – Besserung eintreten an der Wirbelsäule (mittlerer und unterer Rücken), an den oberen Verdauungsorganen (Magen, Dünndarm, Leber, Gallenblase), den Organen in der Bauchhöhle (Milz, Nieren, Nebennieren) und, natürlich, bei der Atmung. Beim Entspannen des Zwerchfells läßt sich leicht feststellen, ob der Reisende üblicherweise flach oder tief atmet.

Wer nur flach atmet, spannt, wenn er zu einem tiefen Atemzug aufgefordert wird, oft das Zwerchfell an und atmet nur durch die Ausdehnung der Brust. Wenn das Zwerchfell entspannt ist, bitten Sie den Reisenden, tief zu atmen und dabei den Bauch so auszudehnen, daß Ihre obere Hand weggedrückt wird. Dies wirkt der Neigung zum flachen, kurzen Atmen entgegen. Flaches Atmen ist eine übliche Reaktion auf Streß und ein Grund dafür, weshalb streßbeladene Menschen oft ein chronisch verspanntes Zwerchfell haben. Das Zwerchfell und der Atem sind wesentlich für eine gute Gesundheit. Chronische Zwerchfellverspannung wirkt sich negativ auf viele andere Körpersysteme aus. Wenn Sie das Zwerchfell entspannen und dem Reisenden zu gutem, tiefem Atmen verhelfen, ist das ein wichtiger Schritt zur Milderung schädlicher Streßwirkungen. Außerdem kann der Reisende durch das Entspannen des

Zwerchfells mit den Streßverursachern, die mit dieser Stelle zusammenhängen, „in Berührung" kommen.

Abb. 4.5: Handstellung für das Entspannen des Zwerchfells

Am Halsansatz und an den Schultern gibt es keine echte Membran. Aber diese Stelle ist oft so verspannt, daß sie einer querbehindernden Membran bemerkenswert ähnlich ist. Anatomisch wird sie *Brustausgang* genannt. Hier durchqueren wichtige Nervenbündel, Arterien und Venen auf dem Weg vom Hals zu den Armen einen Irrgarten von Geweben (Muskeln, Gelenke, Bänder) und Knochen. Auch die Nerven, Arterien und Venen, die Körper und Gehirn verbinden, passieren diese Stelle. Wenn es dort zu Behinderungen dieser Nerven, Arterien und Venen kommt, kann dies auch zu Spannung und einem unangenehmen Gefühl in den Schultern und dem oberen Brustkorb, zu eingeschränkter Beweglichkeit des Halses, Stockungen in den Nervenbahnen und bei der Blutzufuhr, daraus folgend zum Verlust von Koordination und Funktion der Arme, und zu Flüssigkeitsstauungen im Kopf kommen.

Der Brustausgang wird auf die gleiche Weise freigesetzt wie Beckenboden und Zwerchfell. Eine Hand wird am Halsansatz auf die Wirbelsäule unter den Rücken gelegt, die andere Hand ruht leicht auf dem oberen Brustkorb direkt unterhalb der Schlüsselbeine. Auf ein behutsames Zusammendrücken hin erfolgt wieder das Weicherwerden, Weiten und Absinken dieser Stelle, wenn sie sich entspannt. Sie spüren oft eine Bewegung im unteren Halsbereich oder im oberen Rückenbereich, am Brustkorb, dem Brustbein, den Schlüsselbeinen und den Schulterblättern, wenn der Körper diese Strukturen entspannt und neu ausrichtet.

Die Organe, die von diesem Freiwerden am meisten betroffen werden, sind das Herz, die Lungen, die Speiseröhre, die Luftröhre und die Bronchien. Diese Strukturen leiden oft unter den Folgen von emotionalem und psychischem Streß. Asthma, das gewöhnlich mit psychischen oder emotionalen Faktoren in Verbindung gebracht wird, führt zu Muskelkrämpfen in den Bronchien und einer Verengung der Luftwege.

Liebe, Furcht, Aufregung, Angstzustände, Ruhe, Zorn, Trauer, Schuldgefühle, alle unsere menschlichen Emotionen wirken sich auf das Herzkreislaufsystem und damit auf unser Herz aus. Dies ist einer der Gründe, weshalb wir das Herz als das Zentrum unseres emotionalen Seins betrachten. Wer einmal errötet ist oder Panik gespürt hat, weiß das aus eigener Erfahrung. Ein besonderer emotionaler Zustand geht gewöhnlich Hand in Hand mit erhöhtem Pulsschlag und einem Ansteigen des Blutdrucks. Wenn die Emotion abklingt, normalisieren sich Puls und Blutdruck im Körper wieder. Legt sich die Emotion jedoch nicht, bleibt das Herzkreislaufsystem ständig belastet, und es kann zu einer Behinderung des Brustausgangs kommen. Das Entspannen dieser Stelle trägt dazu bei, die körperliche Grundlage dieser Belastung aus dem Weg zu räumen, und öffnet auch die Möglichkeit zur Kontrolle der zugrundeliegenden emotionalen und psychischen Komponenten.

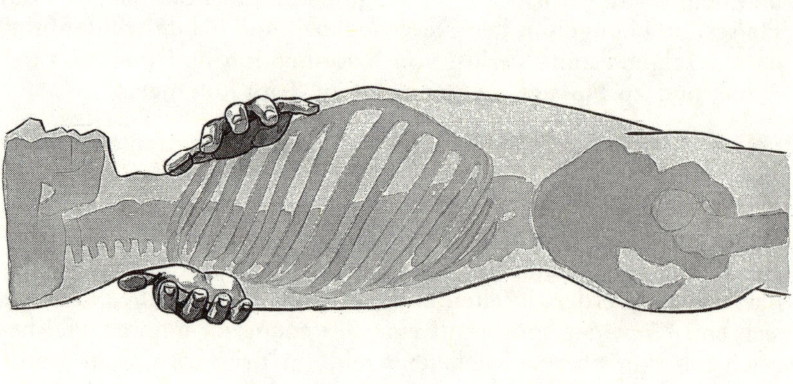

Abb. 4.6: Handstellung für das Entspannen des Brustausgangs

Die letzte Querbehinderung schließlich liegt am unteren *Schädelrand.* Wie beim Brustausgang gibt es auch hier keine echte Membran, doch bilden die Muskeln und Bänder, die am Schädelrand ansetzen, eine Zone der Querbehinderung. Verspannung an dieser Stelle ist oft die Quelle für Kopfschmerzen und eine mögliche Falle für die vom Gehirn austretenden wichtigen Nerven und Venen. Einengungen in der Region des unteren Schädelrands können einen Flüssigkeitsstau im Gehirn auslösen und die Nervenverbindung zwischen Körper und Gehirn beeinträchtigen. Der untere Schädelrand ist ein zentraler Punkt bei Körpertherapien wie zum Beispiel Upledgers *Kraniosakral-Therapie* oder DeJarnettes *Sakro-Okzipital-Technik.*

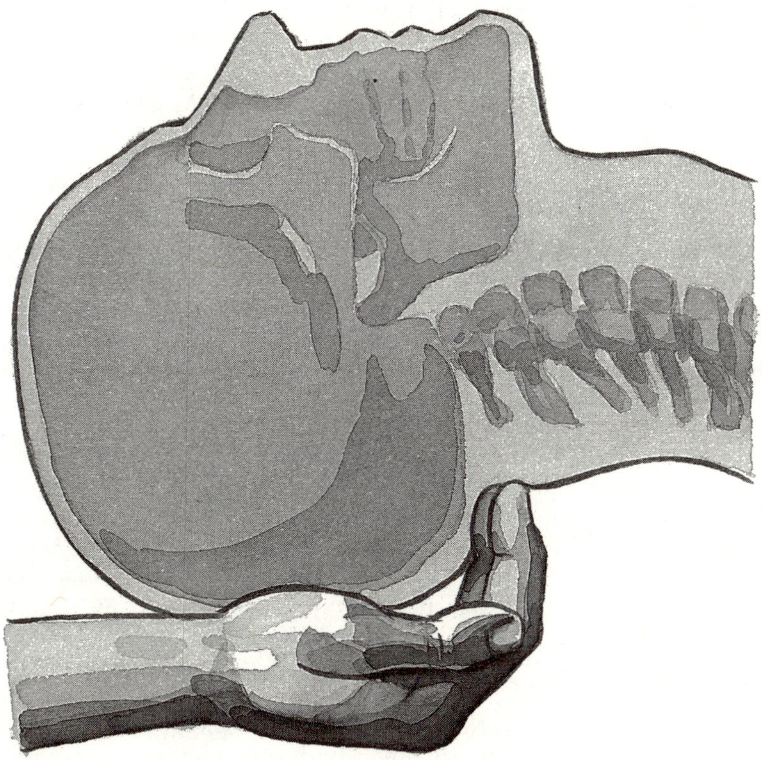

Abb. 4.7: Handstellung für das Entspannen des Schädelrands

Bei vielen Menschen ist diese Stelle sehr empfindlich, und zu ihrer Entspannung bedarf es großer Umsicht und Geduld. Es ist nicht möglich, auf den Schädelrand von vorn sanften Druck auszuüben. Doch besteht hier die Möglichkeit, die Außenseite Ihres Zeigefingers am Schädelrand entlang gleiten zu lassen, so daß der Schädel nach hinten in Ihre Hand sinken kann. Das Gewicht des Schädels streckt das weiche Gewebe an dieser Stelle dann behutsam und bringt es so zum Entspannen. Sie spüren, wie der Schädel tiefer sinkt, wie sich der oberste Teil der Wirbelsäule verlagert, und können oft beobachten, daß mit dem Freiwerden der Schädelbasis der Kopf von einer Seite zur anderen rollt.

Das Freiwerden dieser Stelle hilft bei Spannungskopfschmerzen, fördert die Nervenverbindung zwischen Gehirn und Körper und das Ablaufen von Flüssigkeit aus dem Gehirn und behebt eine falsche Ausrichtung der oberen Wirbelsäule. Das Freiwerden des Schädelrands löst auch die Blockierung der damit verbundenen emotionalen und psychischen Faktoren, so daß der Begleiter dem Reisenden auch bei der Bearbeitung dieser Aspekte beistehen kann.

Das *Entspannen der Querbehinderungen* ist nur eine der Techniken, die ein Begleiter bei der Arbeit am Körper eines Reisenden einsetzen kann. Zur Illustration der weitreichenden Folgen einfachen Handauflegens, das bei den physischen Symptomen beginnt und den Begleiter und den Reisenden auf die tieferliegenden emotionalen und psychischen Komponenten der Somatosynthese vorbereitet, habe ich das Verfahren hier so genau beschrieben.

Andere Techniken der Körperarbeit gehen ähnlich vor. Wilhelm Reich zum Beispiel, der die „Muskelpanzerung" für den körperlichen Ausdruck dahinter versteckter emotionaler Barrieren gegen das Empfinden von Freude und Aufregung im Leben hielt, entwickelte ein Verfahren zur Arbeit an dieser körperlichen Panzerung. Reich sprach von sieben Segmenten der Querbehinderung: Bekken, Unterleib, Zwerchfell, Brust, Hals, Mund und Kiefer, Augen. Upledger dagegen schlägt vier wichtige Querbehinderungen vor: Becken, Zwerchfell, Brustausgang, Schädelrand.

Natürlich kann es vorkommen, daß ich beschließe, nicht an den Querbehinderungen zu arbeiten, und statt dessen eine andere Methode der Körperarbeit anwende. Vielleicht wäre für die Verfassung eines bestimmten Reisenden eher eine Gelenkmobilisation angemessen, und ich würde eine der vielen Möglichkeiten zum Erreichen dieses Ziels anwenden.

Ein solches Verfahren, bei dem der Begleiter die Beweglichkeit der Gelenke in jede für den Körper erforderliche Richtung erleichtert, heißt *Freirollen.* Die Fußgelenke, Knie, Hüften, Schultern und der Hals sind Stellen, an denen sich das Freirollen oft als nützlich erweist; manchmal muß sich allerdings auch der gesamte Körper freirollen.

Beim Freirollen des Halses zum Beispiel halte ich den Kopf des Reisenden sanft in meinen Händen und folge jeder Bewegung, die an Kopf und Nacken auftritt. Der Kopf des Reisenden mag sich drehen und wenden, nach vorn oder hinten beugen, sich eine Zeitlang ständig bewegen und dann ruhen. Ich ermuntere den Körper

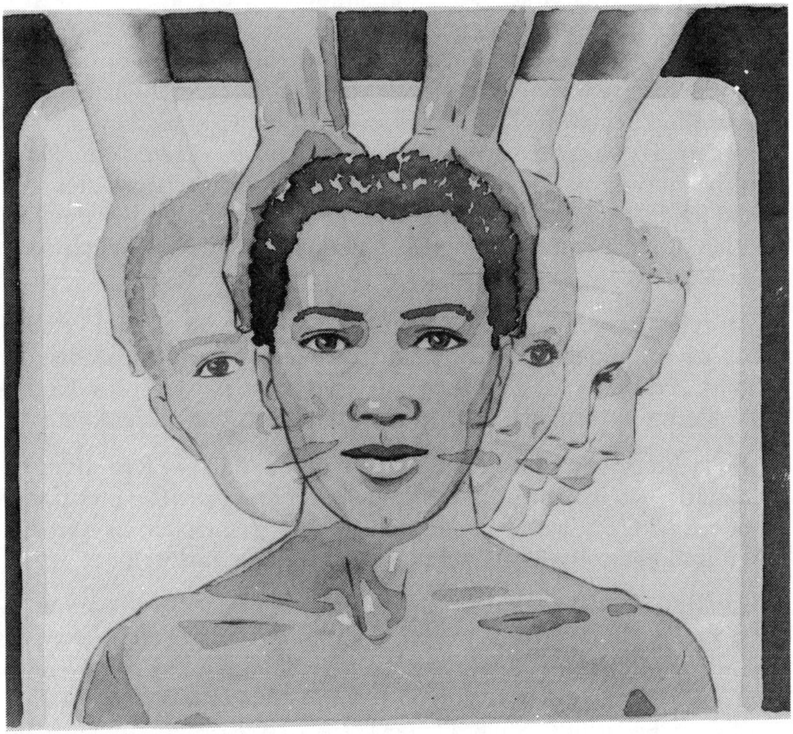

Abb. 4.8: Illustration des Freirollens. Kopf und Hals durchlaufen hier viele Bewegungen, während Anspannung, Schmerz und die emotionale Erinnerung an ein Trauma freigesetzt werden.

passiv, diesem Bewegungsmuster zu folgen, bis alle Bewegung aufgehört hat oder bis die angestrebte Beweglichkeit im Gelenk erreicht wurde.

Es ist dies wie ein Tanz, bei dem Sie sich vom Körper des Reisenden führen lassen. Es wird nichts erzwungen, wenn auch die Bewegung von Zeit zu Zeit sondiert wird: Manchmal bewege ich den Kopf des Reisenden andeutungsweise nach rechts, um zu sehen, ob die Bewegung von dort aufgenommen wird. Wenn nicht, schiebe ich ihn behutsam in eine andere Richtung und warte, bis der Körper des Reisenden sich wieder zu bewegen beginnt. Sobald der Reisende sich bewegt, folgt das Freirollen seiner eigenen choreographierten Logik. Die Bewegung kann einfach oder komplex sein, schnell oder langsam, ruckartig oder fließend.

Ich habe das Gefühl, daß ich allein durch das Halten eines Körperteils die unausgesprochene Botschaft übermittle, daß es in Ordnung ist, wenn dieser Körperteil das tut, was er für seine Heilung benötigt. Reisende berichten oft, daß sie das Gefühl haben, die Kontrolle über ihren Körper verloren zu haben – als bewege sich ihr Körper von ganz allein. Andere stellen die Technik in Frage und behaupten, ich löse die Bewegung aus. In solchen Fällen entferne ich einfach meine Hände eine Zeitlang vom Körper des Reisenden, so daß dieser bemerkt, daß sich sein Körper auch ohne mich bewegt.

Durch dieses Vorgehen scheint der Körper ein einmal erlebtes Trauma in umgekehrter Reihenfolge wiederzuerleben; daher der Name „Freirollen". Abbildung 4.8 zeigt am Beispiel des Kopfes eine häufig vorkommende Art des Freirollens von Gelenken.

Beim Freirollen ist es nicht ungewöhnlich, daß ein Reisender ein traumatisches Erlebnis und die damit verbundenen Emotionen wiedererlebt. So lassen sich die im Körper gespeicherten körperlichen und emotionalen Aspekte von Traumata auflösen.

Als Reiseleiter beschließe ich vielleicht, daß der Reisende nur einen *steten Druck* an einer oder mehreren Stellen seines Körpers braucht. In diesem Fall warte ich nicht unbedingt auf das Freiwerden, obwohl auch das vorkommen kann. Wie jede Form der Körperarbeit beeinflußt auch Dauerdruck den Körper auf verschiedene Weise: Körperstrukturen richten sich aus und ordnen sich neu, und er wirkt wie eine Druckmassage und als Reflexstimulation. Steter Druck mag dann nötig werden, wenn der Körper des

Reisenden sich der Konfrontation mit physischen oder psychischen Problemen zu entziehen sucht.

Es gibt zum Beispiel Reisende, die der Konfrontation mit den physischen und psychischen Schmerzen im Beckenbereich durch ein ständiges Bewegen ihres Beckens und unteren Rückens ausweichen. Steter Druck leistet dieser Bewegung einen festen, aber passiven Widerstand, „legt" den Reisenden damit auf diese Stelle „fest" und verhindert ein weiteres Ausweichen durch Bewegen. So wird der Körper des Reisenden dazu gebracht, sich mit den „auf der Hand liegenden" physischen und psychischen Problemen auseinanderzusetzen.

Mit stetem Druck kann man dem Reisenden auch über die Schwierigkeit beim Zusammenbringen der physischen und psychischen Komponenten eines Problems hinweghelfen. Eine sanfte, stete Hand auf der Brustmitte (in Herznähe) zum Beispiel kann diese Verbindung schaffen und die Reise ins Heil auf den Weg bringen.

Auch das menschliche *Energiefeld* reagiert auf Berührung. In der nachfolgend geschilderten Somatosythese-Sitzung ging ich die mit einer Schulterverletzung zusammenhängenden physischen und psychischen Probleme durch die Arbeit am Energiefeld der Reisenden an. Die Reisende war eine zweiundvierzigjährige Athletin namens Chris, die bis vor zwei Jahren an nationalen Schwimmwettbewerben teilgenommen hatte. Durch ein ungeschicktes Eintauchen ins Wasser prallte sie eines Tages auf die Seitenwand des Schwimmbeckens und zog sich dadurch eine schwere Schulterverletzung zu. Die ausgerenkte Schulter und der Bänderriß mußten operativ behandelt werden. Als ich sie zum ersten Mal sah, hatte sie bereits drei Schulteroperationen hinter sich. Sie hatte eine lange Operationsnarbe, die von der Schulter fast bis an ihren Bizeps reichte, und ihr rechter Arm war schmerzhaft versteift. Sie war verständlicherweise frustriert über die erfolglosen Operationen und darüber, daß sie seit zwei Jahren nicht mehr hatte schwimmen können.

Zu Beginn der ersten Behandlung tastete ich ihr Energiefeld ab. Ich hielt meine Hände mehrere Zentimeter über ihrem Körper und begann meine Beobachtung an ihren Füßen. Es fühlte sich an, als sei ihr Körper in ein unsichtbares Gewand eingehüllt, aber an ihrer Schulter war eine Leere. Nachdem ich ihr durch entsprechende

Anweisungen zum Entspannen verholfen hatte, versicherte ich mich ihrer Mithilfe bei der Arbeit an ihrer Schulter.

„Richten Sie Ihre Aufmerksamkeit auf Ihre rechte Schulter“, schlug ich vor, „und spüren Sie diese Körperstelle.“

Chris schwieg zuerst mehrere Minuten lang, dann äußerte sie, sie sehe Farben in ihrer Schulter.

„Da ist eine graue Stelle direkt über meiner Verletzung“, sagte sie, „darum herum ist es rot, und dann ist da ein kleiner gelber Fleck, der von der Seite her durchzudringen versucht.“

Farben sind schon seit jeher mit dem Überwachen und Modulieren des Energiefelds in Verbindung gebracht worden. Da Chris ihre Schulter visualisieren konnte, schien es angebracht, weiterhin an ihrem Energiefeld zu arbeiten. Ich fragte sie, welche Farbe wohl in Wirklichkeit zu ihrer verletzten Schulter gehöre.

„Grün“, antwortete sie. „Das ist eine Farbe, die ich mit Leben und Heilen verbinde.“

Ich nahm ihre Schulter zwischen meine Hände und visualisierte einen Fluß von Grün dazwischen. Auch Chris visualisierte dieses Grün und beschrieb, was sie in ihrer Schulter fühlte.

„Ich sehe eine Welle nach der anderen in verschiedenen Grüntönen“, berichtete sie. „Die graue Stelle scheint zu verschwinden, und ich fühle, daß Stärke in meine Schulter zurückkehrt.“

Nachdem wir zehn Minuten lang Grün in ihrer Schulter visualisiert hatten, bat ich Chris, sich nun auf ihre unverletzte linke Schulter zu konzentrieren.

„Wie fühlt es sich an, wenn Sie an diese Schulter denken?“ fragte ich.

„Das ist merkwürdig“, sagte sie, „ich habe so lange nur auf meine verletzte Schulter geachtet, daß ich beinahe vergaß, daß ich noch eine zweite Schulter habe. Meine linke Schulter fühlt sich stark an, und ich fühle, daß sie der rechten wirklich helfen will. Tatsächlich“, fügte sie hinzu, „ich sehe, wie meine linke Schulter meiner rechten die Farbe Grün zusendet.“

Chris bemerkte nun, daß beide Schultern ganz unterschiedliche Botschaften in sich trugen. Die rechte Schulter repräsentierte die steife, unbewegliche, traumatisierte Persönlichkeit, die sie in der

Vergangenheit gewesen war. Die linke Schulter war stark und vital, aber auch flexibel – die Person, die sie in Zukunft sein könnte. Eine Schulter zeigte, was sie gewesen war, und die andere, was sie zukünftig sein könnte.

Dieses Drama zwischen ihrer Vergangenheit und ihren Zukunftschancen spielte sich auch in anderen Bereichen ihres Lebens ab. Chris war gerade dabei, wieder „auf die Füße zu kommen" nach einer Scheidung, die zufälligerweise wenige Stunden nach ihrem Unfall abgeschlossen worden war. Sie hatte kürzlich ihr Studium beendet, eine Stelle gefunden und begann nun, sich wie eine starke, unabhängige Frau zu fühlen. Der durch ihre Schultern repräsentierte Kontrast zwischen den einander widerstrebenden Teilen ihrer selbst entging ihr nicht. Zum Abschluß dieser ersten Sitzung bat ich sie zu überlegen, wie sie diese Einsicht in ihr Leben einbeziehen könne.

„Ich habe nie auf diese zwei Seiten meiner Persönlichkeit geachtet", bemerkte sie. „Die Verletzung scheint mich in meinem vergangenen Selbst festzuhalten. Wenn ich an meinen Körper denke, denke ich immer nur an meine rechte Schulter, nie an meine linke, und ich denke an die Person, die ich einmal war. Ich bin diese Person nicht mehr, und ich will diese Person auch nicht mehr sein. Ich will dieses frühere Selbst loslassen und mich zu der starken Frau entwickeln, die meine linke Schulter repräsentiert. Ich glaube, ich muß mein Leben auf genau die gleiche Weise heilen wie meine Schulter. Wenn ich ab jetzt an meine Schultern denke, werde ich zuerst an die linke denken und mit dieser Schulter meiner rechten bei ihrer Heilung helfen. Ich kann Grün von meiner linken Schulter in die rechte schicken und ihr bei der Heilung helfen."

Glücklicherweise hatten wir die Botschaft in Chris' Körper entschlüsseln können. Beim Abschied hatte sie viel weniger Schmerzen in der Schulter und viel mehr Zutrauen in bezug auf das, was sie zum Heilwerden brauchte.

Freisetzen von Querbehinderungen, Freirollen, Dauerdruck und *Modulation des Energiefelds* demonstrieren, wie sich menschliche Berührung auf verschiedene Weisen therapeutisch einsetzen läßt. Jede repräsentiert eine andere Art, wie ein Begleiter mit einem Reisenden arbeiten kann. Wenn es dem Bedürfnis des Reisenden angemessen scheint, beziehe ich sie alle vier in eine einzige Somatosynthese-Sitzung ein; das geschieht verhältnismäßig häufig.

Natürlich stehen uns für die therapeutische Berührung noch weit mehr Techniken zur Verfügung. Den oben vorgestellten Techniken jedoch ist gemeinsam, daß sie sich leicht in die Somatosynthese-Behandlung einbeziehen lassen, denn es handelt sich jedesmal um ein minimales Eingreifen, das die Entfaltung des Heilungsprozesses von innen her anregt. Verglichen mit dem Aufstacheln eines verspannten Muskels oder dem kräftigen Druck zur Korrektur der Ausrichtung der Wirbelsäule schmeicheln die bis jetzt erwähnten Techniken dem Körper und versuchen nicht, ihn zu bezwingen; sie deuten eine Möglichkeit an und bürden nicht eine Gewißheit auf; sie verlangen vom Reiseleiter, daß er ein bescheidener Diener ist und nicht der allwissende Diktator; und sie legen großen Wert auf den inneren Kompaß des Reisenden, was auf der Reise ins Heil immer einen Schritt in die richtige Richtung bedeutet.

Im menschlichen Körper erreicht leichter Druck oft mehr als starker. Und es gibt tatsächlich ein biologisches Gesetz, das diesen paradoxen Glauben untermauert. Es heißt das *Arndt-Schultz-Gesetz*, nach den beiden deutschen Ärzten, die es 1899 zuerst beschrieben, und besagt:

> „Leichte Reize fördern die Funktion biologischer Systeme; mäßige Reize hemmen die Funktion biologischer Systeme, und starke Reize stoppen die Funktion biologischer Systeme."

In der Somatosynthese-Arbeit sucht der Begleiter durch minimales körperliches Eingreifen die Fähigkeit zur Selbstheilung im Reisenden anzuregen.

Manchmal ist es notwendig, daß ein Begleiter die Richtung angibt – einen Knochen von einer Lage in die andere zwingt, darauf besteht, daß sich ein Gelenk über die Hemmschwelle hinaus bewegt, oder mit einem verspannten Muskel kämpft, bis dieser aufgibt. Wenn das geschieht, fühle ich mich wie ein Reisebegleiter, der nicht wirklich verstanden hat, was der Körper des Reisenden braucht, so daß die Genesung dann nach meinem Gutdünken fortschreiten muß. Ich habe auch das Gefühl, daß ich, wenn ich körperliche Veränderungen erzwinge, nicht immer den notwendigen Raum lasse, in dem sich die tieferen physischen und psychischen Fragen zeigen und gleichzeitig verändern können.

Unsere Körperhaltung läßt sich schneller verändern als unsere geistige Einstellung – der Körper heilt schneller als der Geist. Das Ziel der Somatosynthese besteht darin, Geist und Seele durch den Körper anzurühren und sowohl Körper als auch Geist und Seele auf einer Reise in die Gesundheit und Ganzheit zu begleiten.

5

Berührung von Seele, Geist und Emotionen durch den Körper

„Der Körper ist der Tempel der Seele", sagt ein östliches Sprichwort. Und wenn der Tempel gut gepflegt wird, blüht die menschliche Seele auf. So ist es auch in der Somatosynthese: durch den Körper suchen wir die Seele – durch Soma finden wir Psyche. Die Pflege des Körpers ist nur der erste Schritt der Somatosynthese, der zweite besteht darin, der menschlichen Seele zum Aufblühen zu verhelfen. Die Arbeit mit dem physischen Körper des Reisenden ebnet nur den Weg zum Erreichen des psychischen Hintergrundes. Wenn dieser Hintergrund gefunden ist, wird es dem oder der Reisenden möglich, seine oder ihre angeborene Ganzheit zu erspähen, die Hindernisse auf dem Weg zum Erreichen dieser Ganzheit zu erkennen und die inneren Kräfte zum Überwinden dieser Behinderung zu entwickeln. Das ist die wahre Heilungsreise der Somatosynthese, eine Reise, die sich auf den Einsatz von menschlicher Berührung stützt. Durch Berührung stillen der Reisende und sein Begleiter nicht nur die Bedürfnisse des physischen Körpers, sondern erlangen auch Zugang zum innersten Heiligtum der Psyche.

Es ist erstaunlich, wie sich durch den Körper ein Zugang zur Psyche schaffen läßt. Dieser Vorgang reicht vom einfachen In-Berührung-Bringen des Reisenden mit den seelisch-geistigen Bildern hinter den physischen Symptomen bis zu einer tiefgreifenden Erforschung der verzwickten Natur der Menschenwesen. Auch hier habe ich eine direkte Methode für das Erreichen der Psyche durch den Körper gewählt – eine, die herausstellt, wie leicht und natürlich dieser Prozeß von sich aus ist. Ich vermeide es, die tatsächliche Technik unter einer schwergewichtigen psychologischen Theorie zu vergraben, denn der Reisebegleiter bei der Somatosynthese ist kein Psychotherapeut und soll auch nicht versuchen, die Psychotherapeuten nachzuahmen. Wenn man sich der Psyche durch Berührung nähert, ist das anders, als wenn dies durch ein Gespräch geschieht. Oft läßt sich in einigen Augenblicken der Berührung erledigen, was mehrere Sitzungen therapeutischen Dialogs erfordern würde.

Das erinnert mich an eine Sitzung mit einer meiner Patientinnen, einer Frau von ungefähr vierzig Jahren mit einer vielversprechenden beruflichen Karriere, die seit ihrer Pubertät ein sehr robustes, reserviertes, intellektuelles Auftreten angenommen hatte, mit dem sie ein tiefsitzendes Gefühl der Verletzbarkeit und des Alleinseins überdeckte. Ihre Eltern waren gestorben, als sie acht Jahre alt war, und sie war ihr ganzes Leben lang von einem Haushalt zum nächsten abgeschoben worden. Ihre außergewöhnliche Intelligenz ließ sie beim intellektuellen Wortgefecht auftrumpfen, aber auch ihre wahren Gefühle verstecken. Wenn sie ihren Emotionen zu nahe kam, ließ sie einen Schwall intellektueller Argumente los und vermied so, sich mit dem, was sie fühlte, direkt auseinanderzusetzen. Es war nicht überraschend, daß sich diese Frau mit der herkömmlichen Psychotherapie schwertat, und sie gab zu, in den vergangenen Jahren mehrere Psychiater „durchgemacht" zu haben. Sie kam zu mir, weil Schmerzen im mittleren Rücken ihr das Atmen erschwerten.

Ohne ein Wort zu sagen, übte ich auf ihren mittleren Rücken einen festen und stetigen Druck aus und gab diesen auch dann nicht frei, als sie darauf bestand, ich tue ihr weh. Statt dessen forderte ich sie auf, sich auf die Stelle unter meiner Hand zu konzentrieren und ihre Konzentration zu steigern, wenn es schmerzhafter werde. Sie tat dies und begann Augenblicke danach zu weinen, wobei ihr Brustkorb bei jedem Schluchzer wogte und ihr Rücken sich vom

Behandlungstisch hochwölbte. Unter Tränen gestand sie mir ein, wie satt sie es habe, diesen intellektuellen Panzer aufrechtzuerhalten, und daß sie eigentlich nichts anderes wolle, als sich mit den Leuten in ihrer Umgebung verbunden zu fühlen. Die Muskeln in ihrem Rücken entspannten sich beim Weinen, und als sie ausgeweint hatte, war sie schmerzfrei.

Sie war also mit ihren Emotionen in Berührung gekommen, was sie sich jahrelang nicht erlaubt hatte. Die Sitzung endete, aber die Reise ins Heil hatte gerade erst begonnen. Diese Frau hatte endlich den ersten Schritt auf der Reise getan. Ich bezweifle, daß sich durch Sprechen allein so vieles in so kurzer Zeit hätte erreichen lassen. Berührung dringt, wenn man sie klug, aber bestimmt einsetzt, auch dort durch, wo Worte nicht hinreichen.

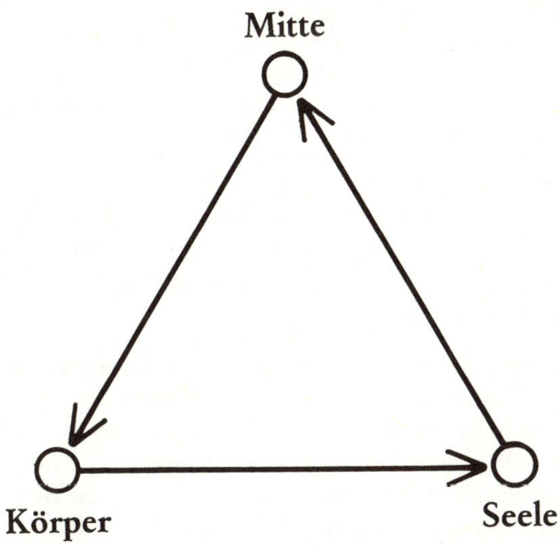

Abb. 5.1: Die Straßenkarte der Somatosynthese illustriert die Heilungsreise vom Körper über die Psyche zur Mitte.

„Straßenkarte" für die Reise ins Heil

Abbildung 5.1 ist ein Abriß einer Somatosynthese-Sitzung – gleichsam die Straßenkarte der Reise, auf die sich Reisender und Begleiter begeben. Die drei wichtigen Punkte auf dieser Karte sind in der Reihenfolge ihres Auftretens auf der Somatosynthese-Reise angeordnet. Der Körper (Soma) ist offensichtlich der Ausgangspunkt. Wir beginnen mit dem Körper, denn die Somatosynthese-Reisenden beginnen ihre Therapie gewöhnlich aus Besorgnis über körperliche Beschwerden, und der Begleiter beschäftigt sich mit diesen durch Berühren.

Im vorherigen Kapitel betrachteten wir die unterschiedlichen Arten, wie ein Reisebegleiter mittels Berührung am Reisenden arbeitet und so die Somatosynthese-Reise beginnt. Einmal begonnen, liegt es in der Verantwortung des Begleiters, die Reise durch alle Punkte der Karte zu steuern. Der erste Abschnitt der Somatosynthese-Reise ist die Wegstrecke vom Körper zur Seele – das Thema dieses Kapitels. Um diesen Abschnitt hinter sich zu bringen, muß der Begleiter dem Reisenden dabei helfen, die psychischen Probleme zu erreichen (die Gedanken, Emotionen und Gefühle), die in Verbindung mit den Stellen am Körper des Reisenden stehen, an denen gearbeitet wird.

Bei der Ankunft an diesem zweiten Punkt (Psyche) arbeitet der Begleiter weiter am Körper des Reisenden und hilft dem Reisenden zur Einsicht und zum Verständnis der psychischen Elemente der Reise ins Heil. Doch strebt die Somatosynthese nach mehr als nur nach tieferem Zugang zur Psyche.

In der zweiten Phase der Reise hilft der Begleiter dem Reisenden, von der Psyche zur Mitte fortzuschreiten. Die Mitte ist eine Stelle im Reisenden, die sich von Körper, Gedanken und Gefühlen unterscheidet. Wir werden später mehr über die Mitte erfahren, wenn wir den zweiten Teil der Somatosynthese-Reise besprechen. Jetzt erläutere ich sie nur kurz durch das Erlebnis eines von mir begleiteten Reisenden.

*

Arlan war ein Mann Ende Vierzig, der wegen Schmerzen in der linken Schulter zu mir kam. Nach einer Entspannung und inneren Reflexion beider Schultern bemerkte Arlan, der Schmerz in seiner linken Schulter spiegele seinen Widerstand gegen das Erforschen verdrängter Gefühle, die sich auf die körperliche Mißhandlung durch seinen Vater bezogen, die er in seiner Kindheit erlebt habe. Als er sich auf seine rechte Schulter konzentrierte, wurde er einer „Auf geht's"-Energie gewahr, die diese Situation direkt angehen und endlich hinter sich bringen wollte. Ich griff körperlich ein, um Arlans linker Schulter zu helfen, und bat ihn, jeder Schulter eine Stimme zu verleihen und darauf zu achten, was sie zu sagen habe.

„Da drin ist es wie im Irrenhaus", bemerkte er. „Wenn eine sagt ‚Auf geht's!', dann sagt die andere ‚Halt!' Los! Halt! Los! Halt!" sagte er frustriert, „so geht das hin und her."

Arlan blieb ungefähr zehn Minuten lang in diesem Zustand der Verwirrung zwischen den beiden Stimmen. Dann rief er, anscheinend aus dem Nirgendwo, mit ungewöhnlich lauter Stimme:

„Genug jetzt! Jetzt sage *ich*, was zu geschehen hat!"

Diese Stimme war Arlans Mitte. Mit ihr war er schließlich in der Lage, diese beiden streitenden inneren Stimmen unter Kontrolle zu bringen und die Herrschaft über die Kräfte zu gewinnen, die seine Schulterschmerzen verursachten.

Die Funktion dieser Mitte ist es, die Synthese von Soma und Psyche herbeizuführen. In Arlans Fall waren sowohl Soma als auch Psyche innerlich gespalten, und die Aufgabe der Mitte bestand darin, wie ein Vermittler zwischen zwei Parteien oder ein Elternteil, der den Streit zwischen rivalisierenden Geschwistern schlichtet, Ordnung zu schaffen. So besteht der zweite Schritt darin, dem Reisenden auf der zweiten Wegstrecke der Somatosynthese-Reise beim Auffinden seiner Mitte zu helfen. Im letzten Schritt des Prozesses wird der Reisende dann veranlaßt, diese Mitte zur Synthese von Soma und Psyche einzusetzen.

Damit haben wir eine Beschreibung der Somatosynthese-Karte – eine Übersicht über die Reise von Soma zu Psyche, zur Mitte und wieder zurück. Wenn wir diese Karte lesen, sollten wir uns Korzybskis Worte vor Augen halten, die besagen: „Die Karte ist nicht das Terrain." Denn das Terrain, das auf jeder Heilungsreise durchquert wird, ist für jeden Reisenden einzigartig und wird von jedem Begleiter auf seine eigene Weise „navigiert".

Zu den wenigen Voraussetzungen, von denen wir dabei ausgehen, gehört die besondere Art der Beziehung zwischen Begleiter und Reisendem, die auf dem Glauben an den inneren Prozeß des Reisenden beruht: Das Wissen darum, daß in jedem Reisenden eine „innere Weisheit" vorhanden ist, eine „angeborene Intelligenz", ein „höheres Selbst", das ständig nach Ganzheit und Erfüllung sucht. Die Natur zeigt uns diesen grundlegenden Aspekt des Lebens. Wir glauben, daß ein Samenkorn Wurzeln schlägt und zu einer Pflanze heranwächst; daß die Pflanze Knospen treibt und blüht; daß die Blüten ihre Blütenblätter immer nach dem Licht drehen.

In der Natur brauchen wir nichts weiter zu tun, als die Pflanze zu pflegen und zu hegen – ihre innere Weisheit wird den Augenblick des Aufblühens bestimmen. Bei der Arbeit mit der menschlichen Natur gilt eine ähnliche Wahrheit: Wir brauchen nichts weiter zu tun, als den Wachstumsprozeß zu fördern und zu unterstützen, während eine innere Weisheit die Art und den Zeitpunkt der Entfaltung diktiert. Ein Reisebegleiter kann einen Reisenden genausowenig zu einer Somatosynthese-Reise zwingen, wie er eine Rose zum Aufblühen zwingen kann. Wenn wir den inneren Prozeß von Pflanze und Mensch respektieren, auf ihn vertrauen und an ihn glauben, dürfen wir an ihrer Entfaltung teilhaben, aber nicht sie steuern.

Auf ähnliche Weise würdigen wir auch den inneren Prozeß des Begleiters. Denn die innere Weisheit des Begleiters ermöglicht es dem Reisenden, seine eigene zu entdecken. Die Sensibilität des Begleiters für die Bedürfnisse des Reisenden bringt die Reise voran. Ein Reisender ist wie eine Pflanze und der Begleiter wie ein Gärtner. Und wie jeder wahre Gärtner weiß der Begleiter, was die Pflanze an Boden, Wasser und Licht braucht, und läßt ihr von allem nicht mehr und nicht weniger zukommen, als ihrem Wachstum förderlich ist.

Damit sich der Begleiter auf die Bedürfnisse des Reisenden einstimmen kann, muß er während der Somatosynthese-Reise Augen und Ohren offenhalten (*open focus*). Darunter verstehe ich, daß sich der Begleiter im Verlauf der Reise ständig fragt: „Was taucht hier auf und wie verhelfe ich dem Reisenden zum nächsten

Schritt?" Die Antworten auf diese Frage ermöglichen es dem Begleiter, die Richtung der Reise festzulegen.

Open focus, erweiterter Blickwinkel,– das klingt wie ein Widerspruch an sich, denn normalerweise assoziieren wir mit *Fokussieren* das Einengen unseres Blickwinkels und unserer Perspektive. Ein „offener Fokus" verhilft dem Begleiter jedoch zu einem verbreiterten Blickfeld und einer weiteren Perspektive der Route, die der Reisende auf seiner Reise ins Heil einschlagen kann.

Autofahren ist ein gutes Beispiel für einen offenen Fokus in Aktion. Wenn Sie Auto fahren, fokussieren Sie (konzentrieren Sie sich) immer so weit nach vorn, daß Sie ein Gefühl für das entwikkeln, was als nächstes kommt. Wenn Sie sich nur auf das Straßenstück direkt vor Ihnen konzentrieren, schränkt das Ihr Blickfeld ein und erlaubt Ihnen nicht, sich auf eine Kurve oder eine Umleitung vorzubereiten. Andererseits entgeht Ihnen, was direkt vor Ihnen geschieht, wenn Sie sich beim Fahren zu weit nach vorne konzentrieren. Ein offener Fokus richtet Ihr Blickfeld auf genau die richtige Distanz ein: Sie behalten Ihr waches Bewußtsein dessen, was möglich ist, und sind doch imstande, alles zu sehen, was von Augenblick zu Augenblick beim Reisenden vor sich geht. Dies ermöglicht es dem Begleiter, ständig auf den Reisenden einzugehen und den weiteren Fortschritt der Heilungsreise durch Soma und Psyche zu steuern.

Die drei Schlüsselelemente dieser Reise über den Körper hinaus sind: die Straßenkarte der Somatosynthese, die innere Weisheit des Reisenden und seines Begleiters und der offene Fokus des Begleiters. Wenn er dies im Kopf behält, kann der Begleiter für die Reise von Soma zur Psyche, zur Mitte und zurück viele verschiedene Techniken einsetzen. Die Techniken, die ein Somatosynthese-Begleiter einsetzen kann, richten sich ganz natürlich nach der jeweiligen Phase dieser Reise ins Heil, und wir können sie so auch Schritt für Schritt untersuchen.

Vom Körper zur Seele

Die Reise über den Körper hinaus beginnt, wenn der Reisende und sein Reisebegleiter sich vom Körper zur Psyche hin bewegen. Hier erhascht ein Reisender den ersten Blick auf eine Realität, die über die körperliche Verfassung hinausgeht. Um Zugang zum Bereich der Psyche zu erlangen, muß man entspannt sein und seine innere Aufmerksamkeit auf die feine, nichtkörperliche Qualität der Gefühle und Gedanken richten. Der Begleiter hat durch das Abtasten und den therapeutischen Einsatz von Berührung schon eine Verbindung zum Reisenden hergestellt. Die stetige Berührung hilft dem Reisenden, sich zu entspannen, und die mit Bedacht gewählten Worte des Begleiters vertiefen diese Entspannung und lenken die Aufmerksamkeit des Reisenden nach innen.

Ich benutze am liebsten den Atem des Reisenden als Mittel zur Entspannung und Konzentration. Normalerweise geleite ich den Reisenden durch drei Stadien dieses Prozesses: Entspannung des Körpers und des Geistes, dann Blick nach innen (*inner focus*). Zuerst fordere ich den Reisenden auf, die Augen zu schließen, sich auf seinen Atem zu konzentrieren und diesen ganz natürlich tiefer werden zu lassen. Dann ermuntere ich den Reisenden dazu zu spüren, wie jeder Atemzug den Körper ein wenig mehr entspannt. Ich habe dabei üblicherweise meine Hände auf dem Körper des Reisenden, so daß ich die Entspannungsreaktion leicht überwachen kann. Diese Reaktion beinhaltet fast immer ein bemerkenswertes Abfallen der Atemgeschwindigkeit, hörbare Seufzer der Erleichterung und Muskelzucken.

Jenseits des Körpers liegt das Geistig-Seelische. Zu *seiner* Entspannung ist mehr Feingefühl erforderlich, wenn man von dem ständigen Gedankenfluß in unserem Bewußtsein ausgeht. Auch hier ist der Atem ein wertvolles Werkzeug. Ich bitte den Reisenden, das rhythmische Muster seines Atems zu beobachten, ohne diesen zu steuern. Dann biete ich dem Reisenden ein geistiges Bild an, bei dem die Stille des Geistes auch durch das Vorhandensein von Gedanken nicht gestört wird: die Vorstellung, Gedanken seien Wolken, die an einem stillen Sommertag vorbeiziehen, oder der Geist sei ein Blatt, das auf einem stillen Teich treibt, während die Gedanken als Wellen die Wasseroberfläche bewegen.

Solche Bilder sind besonders für Reisende wertvoll, die sich übermäßig mit ihrem Intellekt identifizieren. Jedes Mal, wenn ich spüre, daß ein Reisender mit der Trennung von Gedanken und Gefühlen kämpft, schlage ich beispielsweise vor, daß er zu diesem Bild zurückkehrt. Wenn der Geist entspannt ist, wird der Unterschied zwischen beiden klarer.

Das Entspannen des Geistes ist auch eine Vorbereitung für das Nach-innen-Richten der Aufmerksamkeit. Um dieses Wenden nach innen zu erreichen, fordere ich den Reisenden auf, die „Mitte seines Seins" zu finden, eine metaphorische Stelle, die sich mit geschlossenen Augen leicht finden läßt, wenn man sich die Frage stellt: „Wo liegt mein Mittelpunkt?" Als Antworten finden sich häufig – so einzigartig sie dem einzelnen auch erscheinen mögen – die folgenden: „Die Stelle zwischen meinen Augen", „die Mitte meiner Brust", „mein Solarplexus" oder „die Mitte meines Bauches". Wenn er ihn entdeckt hat, wird der Reisende ermuntert, sich dieses „Mittelpunktes" mehr bewußt zu werden. Beim weiteren Verlauf einer Somatosynthese-Sitzung wird dies der Punkt, zu dem ein Reisender immer wieder zurückkehren kann, um die auftauchenden Konfliktpunkte der Heilungsreise zu integrieren und zur Synthese zu bringen.

Reisender und Reisebegleiter erleben oft eine wesentliche Veränderung in der Atmosphäre der Reise, wenn der Mittelpunkt gefunden ist. Das Entspannen von Körper und Geist wird dann zu mehr als nur zum Loslassen von Muskeln und Gedanken. Das Entwickeln eines Blickes nach innen führt zu mehr als nur zum Denken an eine Körperstelle. Die Veränderung des Bewußtseins von Reisendem und Begleiter ist so deutlich spürbar wie der Übergang von einem klimatisierten Büro hinaus in einen schwülen Sommertag.

Oft ist der Begleiter der erste, der diesen Wechsel bemerkt. Die Wechselbeziehung des Prozesses ist offensichtlich. Wenn der Begleiter den Reisenden berührt und ihn durch die aufeinanderfolgenden Stadien der Entspannung und des inneren Schauens leitet, entspannt auch er sich und richtet auch er seine Aufmerksamkeit nach innen. Ein unerklärliches Band zum Reisenden ist spürbar: durch Berühren scheint die physische Grenze zwischen den beiden zu verschwinden, und ein über den Körper hinaus reichendes Band entsteht. Wenn der Begleiter dem Reisenden dabei hilft, seine Mitte zu erreichen, findet er auch seine eigene. Es herrscht das Gefühl, daß beide durch diese Punkte des inneren Bewußtseins verbunden sind und der echte Austausch beginnen kann. Die innere Weisheit des Begleiters und die innere Weisheit des Reisenden scheinen ohne Worte, aber vollkommen klar und mit vollkommenem gegenseitigem Verständnis frei miteinander zu kommunizieren, als seien sie durch ein Telefon verbunden – ein

Erlebnis, das oft durch eine leichte Euphorie charakterisiert ist. Diese tiefe „Kommunion“ ist ein Urquell des Wissens für beide Reisenden: Der Begleiter kann daraus entnehmen, wie die Reise ins Heil gesteuert werden soll, für den Reisenden liefert sie den Zugang zu den tieferen Fragen und Einsichten, die die Reise erfordert.

Dieser Wendepunkt wird nicht immer so früh erreicht, wie ich beschrieben habe, sondern ist ein kritischer Teil der Somatosynthese-Arbeit. Er kennzeichnet – ob er nun früh oder spät erreicht wird – einen Punkt, an dem sich Begleiter und Reisender aufeinander einlassen, einen Punkt mit maximalem therapeutischem Potential. Ich glaube, daß an diesem Wendepunkt beide einen Wandel des Bewußtseins erleben, der gewöhnlich als ein *veränderter Bewußtseinszustand* (VBZ; Original: *alternative or altered state of consciousness, ASC*) bezeichnet wird.

Das Einzigartige an der Somatosynthese ist, daß dieser VBZ durch Berühren erreicht wird. Ich nannte ihn deshalb einen *durch Berühren erweiterten Bewußtseinszustand* (DBEBZ; Original: *touch-induced altered state of consciousness, TASC*). Durch die Aussagen von Testpersonen und die objektiven Messungen wissenschaftlicher Instrumente verfügen wir über ein beträchtliches Wissen in bezug auf veränderte Bewußtseinszustände. Dieses Wissen läßt uns die Bedeutung des DBEBZ in der Somatosynthese leicht verstehen.

Entscheidende Veränderungen im Bewußtsein (VBZ) während einer Therapie lassen sich nicht nur bei der Somatosynthese wahrnehmen. Der Psychologe Eugene Gendlin nannte diesen subjektiven Wandel „spürbare Veränderung“, und sein gesamter psychotherapeutischer Ansatz dreht sich um dessen Induktion. Später zeigten Forschungen, daß es tatsächlich objektive Korrelationen zu diesem Phänomen gibt: Die Gehirnwellenaktivitäten von Therapeuten und Klienten wurden jeweils für die Dauer einer ganzen Psychotherapie-Sitzung unabhängig voneinander aufgezeichnet, und die Sitzungen wurden auf Video aufgenommen. Nach den Sitzungen wurden Therapeuten und Klienten getrennt befragt, an welchem Punkt die Sitzung ihrer Meinung nach am wirksamsten gewesen sei. Die Aufzeichnungen der Gehirnwellen zeigten an diesen Punkten einen unerwarteten Grad an synchroner Aktivität von Therapeuten und Klienten.

Shealy und Green kamen zu einer noch bemerkenswerteren Erkenntnis, als sie die bekannte Heilerin Olga Worrall bei der Fernbehandlung einer Testperson überwachten. Worrall saß in einem Zimmer, die Testperson saß ungefähr zehn Meter entfernt in einem anderen, durch eine Wand abgetrennten Raum. Sowohl Worrall als auch die Testperson waren an komplizierte Aufzeichnungsgeräte angeschlossen, die sowohl die Gehirnwellenaktivität als auch die Herzgeschwindigkeit und den Atem überwachten. In genau dem Augenblick, in dem Worrall sagte, sie lege jetzt „im Geiste" ihre Hände auf den Körper der Versuchsperson, zeigten die Aufzeichnungen einen dramatischen gleichzeitigen Wechsel der überwachten Funktionen – Gehirnwellen, Herzschlag und Atem veränderten sich gleichzeitig bei beiden in die gleiche Richtung.

Sogar unsere Alltagserfahrung enthält vertraute Beispiele von VBZ. Der Unterschied zwischen unserem normalen Wachbewußtsein und dem Zustand des Halbwachseins, der dem Schlaf vorangeht, ähnelt dem Wandel, den Begleiter und Reisender während eines DBEBZ erleben. Ein „Aha-Erlebnis", das wie ein „Geistesblitz" ein zähes Problem löst, ist ein anderes Beispiel eines solchen Wandels des Bewußtseinszustandes. Sportler berichten oft von solchen Veränderungen im Bewußtseinszustand: das „Hoch" des Langläufers, die „heiße Hand" des Basketballspielers, der Kegler, der eine Serie schiebt, oder der Rhythmus des Baseballspielers sind solche Beispiele.

Das verbreitetste Beispiel dieses Wandels taucht in der Unterhaltung zweier Personen auf. Wir alle kennen das Erlebnis des „Aneinander-vorbei-Redens", wenn Worte ausgetauscht werden, jedoch keine Kommunikation zustande kommt. Doch dann kommt es an einem bestimmten Punkt plötzlich zu diesem Wechsel, und man hat das Gefühl: „Jetzt hab ich's" und die Empfindung, den anderen wirklich zu verstehen, und ein Weitersprechen wird überflüssig.

Alle diese Beispiele sind Hinweise darauf, daß der Körper und der Geist zusammenarbeiten und den Zugang zu einem anderen Bewußtseinszustand ermöglichen: zu einem Bereich, in dem Gedanken, Gefühle und Handeln möglich sind, die über das normalerweise für möglich Gehaltene hinausgehen. Bei einer Somatosynthese-Sitzung wird dieser Zugang, obwohl weder dem Begleiter noch dem Reisenden garantiert, oft für beide möglich – durch die menschliche Berührung.

Menschliches Berühren ruft häufig einen erweiterten Bewußtseinszustand hervor – ein Phänomen, das den meisten Körpertherapeuten und Psychotherapeuten entgeht. Ich habe oft selbst beobachtet, wie ich und mein Reisender schon nach fünfundzwanzig bis dreißig Sekunden in den DBEBZ schlüpften. Der DBEBZ kommt wie andere veränderte Bewußtseinszustände durch die Koordination von Körper und Geist zustande. Berührung entspannt den Körper und überschreitet die Einschränkungen, die uns der Geist üblicherweise auferlegt. Wenn ich jemanden berühre, bin ich nicht mehr das kleine, durch meine Haut gebundene Selbst. Wenn ich jemanden berühre, wird der Reisende zu einer Erweiterung meiner selbst, und ich werde eine Erweiterung des Reisenden.

Die menschliche Berührung – mag sie nun kaum wahrnehmbar das Energiefeld berühren oder tief im Körperinnern zu spüren sein – impliziert, daß wir mehr sind als nur ein getrenntes, bruchstückhaftes Selbst. Die Reisenden berichten oft, daß sie nicht mehr spüren, wo ihre Haut endet und meine beginnt. Und oft fühlen wir uns beide „in der Berührung verloren", wenn unsere Erfahrung von Zeit und Raum neue, unheimliche Eigenschaften annimmt.

Es mag so scheinen, als ziehe sich die Zeit zusammen oder als dehne sie sich aus: „Die Zeit verging so langsam" oder „Ich kann nicht glauben, daß ich schon so lange hier bin, es fühlt sich an, als seien erst ein paar Minuten verstrichen", hört man oft von Reisenden und auch von Begleitern. Das Körpergefühl verändert sich: „Ich fühlte mich unglaublich leicht, als hätte ich meinen Körper hinter mir gelassen und flöge." – „Ich fühlte mich, als schwebe ich über meinem Körper in der Luft." – „Ich fühlte, wie sich mein Körper in dieser Sitzung ausdehnte und immer größer wurde." Dies sind Empfindungen, die sich Reisender und Begleiter ebenfalls teilen. Diese Qualitäten der Berührung – die so ganz anders sind als unser normales Erleben – schaffen auf der Heilungsreise den Übergang in einen veränderten Bewußtseinszustand.

Somatosynthese zielt jedoch nicht darauf ab, den DBEBZ zu bewundern, sondern nutzt diesen Wandel und stößt durch ihn in die tieferen Seelenbereiche vor. Wir sind hier nicht allein, denn es gibt eine lange Tradition des Einsatzes veränderter Bewußtseinszustände beim Heilen. Am deutlichsten zeigt sich dies im Schamanismus, einer Praktik, die älter ist als die aufgezeichnete Geschichte. Schamanen tauchten als persönliche und gesellschaftliche Heiler

Abb. 5.2: Felsmalerei aus Südafrika, die einen von tanzenden Gestalten umgebenen Schamanen darstellt. Der Schamane berührt die vor ihm liegende Gestalt.

auf, schirrten die Naturkräfte an und arbeiteten zum Heilen von einzelnen und Gruppen an der menschlichen Natur.

Traditionelle Schamanen waren sowohl Ärzte als auch Priester, Visionäre und Mystiker, weise Männer und Frauen, die ersten Leiter von Heilungsreisen. Eine leidende Person oder eine leidende Gesellschaft wendete sich an den Schamanen, um körperlich geheilt oder von psychischer Malaise befreit zu werden oder um festzustellen, wann der Stamm in fruchtbarere, reichere Gegenden weiterziehen solle. Schamanen benutzten Drogen, Trommeln, Tanz, Gesang, Fasten, Erschöpfungszustände, Sinnesentzug, Gebet und menschliche Berührung. Mit diesen Werkzeugen erzeugten sie verschiedene Zustände der Ekstase, des Träumens, der Trance und Erleuchtung – in sich selbst, bei einzelnen und in Gruppen. Aus diesen erweiterten Bewußtseinszuständen rührten die Visionen her, die Bilder und die Methoden, mit denen der Schamane heilte.

In der modernen Medizin haben wir den Weg des Schamanen aus den Augen verloren, doch kann man noch hier und da einen Blick in diese Traditionen erhaschen. Vom sanften Lächeln eines mitfühlenden Arztes bis zum beruhigenden Berühren eines besorgten Therapeuten sind diese kleinen, gewöhnlichen, unbemerkten Gesten immer noch imstande, diese feinen Veränderungen in unserem Bewußtseinszustand auszulösen. Und schon allein das Gefühl „Ich bin nicht allein" oder „Jemand fühlt mit mir" hilft uns, die Verbindung zu dem Seinsbereich jenseits unserer gewöhnlichen Erfahrung des Getrennt- und Isoliertseins wieder aufzunehmen. Das ist ein heilendes Erlebnis. Andere Therapieformen bewirken sogar noch mehr. Ich bezweifle nicht, daß induzierte Veränderungen des Bewußtseinszustandes in allen Therapieformen vorkommen, die mit menschlicher Berührung arbeiten. Viele Körpertherapeuten sind sich dessen bewußt, schreiben solche Vorkommnisse aber der tiefen Entspannung zu, die sich durch Berührung ergibt.

Zu Beginn meines Praktizierens als Chiropraktiker berichteten meine Patienten regelmäßig davon, daß sie das Gefühl hätten, zu schweben oder aus dem Körper ausgetreten zu sein; oder daß sie die Grenzen ihrer Haut nicht mehr spürten. Ich versicherte ihnen einfach, daß solche Gefühle die normalen Folgen von Berührung seien, und ließ es dabei bewenden. Ich versuchte sogar, jemanden einfach mit der Absicht zu heilen oder zu helfen anzufassen, ohne dabei eine bestimmte Technik im Sinn zu haben – und die gleichen Veränderungen des Bewußtseins traten auf.

Schließlich erkannte ich, daß diese Veränderungen des Bewußtseins nicht Nebeneffekte der Berührung waren, sondern echte Türen zum Heilungsprozeß. Durch diese Pforten zu treten heißt die Verbindung zum Weg des Schamanen wieder aufnehmen. In diesem Sinne knüpft die Somatosynthese wieder an die schamanische Vision an. Wenn sich die Reise vom Körper zur Seele bewegt, übernimmt der Begleiter die Rolle des Schamanen. Lassen Sie uns nun einige der speziellen Techniken betrachten, die eine Heilungsreise vom Körper zur Psyche voranbringen.

Körperbilder

Die Fähigkeit des Reisenden, sich körperlich etwas vorzustellen, ist die Grundlage vieler Techniken in den Frühphasen der Heilungsreise. Ich möchte Ihnen jetzt zeigen, wie das schon erwähnte somatische Visualisieren in der Therapie tatsächlich verwendet wird. Das Verfahren beginnt damit, daß der Begleiter entscheidet, an welcher Stelle interveniert werden soll. Er bestimmt durch Abtasten, wo und wie er Berührung therapeutisch einsetzen wird – ob tief im Körper des Reisenden oder an den äußeren Grenzen von dessen Energiefeld.

Berühren ruft nicht nur körperliche Veränderungen hervor, sondern lenkt auch die Aufmerksamkeit des Reisenden an eine bestimmte Stelle. Der Begleiter kann den Reisenden dann anweisen, sich weiterhin auf diese Stelle zu konzentrieren und damit verbundene Bilder in sich hochsteigen zu lassen. Wenn diese Körperbilder im Geist des Reisenden Gestalt annehmen, kann er sie offen mit dem Begleiter teilen.

Die Sprache für das Beschreiben körperlicher Empfindungen bietet sich auch für körperliches Visualisieren an. Wir sind daran gewöhnt, unsere körperliche Verfassung in Metaphern zu beschreiben, besonders im Fall von Unannehmlichkeiten und Schmerzen. „Stechende" Schmerzen, ein „verdrehter" Hals, ein „aufgewühlter" Magen, ein „brennendes" Gefühl, ein „beißender" Schmerz, das Gefühl von „Nadeln" in den Beinen, ein „verspannter" Muskel, – dies sind Beispiele für Bilder in geläufigen Redensarten. Körperbilder reichen vom Gewöhnlichen bis ins Bizarre. Wenn sie jedoch bei einem entspannten und nach innen schauenden Reisenden aufsteigen, stehen diese Bilder, so bizarr sie auch sein mögen, meistens in Bezug zu den hinter der körperlichen Verfassung versteckten Problemen.

*

Der Fall eines jungen Mannes von ungefähr dreißig Jahren namens Daniel, der meine Hilfe wegen schwerer Schmerzen im unteren Rücken suchte, liefert uns ein typisches Beispiel für Körperbilder. Ich legte eine Hand unter seinen Rücken, die andere auf sein Becken und leitete ihn bei der Entspannung und dem Blick nach innen an. Dann bat ich ihn, sein Bewußtsein auf seinen schmerzenden unteren Rücken zu richten und einfach Bilder von dieser Stelle in sich aufsteigen zu lassen.

„Auf beiden Seiten meiner Wirbelsäule ist es sehr angespannt", bemerkte er. „Wie Gitarrensaiten, die zu straff angezogen wurden."

*

Ein anderes Beispiel stammt von einer Frau mittleren Alters namens Jeanette, die mich zuerst wegen ihrer wiederkehrenden Kopf-, Nacken- und Schulterschmerzen aufsuchte. Als sie auf ihrem Rücken lag, hielt ich ihren Nacken und bat sie, auf die Bilder zu achten, die im Zusammenhang mit ihren Schmerzen in ihr aufstiegen.

„Es fühlt sich an, als habe jemand ein Messer in meinen Hals gestoßen", berichtete sie. „Ich kann beinahe die Klinge sehen und die Hand, die sie in mein Fleisch drückt."

Das Bild war so lebhaft, daß ihr Körper davor zurückschreckte, als sie es mir erzählte. Ich bat sie, bei diesem Bild zu bleiben und die Hand, die das Messer hielt, zu beschreiben.

„Es ist eine Männerhand", sagte sie, „aber ich sehe nur bis ans Handgelenk."

Um zu vermeiden, daß sie sich zu sehr anstrengte, bat ich sie, sich zu entspannen, während sie weiterhin auf die Hand achtete. Vier oder fünf Minuten später schien sich das Bild für sie spontan zu verändern.

„Es ist, als sähe ich eine Kamera, die langsam seinen Arm hinauf schweift", rief sie aus. „Ich kann jetzt sogar sehen, daß er eine schwarze Lederjacke trägt. Jetzt kommen seine Schultern und sein Hals in Bild."

„Oh mein Gott!“ rief sie dann, „es ist David, es ist David!“ David und Jeanette hatten vor zehn Jahren eine Beziehung gehabt. Jeanette hatte diese Beziehung abgebrochen, weil David sie körperlich mißbraucht hatte. Sie hatte inzwischen geheiratet und war zur Aufarbeitung der Beziehung mit David auch mehrere Jahre lang in Therapie gewesen. Sie dachte, David sei ein Teil der Vergangenheit, die sie hinter sich gelassen hatte. Deshalb war sie sehr erstaunt, ihm auf diese Weise wieder zu begegnen.

Vom Körper abgeleitete Bilder beschränken sich nicht auf unbelebte Gegenstände wie Saiten und Messer. Sie erscheinen oft als *Personen mit bestimmten Eigenschaften*: die schmerzende Stelle wird als ärgerliche, eine verspannte Stelle als überbelastete, eine taube Stelle als verängstigte oder angstvolle Person erlebt. Die Möglichkeiten sind endlos und unterscheiden sich je nach der entsprechenden Körperstelle, von der das Bild aufsteigt, und den tieferen Fragen, die das Bild symbolisiert, von einem Reisenden zum anderen. Solche Bilder können imaginäre Personen darstellen, jemanden, den es im Leben des Reisenden tatsächlich gibt, oder verschiedene Aspekte der Persönlichkeit des Reisenden. Es können auch *Qualitäten oder Gefühle* hochkommen, die nicht an das Bild einer Person gebunden sind. Wenn der Reisende sich auf seinen unteren Rücken konzentriert, spürt er vielleicht Ärger, das Bewußtsein des Brustkorbs oder mittleren Rückens bringt vielleicht Trauer mit sich, und verspannte Schultern könnten Angst hervorrufen.

Manche Reisende erleben *physische Empfindungen*: eine Körperstelle mag sich „leicht“ anfühlen und „schwebend“, andere Stellen dagegen können sich „undurchlässig“ oder „erdverbunden“ anfühlen. Auch hier bestimmen die inneren Kräfte, die sich durch diese Stelle am Körper des Reisenden ausdrücken, welche Gefühle und Qualitäten auftauchen.

*

Manchmal wird eine Körperstelle auch als *Tier* erlebt, mit Eigenschaften, die in Beziehung zu den tiefer liegenden Konfliktpunkten des Reisenden stehen: Ben war Anfang Dreißig und hatte als einzige Beschwerde über chronische Müdigkeit zu klagen.

Beim Abtasten erwies sich das Energiefeld über der Leber als außergewöhnlich aktiv. Ich ließ meine Hand sachte unterhalb seines rechten Rippenbogens ruhen und bat ihn, auf diese Stelle zu achten. Nach einigen Minuten teilte mir Ben die Bilder mit, die sich von dort entfalteten:

„Ich sehe einen einsamen, silbergrauen Wolf auf einem Hügel stehen", erzählte er. „Er kommt langsam auf mich zu."

Als der Wolf sich Ben näherte, spannte sich dessen ganzer Körper an.

„Der Wolf schnappt nach mir", schrie er; „ich kann mich nicht bewegen, und er frißt meine Leber."

Dieses Bild erinnert stark an Prometheus. Zu guter Letzt tötete der Wolf Ben, doch blieb dieser während seines symbolischen Todes und auch anschließend bei Bewußtsein. Nachdem der Wolf Ben verschlungen hatte, drehte er sich um und ließ ihm Botschaften in bezug auf die inneren Konflikte in seinem Leben zukommen. (Mehr über die Interpretation und das Arbeiten mit Körperbildern weiter unten.) Später informierte mich Ben über seine indianische Abstammung und den Umstand, daß der Wolf sein Totemtier war.

Eine andere interessante Variante von somatisch abgeleiteten Bildern entsteht, wenn ein Reisender eine Körperstelle mit einem *Ort* identifiziert. Eine schmerzende Stelle mag sich wie eine Höhle anfühlen, in der der Reisende sich gefangen fühlt. Oder eine schmerzende Stelle kann als dürre Wüste erlebt werden, in der der Reisende unter der stechenden Sonne umherirrt. Reisende berichten von verschiedenen Landschaften, die sie mit Körperstellen assoziieren: felsig, bewaldet, hügelig, wie eine Wiese, bergig, fließend wie ein Fluß, ein Meer, ein Sumpf. Manchmal ist der Ort ein sehr genau dargestelltes Bauwerk wie ein Haus, in dem der Reisende herumspaziert.

Nicht alle Körperbilder sind visuell. Manche Reisende haben bessere akkustische Vorstellungen. Ein Reisender beschrieb die verschiedenen schmerzenden Stellen auf beiden Seiten seiner Wirbelsäule als unterschiedliche Klänge. Manchmal fordere ich einen Reisenden auf, einer Körperstelle eine Stimme zu verleihen und dann auf die Botschaft zu hören, die von dieser Stelle kommt. Viele Reisenden sehen nur Farben, keine Bilder. Schmerzende

Stellen sehen zum Beispiel rot aus, während Stellen mit abnormaler Funktion schwarz oder grau erscheinen. Die Bilder anderer Reisender sind vielleicht aus einfachen Licht- und Schattenmustern zusammengesetzt.

Gewiß habe ich nur ein paar Kostproben der unbegrenzten Möglichkeiten von Bildern gegeben, die ein Reisender erleben mag. Der „Gesamtkatalog" der somatisch abgeleiteten Bilder wäre so vielfältig wie die menschliche Psyche selbst. Der symbolische Wert dieser Bilder, der ihre wahre Bedeutung ausmacht, ist von der tatsächlichen Form unabhängig. Symbole sind die Sprache der Psyche. Die traditionelle Psychotherapie verläßt sich schon lange auf den symbolischen Ausdruck: Freies Assoziieren, Traumdeutung und der Rohrschachtest sind bekannte Beispiele dafür.

Jeder Träumer weiß, daß die menschliche Psyche mit Hilfe von Symbolen aus unserem alltäglichen Bilderleben unglaublich komplexe Geschichten webt. In der Psychotherapie spricht man allgemein davon, daß sich das menschliche Unbewußte in Symbolen ausdrückt. Symbole sind Fenster zu diesem unbewußten Bereich. Sie machen verschiedene Teile des Unbewußten zugänglich für das Bewußtsein. Ich benutze oft den Begriff *Noch-nicht-Bewußtes*, um den Teil der Psyche zu beschreiben, der gerade außerhalb des Bewußtseinsfeldes liegt und auf die Möglichkeit wartet, sich durch Symbole auszudrücken. Mit Hilfe von *Körperbildern* können wir unseren Körper als Pforte zum Noch-nicht-Bewußten einsetzen.

Die Somatosynthese versucht, diese noch nicht bewußte Sphäre zu erweitern und uns mehr von unserem Unbewußten verfügbar zu machen. Körperbilder sind dabei ein Hauptinstrument. Visualisieren ist für das Gehirn und das Funktionieren des Nervensystems so fundamental wichtig, daß ich nur wenige Leute getroffen habe, die daraus nicht großen Nutzen ziehen könnten.

Es ist die Aufgabe des Begleiters, den Prozeß der somatischen Visualisierung im Reisenden anzuregen. Das Vertrauen in die innere Weisheit des Reisenden läßt ihn annehmen, was immer an Bildern auftaucht. Ich habe immer wieder erlebt, daß das Bilderleben des Reisenden, so fremdartig es anfangs auch erscheinen mag, die Reise doch jedesmal in die richtige Richtung steuert. Wenn ein Reisender erst einmal die Körperbilder anerkennt, ist der Zugang zur Psyche geschaffen, und die Somatosynthese-Reise hat begonnen.

Körperbilder können von Begleiter und Reisendem auf vielerlei Arten interpretiert werden. Und die Arbeit mit ihnen öffnet viele mögliche Richtungen, in denen eine Somatosynthese-Reise voranschreiten kann. Hier will ich einige der häufiger auftretenden Arten untersuchen, wie die Somatosynthese-Reise weiterverläuft, wenn der Zugang zur Psyche erst einmal geschaffen ist.

Taktile Intervention

Berührung ist der „zweite Therapeut", der „stille Führer" einer Somatosynthese-Reise. Nachdem die Verbindung zur Psyche des Reisenden geschaffen ist, braucht es für das Voranschreiten der Reise ins Heil oft nichts weiter als eine Berührung. Im letzten Kapitel erwähnte ich die drei Hauptkriterien der Somatosynthese-Therapie: *Tiefe, Richtung und Dauer.* Ich erläuterte auch mögliche Wege zum Einsatz dieser drei Aspekte der Berührung bei der Arbeit am Körper des Reisenden: Das Freisetzen von Stellen mit Querbehinderung, das Freirollen eines Körperteils und die Arbeit am Energiefeld eines Reisenden.

Aber diese drei Qualitäten der Berührung haben sehr spezielle Wirkungen, die über den Körper des Reisenden hinausreichen. Letztendlich bilden sie die Grundlage einer *Berührungssprache*, durch die der Begleiter auf einer tiefen Ebene mit dem Reisenden kommunizieren kann. Wir alle verwenden in unserem Leben immer wieder die Sprache der Berührung. Nehmen Sie sich einen Augenblick Zeit, um herauszufinden, wie Sie jemanden berühren würden, wenn Sie folgendes beabsichtigten:
- Liebe vermitteln
- Unterstützung demonstrieren
- Ärger zeigen
- Mitgefühl zeigen
- jemanden zum Näherkommen auffordern
- jemanden auf Abstand halten
- Angst ausdrücken
- Freude übermitteln
- jemanden zurückhalten
- jemanden freilassen.

Ich glaube, daß Sie sogar aus dieser kurzen Liste ersehen können, daß es für jede der aufgezählten Intentionen einen entsprechenden Grad an Tiefe, Richtung und Dauer der Berührung gibt. Zum Beispiel kann eine leichte, länger andauernde Berührung Liebe vermitteln und eine mittelstarke, anhaltende Berührung Unterstützung, während eine feste, länger dauernde Berührung heißen kann, daß sie jemanden zurückhalten wollen. Ein leichtes Streicheln vermittelt oft Mitgefühl, wohingegen ein heftiges Schütteln Ärger, Angst oder Furcht bedeuten kann.

Die menschliche Berührung ist nicht nur ein nützliches therapeutisches Verfahren, sondern auch eine Sprache, mit der ein Begleiter die Reise ins Heil steuern kann. Durch Berühren kann der Begleiter dem Reisenden eine ganze Reihe von Gefühlen und Qualitäten entlocken. Viele Reisende, denen es schwerfällt, sich verbal mitzuteilen, reagieren auf und empfangen als Berührung kodierte Botschaften bereitwillig und schnell.

Ich erinnere mich an einen Reisenden mittleren Alters, einen Handlungsreisenden, der fast ununterbrochen unterwegs war. Er war geschieden, übergewichtig, überarbeitet und Gefangener seines streßreichen Lebensstils. Roger war auch ein Mensch, der seine Gefühle aufstaute. Eine unserer Somatosynthese-Sitzungen bestand in nichts weiter, als daß ich leicht Rogers Kopf hielt. Ich war mir nicht ganz sicher, warum gerade das angemessen erschien, aber ich hatte das Gefühl, daß es für Roger nötig war, von irgendwoher in seinem Leben Unterstützung zu fühlen.

Während ich sanft seinen Kopf einige Zentimeter über dem Behandlungstisch hielt, begann Rogers ganzer Körper sich heftig zu schütteln. Er brach in Schweiß aus und hatte offensichtlich die Kontrolle über seinen Körper verloren. Diese Tortur dauerte beinahe fünfzehn Minuten, dann ließ das Schütteln nach. Es war eine unverwechselbare Atmosphäre von Trauer im Raum, als Roger mit unsicherer Stimme sagte:

„Ich kann mir einfach nicht erlauben zu weinen. Ich möchte schon, kann aber nicht. Also ließ ich meinen Körper für mich weinen.“

Rogers unkontrollierbare Muskelzuckungen waren die Art, wie sein Körper weinte und so den angestauten Streß freisetzte. Sein Körper hatte durch die Berührung also nicht nur meine nonverbale Botschaft empfangen, sondern auch durch eine Art Weinen darauf reagiert, ohne daß auch nur ein Ton zu hören gewesen wäre. Berührung ist ein wertvolles Hilfsmittel, das dem Reisenden zum Eintritt in das Reich der Psyche verhilft und ihn bei dem Gefühlsinhalt der Reise ins Heil bleiben läßt – besonders wenn diese Gefühle verbal nicht zugänglich sind. Durch Berührung können sich auch diejenigen mitteilen, die sich nicht gut artikulieren können. Berührung umgeht die Einschränkungen der Sprache und vermeidet so das Problem, eine Erfahrung in die verfügbaren Worte zwängen zu müssen.

Verbale Intervention

Ein Somatosynthese-Begleiter muß sowohl taktile Intervention (Berühren) verstehen und einsetzen als auch psychologische Intervention (Sprechen) verwenden. Grundsätzlich kann ein Reiseführer auf drei verschiedene Arten verbal intervenieren, wenn er die Reise des zu Behandelnden voranbringen will: 1. inhaltsbezogene Intervention, 2. verlaufsbezogene Intervention, 3. zielorientierte Intervention.

Zum Beispiel kann ein Begleiter einen Reisenden fragen: „Wie viele Messerstiche spüren Sie?“ oder „Können Sie beschreiben, welche Dinge im Vordergrund und welche im Hintergrund des Bildes liegen?“ Diese beiden Fragen sind Beispiele *inhaltsbezogenen verbalen Intervenierens.* Sie verlangen vom Reisenden Auskunft über den psychischen Inhalt – die Fakten und Ausgestaltungen des Bewußtseins. Inhaltsbezogene Interventionen sind nützlich, wenn es nötig ist, die Konzentration des Reisenden zu schärfen. Für einen neuen Reisenden sind inhaltsbezogene Interventionen ein Mittel, den symbolischen Inhalt der Psyche einzufangen und festzuhalten: „Können Sie dieses Bild genauer beschreiben?“ Für einen Reisenden, dessen Aufmerksamkeit abzuschweifen beginnt, ist eine inhaltsbezogene Intervention eine Möglichkeit, wieder ins Gleis zurückzukommen: „Richten Sie Ihre Aufmerksamkeit wieder auf das Haus, das Sie zuerst sahen: Können Sie sehen, in welcher Farbe es verputzt ist?“ Der Begleiter will vielleicht einige Aspekte der Erfahrung des Reisenden ausbauen, und inhaltsbezogene Interventionen dienen diesem Zweck: „Wählen Sie unter all den verschiedenen Farben, deren Sie sich bewußt sind, die Farbe aus, die am engsten mit dem Schmerz verbunden ist, den Sie jetzt empfinden."

Im Gegensatz zu den inhaltsbezogenen Interventionen fordern *verlaufsbezogene Interventionen* den Reisenden auf, mit Gefühlen und Emotionen in Berührung zu kommen: „Wie war es, dieses Bild zu erleben?" Verlaufsbezogene Interventionen sind im allgemeinen weit offen. Sie setzen wenig voraus und erlauben dem Reisenden, von der inneren Erfahrung her zu antworten, die sich gerade abspielt. Mit anderen Worten, wenn ein Reisender Trauer empfindet, versucht eine verlaufsbezogene Intervention, ihm dieses Gefühl zu entlocken. Eine inhaltsbezogene Intervention dagegen hätte den Reisenden beschreiben lassen, wodurch das Gefühl der Trauer ausgelöst wurde. Verlaufsbezogene Interventionen helfen dem Reisenden, mit den Gefühlen und Emotionen in Berührung zu bleiben, die einen Teil der psychischen Probleme ausmachen. Dies ist eine wirksame Art der Vertiefung der Erfahrung des Reisenden und bringt die Somatosynthese-Reise voran. Die meisten psychologischen Interventionen des Reisebegleiters sind deshalb verlaufsbezogen.

Zielorientierte Interventionen fordern den Reisenden auf, in der Heilungsreise Einsichten und Sinn zu suchen: „Wie könnten Sie diese Botschaften Ihrer Bilder in Ihr gegenwärtiges Leben einbauen?" Sie motivieren uns dazu, die Reise ins Heil anzutreten: „Wie wichtig ist es für Sie, Ihren Ärger durchzuarbeiten?" Und sie motivieren den Reisenden auch dazu, die Ergebnisse der Heilungsreise in sein tägliches Leben einzubeziehen: „Sind Sie willens, Ihren Ärger anzuerkennen, wenn er auftritt?"

Diese psychologischen Interventionen, verbunden mit dem therapeutischen Einsatz der Berührung, sind das dynamische Instrumentarium des Somatosynthese-Begleiters auf der Reise ins Heil. Wie jeder Handwerker sollte der Begleiter die Grundtechniken kennen und mit ihrem Einsatz vertraut sein. Dann können seine Kreativität und Sensibilität auf diesem Fundament aufbauen und diese Werkzeuge so einsetzen, wie es jeweils den besonderen Erfordernissen der Reisenden und ihrer Heilungsreise angemessen ist.

Körper(land)karten

Das Schaffen einer Körper(land)karte (*body map*) ist eine Somatosynthese-Technik, die alle bis jetzt besprochenen Instrumente einsetzt. Körperdiagramme helfen eine Heilungsreise steuern, indem sie die emotionalen, psychischen und spirituellen Probleme identifizieren, die mit bestimmten Körperpartien verbunden sind. Um eine Körperkarte herzustellen, benützt der Somatosynthese-Begleiter eine Mischung von taktilen und verbalen Interventionen beim Reisenden und hält die Ergebnisse mit Hilfe einer Umrißzeichnung des Körpers fest. Abbildung 5.3 zeigt eine beispielhafte Körperkarte, bei der physische Empfindungen und die dazugehörigen Emotionen den verschiedenen Körperpartien einer einfachen Menschendarstellung zugeordnet wurden.

Körperkarten lassen sich auf zwei Wegen erstellen. Die körperliche Verfassung der verschiedenen Körperstellen des Reisenden ist oft der Ausgangspunkt. In diesem Fall versucht der Begleiter die emotionalen, psychischen oder spirituellen Probleme aufzudecken, die an diesen Stellen verborgen liegen. Zuweilen jedoch sind die inneren Probleme des Reisenden schon deutlich erkennbar – ungelöste Emotionen, ein psychischer Konflikt, unerfülltes spirituelles Sehnen. Hier wird die Körperkarte geschaffen, indem man herausfindet, welche Körperstellen mit diesen tieferen Problemen zusammenhängen. Eine Körperkarte wird also erstellt, indem man die Psyche auf den Körper oder den Körper auf die Psyche überträgt. In jedem Fall ist es ein nützliches Instrument für den Anstoß einer Heilungsreise.

Körperkarten bilden die Heilungsreise ab. Sie sind dynamische Portraits der Reisenden, die sich in dem Maße verändern, in dem sich die Reisenden verändern. Wenn Schmerzen gelindert oder zugrundeliegende psychische Probleme gelöst werden, verändert sich auch die Körperkarte des Reisenden. Eine Körperkarte zu erstellen ist ein Miniaturmodell des Somatosynthese-Prozesses. Beim Erstellen der Karte beziehen sowohl der Reisende als auch der Begleiter das ganze Spektrum der Methoden mit ein, das bei der Somatosynthese-Reise verwendet wird.

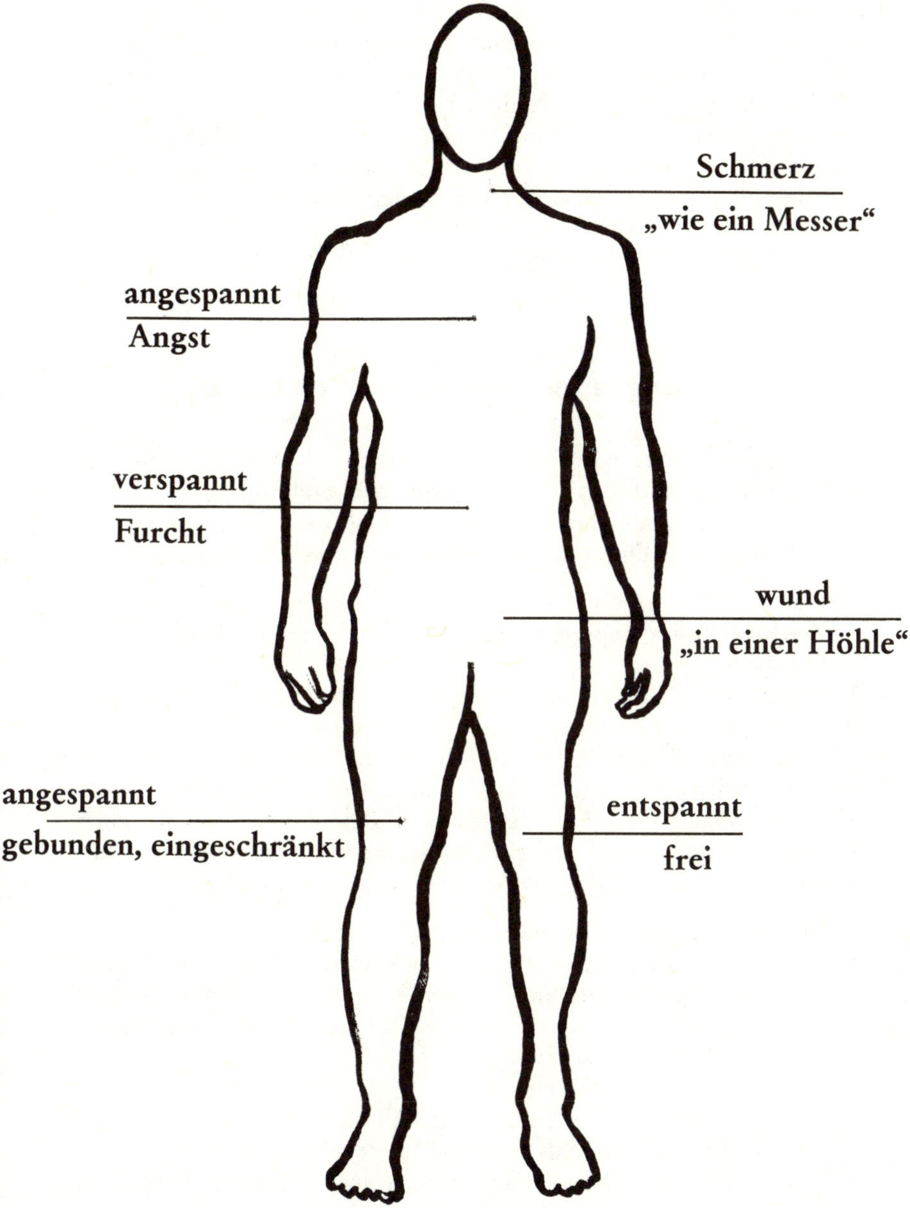

Abb. 5.3: Beispiel einer Körperkarte, die die physischen und psychischen Eigenschaften verschiedener Körperstellen darstellt

Die Beschreibung der Entstehung einer Körperkarte ermöglicht uns einen tiefen Einblick in eine Somatosynthese-Sitzung. Wenn wir nun genauer untersuchen, wie eine solche Körperkarte hergestellt wird, wollen Sie vielleicht eine für sich selbst oder für einen anderen Menschen schaffen. Denken Sie daran, die folgenden Anweisungen entsprechend abzuwandeln, wenn Sie eine Körperkarte für sich alleine erstellen und ohne Begleiter arbeiten.

– – – – – – – – – – – –

Übung: Eine Körperkarte erstellen

Das Erstellen einer Körperkarte beginnt damit, daß der Reisende sich entspannt und sich in einer bequemen Stellung befindet, das heißt auf einer angenehmen Unterlage liegt oder in einem bequemen Sessel sitzt. Dann kann der Begleiter die folgenden Schritte ausführen.

1. Zeichnen (oder kopieren) Sie eine einfache menschliche Gestalt in Umrissen.
Benutzen Sie dafür ein einzelnes Blatt Papier und schreiben Sie den Namen des Reisenden darauf. Sie können auch die Zeichnungen auf dem „Fragebogen zur körperlichen Zugänglichkeit" (im Anhang des Buches) als Vorlage benutzen. Dadurch läßt sich ein Zusammenhang zwischen der Zugänglichkeit der verschiedenen Körperteile und ihrer körperlichen Verfassung sowie den zugehörigen emotionalen und psychischen Problemen schaffen.

2. Erklären Sie dem Reisenden, wie Sie vorgehen.
Sagen Sie dem Reisenden, daß Sie ausgewählte Körperteile berühren werden, und bitten Sie ihn, seine bewußte Aufmerksamkeit darauf zu richten. Menschen sprechen auf viele verschiedene Arten über ihre Körperwahrnehmung:
a) Visuelle Bilder („Ich sehe ...)
b) Körperbilder („Diese Stelle fühlt sich an, als ob ...")
c) Klangbilder („Es ist, als hörte ich diesen Körperteil sagen ...")
d) Einfache Eindrücke („Ich bin mir ... (eines Problems) bewußt in Zusammenhang mit dieser Stelle ...")
Versichern Sie dem Reisenden, daß es keine richtige oder falsche Antwort gibt. Es geht am besten, wenn der Reisende so ehrlich wie

möglich über das berichtet, was an den entsprechenden Stellen zum Vorschein kommt.

3. Leiten Sie den Reisenden zur Entspannung und zum Schauen nach innen an.
In Kapitel 4 finden Sie verschiedene Entspannungs- und Konzentrationsübungen beschrieben. Sie können sich an diese halten oder Ihre eigene Anleitung entwerfen.

4. Berühren Sie leicht den Körperteil, den Sie „kartographieren" wollen.
Die Zeichnung auf dem Fragebogen im Anhang zeigt zehn Körperpartien, an denen Sie arbeiten können. Wenn Sie diese Übung die ersten Male durchführen, nehmen Sie sich eine Stelle nach der anderen vor und gehen so durch die ganze Übung. Später können Sie eine bestimmte Körperstelle auswählen, an der Sie arbeiten wollen, oder die Übung bei einem beliebigen anderen Körperteil anwenden. Fast immer stehen mit jeder der beiden Körperseiten unterschiedliche Probleme in Verbindung. Behandeln Sie also bei Armen und Beinen die linke und die rechte Körperseite getrennt. Achten Sie beim Berühren auf das Einsetzen von DBEBZ.

5. Bitten Sie den Reisenden, sich dieser Stelle bewußt zu werden.
Sie können die folgende oder eine ähnliche Intervention dazu verwenden:
„Werden Sie sich jetzt der Körperstelle bewußt, die ich gerade berühre. Versuchen Sie nicht, diese Stelle zu beeinflussen oder zu analysieren, geben Sie sich nur die Erlaubnis, sie zu erleben."

6. Bitten Sie den Reisenden, diese Stelle körperlich zu beschreiben.
Benutzen Sie die folgenden oder ähnliche Interventionen:
a) „Wie fühlt sich Ihr Körper an dieser Stelle an?"
b) „Wie bewegt sich Ihr Körper an dieser Stelle?"
c) „Fühlt sich diese Körperstelle so an, wie Sie es gerne hätten?"
d) „Fühlen Sie sich hier gut?"

7. Bitten Sie den Reisenden, diese Körperstelle psychologisch zu beschreiben.
Benutzen Sie die folgenden oder ähnliche Interventionen:
a) „Welche Erfahrung ist für Sie an dieser Stelle ver-körpert?"
b) „Wie erleben Sie diese Stelle jetzt?"
c) „Was kommt hoch, wenn Sie diese Körperstelle erleben?"
d) „Welche Qualität drückt diese Stelle für Sie aus?"

e) „Welche Geschichte erzählt diese Stelle?"
f) „Welche Botschaft hat diese Körperstelle für Sie?"

8. Warten Sie geduldig und erlauben Sie dem Reisenden, auftauchen zu lassen, was auch immer zum Vorschein kommen will.
Drängen Sie den Reisenden nicht dazu, die Probleme, die in dieser Körperpartie verborgen liegen, zu identifizieren. Vertrauen Sie auf die innere Weisheit des Reisenden und akzeptieren Sie, was immer auch auftaucht, als das, was auftauchen soll. Wenn ein Reisender Schwierigkeiten bei der Beschreibung einer Stelle hat, versuchen Sie eine andere Intervention. Wenn auch das nicht funktioniert, lassen Sie diese Stelle vorübergehend beiseite und kommen Sie später darauf zurück, wenn Sie andere Körperstellen bearbeitet haben.

9. Lokalisieren Sie die verlaufsbezogenen Aussagen in der Antwort des Reisenden.
Hören Sie aufmerksam auf die Antwort des Reisenden, suchen Sie nach dem verlaufsbezogenen Material (Gefühle, Bilder, Probleme, Qualitäten usw.). Lassen Sie sich Ihr Verständnis des verlaufsbezogenen Materials vom Reisenden bestätigen, indem Sie es ihm noch einmal wiederholen:

a) „Da ist also etwas Trauer mit dieser Stelle verbunden."
b) „Diese Stelle fühlt sich an wie ein Fluß, der über Stromschnellen fließt."
c) „Es hört sich an, als hätte diese Stelle mit der Beziehung zu Ihrem Mann zu tun."

10. Tragen Sie in die Körperkarte des Reisenden die psychischen Themen ein, die im vorhergehenden Schritt entdeckt wurden.
Schreiben Sie ein paar Schlüsselwörter auf, mit denen sich die mit dieser Körperstelle in Bezug stehenden psychischen Probleme zusammenfassen lassen.

11. Wenn Sie alle Körperstellen durchgegangen sind, gehen Sie zu Schritt 12 über; wenn nicht, beginnen Sie (für jede neue Körperstelle) wieder bei Schritt 4.

12. Geleiten Sie den Reisenden aus dem DBEBZ.
Sie können dazu die folgende oder eine ähnliche Intervention verwenden:
„Richten Sie Ihr Bewußtsein jetzt wieder auf Ihren Atem und bringen Sie dabei Ihr neuerworbenes Wissen mit zurück. Nehmen Sie

sich einen Augenblick lang Zeit, um zu überlegen, wie Sie dieses Wissen in Ihr gegenwärtiges Leben einbauen können."

[Halten Sie ein paar Minuten inne.]

„Richten Sie Ihre Aufmerksamkeit jetzt wieder auf Ihren Atem. Wenn Sie bereit sind, atmen Sie ein paar Mal tief durch, strecken Sie sich und öffnen Sie Ihre Augen."

– – – – – – – – – – –

Die Reise entfaltet sich

Wenn man von einem Körperbild ausgeht, kann eine einfache verlaufsbezogene Frage manchmal eine ganze Somatosynthese-Reise zur Entfaltung bringen. Der Begleiter könnte zum Beispiel den Reisenden auffordern, „bei diesem Bild zu bleiben und es sich entwickeln zulassen". Für manche Reisenden reicht solch eine minimale Bitte aus, und sie beenden ihre Somatosynthese-Reise ohne weiteren Anstoß durch den Begleiter. Das ursprüngliche Bild entfaltet sich zu einer reichen symbolischen Odyssee. Diese Reisenden schaffen die Verbindung zu den psychischen Inhalten hinter ihrer körperlichen Verfassung bereitwillig und weisen den Begleiter sogar auf bestimmte Körperstellen hin, an denen Berührung das Entfalten dieses Prozessen fördern kann.

Eine solche Erfahrung kann für den Begleiter recht überraschend sein. Gerade so, als habe ein Bergsteiger einen Bergführer angeheuert, weil er einen Berg erklimmen will, den er noch nie bestiegen hat. Gerade als sich der Bergführer an die Anleitung zum Aufstieg macht, schreitet der Bergsteiger voran, als hätten sie diesen Aufstieg vorher schon viele Male hinter sich gebracht.

*

Cynthia war sechsundzwanzig und hatte, als sie fünf Jahre alt gewesen war, ihre Mutter verloren. Sie hatte diesen schrecklichen Verlust nie wirklich betrauert und in der Folge eine beharrlich aufrechterhaltene intellektuelle Verteidigung gegen die Gefühle im Zusammenhang mit dem Tod ihrer Mutter entwickelt. Als ich sie zum ersten Mal sah, klagte sie über Schmerzen im mittleren Rükken und in der Brust sowie über starke Kopfschmerzen. Obwohl in unserer ersten Sitzung klar wurde, daß Cynthia sich dagegen wehrte, ihre Gefühle anzuerkennen, war auch deutlich, daß sie außergewöhnlich guten Zugang zu ihrem Noch-nicht-Bewußten hatte. Nachdem sie sich entspannt und ihre Aufmerksamkeit nach innen gerichtet hatte, ließ sie symbolische Bilder aufsteigen und sich entfalten, als sei sie eine ganz geübte Reisende.

Zu Beginn unserer gemeinsamen Arbeit machte ihr müheloser Zugang zu ihrer Psyche das Anleiten ihrer Sitzungen recht einfach und direkt. Im Laufe der Zeit fühlte sie sich etwas wohler mit ihren Gefühlen, anerkannte zuerst einfach nur deren Vorhandensein und arbeitete dann aktiv die Gefühle um den Tod ihrer Mutter durch. Ich bemerkte, daß ich im Verlauf unserer Arbeit immer weniger psychologische Interventionen benötigte. Zu Beginn einer Sitzung berichtete mir Cynthia, sie habe rasende Kopfschmerzen, und ihr ganzer Körper fühle sich vom Brustbereich bis zum Kopf verspannt und unwohl an.

„Ich bin mir nie wirklich sicher, was ich in diesen Sitzungen erwarten soll“, gab sie zu „und ich weiß nicht, wie gut ich heute mitmachen kann.“

„Das ist in Ordnung“, versicherte ich ihr. „Entspannen Sie sich einfach und richten Sie Ihre Aufmerksamkeit auf Ihre obere Körperhälfte.“

Nachdem ich sie durch die Übungen für Entspannung und innere Aufmerksamkeit geleitet hatte, bat ich sie, sich nun noch mehr auf ihre obere Körperhälfte zu konzentrieren. Wir hatten so viel zusammen gearbeitet, daß ich genauere Anweisungen nicht für nötig hielt. Wie sich herausstellte, war es auch durchaus ausreichend für Cynthia.

„Das erste, was ich sehe, ist eine graue Masse“, sagte sie, „sie ist außen glänzend und poliert.“

Ihre Stimme hatte einen ruhigen und intensiven Klang, und ich wußte, daß sie sich wirklich auf dieses Bild einließ. Ich legte meine Hände an ihren Schädelrand und streckte ihn vorsichtig ein wenig. Ich hatte schon beschlossen, auftauchen zu lassen, was immer auch bei Cynthia zum Vorschein kam, und nicht zu intervenieren. Ich würde nur da sein, um sicherzugehen, daß sie nicht vom Kurs abkam. Anfangs hatte ich keine Ahnung, in welche Richtung wir uns bewegen würden. Nach mehreren Minuten entfaltete sich die folgende Erzählung. Ich hörte gut zu und sagte wenig.

„Es ist nicht wirklich nur eine Masse", beobachtete Cynthia; „es ist eher ein Berg, und ich ersteige ihn. Es ist schwer, beim Klettern einen Halt für meine Füße zu finden. Immer wieder einmal sehe ich ein bißchen Wasser, das durch seine äußere Oberfläche tröpfelt, und das macht es mir leichter, meinen Fuß in die Bergflanke zu zwängen."

Dann war sie ungefähr fünf Minuten lang still, während ich verschiedene Stellen an ihrem Schädel weiterhin mit leichter Traktion behandelte. Dann nahm sie spontan ihre Geschichte wieder auf.

„Ich sehe jetzt den Gipfel", sagte sie. „Ich weiß, es ist wichtig für mich, ihn zu erreichen, aber das Steigen ist jetzt sehr schwierig. Ich kämpfe um jeden Zentimeter, den ich vorwärtskomme. Jetzt stecke ich gerade fest, ich kann keinen Halt für meine Füße finden. Ich schaue mich nach einem Halt um und kann dabei ins Innere des Berges sehen; innen ist roter Ton; es ist dort feucht und klamm. Ich muß durch die Oberfläche des Berges brechen."

Nachdem sie wieder mehrere Minuten lang geschwiegen hatte, bekannte sie, am Schädelrand einen brennenden Schmerz zu spüren. Ich verstand dies als eine Aufforderung, meine Hände wieder an diese Stelle zurückkehren zu lassen und wieder leichte Traktion anzuwenden. Dabei ließ das Brennen nach, und Cynthia verfiel wieder in ein minutenlanges Schweigen, das aber länger erschien. Als sie aus dieser Stille auftauchte, barst sie förmlich vor Energie.

„Ich spüre eine Kraft auf dem Gipfel des Berges, die mich nach oben zieht", rief sie aus. „Es ist, als sei da ein Wille, der weitaus größer ist als mein eigener und der mich den Gipfel auf jeden Fall erreichen läßt. Ich weiß jetzt, daß ich es schaffen werde."

„Seltsam", sagte sie wie beiläufig, „dieser größere Wille scheint ein Teil meiner selbst zu sein, und doch ist er gleichzeitig auch viel größer als ich."

Als Cynthia von dieser Phase ihrer Reise berichtete, „schmolzen" ihr Kopf, ihr Hals und ihre Brust unter meinen Händen. Schließlich schaffte sie es bis zum Gipfel des Berges.

„Es ist hier nichts als blauer Himmel und der Berggipfel", verkündete sie triumphierend. „Ich fühle mich, als könne ich den Berg umarmen. Er ist wirklich viel kleiner, als es aussah, während ich ihn erkletterte. Ich habe ein Gefühl der Weite und Ausdehnung hier oben, nicht so sehr ein Gefühl, hoch oben zu sein. Die obere Hälfte meines Körpers fühlt sich warm und gut an, die untere sehr verbunden und verwurzelt mit dem Berg darunter."

Ich ließ Cynthia noch eine Weile auf ihrem Gipfel verweilen, dann beendete ich die Sitzung mit einer einfachen verlaufsbezogenen Intervention: „Bringen Sie jetzt Ihr Bewußtsein langsam wieder zu Ihrem Atem zurück, und seien Sie dabei offen für die Bedeutung dieser Reise in ihrem gegenwärtigen Leben."

Cynthia erkannte den Sinn ihrer Reise ohne Zögern: „Ich lasse langsam meine Gefühle durchtröpfeln wie das Wasser, das aus dem Berg kommt. Wenn ich das zulasse, kann ich den Berg besser ersteigen, den ich jetzt als den harten Intellekt erkenne, den ich um meinen weichen Kern aufgebaut habe. Ich habe immer Angst, daß ich, wenn ich wirklich mit meinen Gefühlen in Verbindung komme, den Verstand verliere. Aber auf diesem Berggipfel hatte ich beides, und es fühlte sich großartig an. Als ich die Kraft eines Willens spürte, der gleichzeitig ein Teil meiner selbst und größer als ich war, erkannte ich, wie wenig ich beim Ersteigen dieses Berges kämpfen muß. Ich brauche nur meinen Widerstand gegen diesen Willen fallen zu lassen."

Als Cynthia sich schließlich aufsetzte, erinnerte sie sich plötzlich an das, was sie zu ihrem heutigen Besuch bei mir veranlaßt hatte: „Fast hätte ich es vergessen", fügte sie hinzu, „meine Kopfschmerzen sind verschwunden, und mein Kopf fühlt sich an, als schwebe er über meinem Körper."

Für einen erfahrenen Reisenden ist eine solche selbstgesteuerte Reise möglich. Cynthias Reise – eher die Ausnahme als die Regel – zeigt eine bemerkenswerte Fähigkeit der Menschen: das ständige Streben nach Heilung, Ganzheit und Sinn in ihrem Leben. Eine Reise wie diese stellt für den Begleiter eine Herausforderung anderer Art dar. Wenn wenig Intervention für das Voranschreiten der Reise nötig ist, überwacht der Begleiter den Fortschritt und stellt sicher, daß die Reise nicht vom Kurs abschweift. Normalerweise muß der Begleiter jedoch eine aktivere Rolle übernehmen.

Gegenbilder

Die Somatosynthese-Reise läßt sich auch voranbringen, indem der Begleiter den Reisenden dazu anleitet, ein *Gegenbild* zu seinem ursprünglichen Körperbild zu entwickeln. Wie der Name andeutet, ist ein Gegenbild ein solches, das dem ursprünglichen Bild entgegengesetzt ist. Diese Gegenbild-Technik ist besonders wirksam, wenn sie auf eine deutlich beschreibbare Quelle von Schmerz oder Unbehagen angewendet wird. Wenn das ursprüngliche Bild ein „stechender Schmerz" im unteren Rücken war, kann das Gegenbild im „Herausziehen des Messers" bestehen. Wenn das ursprüngliche Bild „aufgewühlte Därme" beschrieb, kann das Gegenbild ein „stiller See" sein. Wenn das Bild einen „verknoteten Muskel" darstellt, kann das Gegenbild eine Hand sein, die „Knoten auflöst", und so weiter.

Die Arbeit mit dem Bild-Gegenbild-Paar, ermöglicht es dem Reisenden, zwei gegensätzliche Zustände zu erleben, von denen einer den gegenwärtigen Zustand, der andere eine mögliche Zukunft darstellt. Die so erzeugte dynamische Spannung kann sich zu einer wirkungsvollen therapeutischen Kraft entwickeln. Viele Bild-Gegenbild-Paare repräsentieren ungelöste innere Konflikte im Reisenden. Wenn ein solcher Konflikt vom Körper dargestellt wird, hat der Reisende die einzigartige Möglichkeit der Einsicht in den Konflikt und kann schließlich damit zurechtkommen.

Als Gegenbild zu seiner rechten, verspannten Schulter wählte ein Reisender einfach seine linke Schulter, die sich entspannt und locker anfühlte. Im weiteren Verlauf der Reise entdeckte der Reisende, daß seine rechte Schulter die gestreßte, sich immer bemühende Seite seiner Persönlichkeit verkörperte und die linke die mitfühlende, pflegende Seite seiner Persönlichkeit. Der „Schaffer" war dominant, der „Pfleger" hatte im Leben dieses Mannes wenig zu sagen. Am Ende der Reise kam der Mann zu dem Schluß, daß die einzige Lösungsmöglichkeit, der einzige Weg zum Vermeiden der wiederkehrenden Schulterschmerzen, darin bestehe, dem „Pfleger" mehr Ausdrucksmöglichkeit in seinem Leben einzuräumen.

Eine andere Reisende stellte sich ihre verspannten Nackenmuskeln als Stromschnellen vor. Das Gegenbild war ein ruhiger, stiller Teil desselben Flusses. Im Verlauf ihrer Reise erkannte sie, daß die Stromschnellen ihr zeigten, wie nervös und ängstlich sie darauf bedacht war, jeden Aspekt ihres Lebens zu kontrollieren. Stille Wasser andererseits repräsentierten ein tiefes Bedürfnis nach Frieden in ihrem Leben und den Wunsch, sich an den Rhythmus des Lebens anzupassen.

Bild-Gegenbild-Paare können die unterschiedlichen Aspekte der Persönlichkeit des Reisenden enthüllen – oft eine Quelle der Probleme, die unter den offensichtlichen körperlichen Beschwerden verborgen liegen. Später beschreibe ich zusätzliche Techniken für die Arbeit mit solchen Elementen der Persönlichkeit, die bei einer Somatosynthese-Reise auftauchen.

Bild-Gegenbild-Paare geben dem Reisenden auch die Möglichkeit, den Prozeß zu entdecken, durch den das Bild in sein Gegenbild umgewandelt wird, und das ist auch für den Begleiter nützlich. Ein Reisender sah seine schmerzenden Rückenmuskeln zum Beispiel als zu straff angespannte Gitarrensaiten. Das Gegenbild war hier offensichtlich: lockere Saiten. Ich ließ mir von ihm sagen, wo sich die Enden der überspannten Saiten befanden, und wir fanden sechs – drei auf jeder Seite seiner Wirbelsäule. Dann begann ich, das Lockern der „Wirbel" (– so heißen die Stifte zum Spannen bei Saiteninstrumenten!) zu simulieren, indem ich für jede Saite die Haut auf dem Rücken des Reisenden sanft entgegen dem Uhrzeigersinn drehte. Der Reisende trug dazu bei, indem er mir angab, wann die jeweilige Saite locker genug war.

In einem anderen Beispiel sah ein Reisender, der über einen brennenden Schmerz in seinem linken Bein klagte, dort ausgefranste Nervenenden. Dieser Reisende war ein Elektrotechniker, dessen Bild und Gegenbild offensichtlich aus seinem Fachbereich stammten.

„Der Stromkreis ist überlastet", sagte er selbstsicher, „weil nicht genug intakte Fasern vorhanden sind, die die Nervensignale übermitteln können."

Und dann fügte er wie ein Elektriker, der gerade eine Unterbrechung im Stromnetz entdeckt hat, hinzu: „Die Nervenenden müssen mit mehr Nervenfasern zusammengespleißt werden, bevor sie ganz durchbrennen."

Sein Bild waren ausgefranste Nervenenden, das Gegenbild das Zusammenspleißen der zerfaserten Enden. So bestand die ganze Sitzung darin, daß mir der Reisende peinlich genau beschrieb, wo die abgerissenen Enden mehrerer Dutzend Nervenfasern lagen, und ich simulierte, sie zusammenzulöten. Während dieser Operation überwachte der Reisende auch das Brennen in seinem Bein, und als es aufhörte, stoppte er mich und ließ mich wissen, wir brauchten in seinem Bein jetzt keine weiteren Nervenenden mehr zu suchen und zu verlöten.

Bild und Gegenbild machen die Arbeit an den psychischen Problemen hinter den körperlichen Beschwerden so leicht, daß ich die Reisenden ermutige, diese Technik auch für sich alleine anzuwenden. Ich empfehle ihnen dabei fünf Schritte, die Sie vielleicht auch ausprobieren wollen.

– – – – – – – – – – –

Bild-Gegenbild-Übung

1. Entspannen Sie sich und wenden Sie Ihre Aufmerksamkeit nach innen.

2. Richten Sie Ihre Aufmerksamkeit auf eine bestimmte Körperstelle und lassen Sie ein Bild dieser Stelle in sich auftauchen.

3. Lassen Sie jetzt auch ein Gegenbild aufsteigen und sich entfalten.

4. Fragen Sie sich: „Wie läßt sich dieses Bild in sein Gegenbild umwandeln?“

5. Stellen Sie sich die Verwandlung des Bildes in sein Gegenbild vor, wie das in der Antwort von Schritt 4 angedeutet wurde.

– – – – – – – – – – – –

Persönlichkeitsaspekte und die Heilungsreise

Die meisten Reisenden begegnen auf der Somatosynthese-Reise einigen Aspekten ihrer Persönlichkeit. Eine Stimme, die man einem Körperbild verleiht, der Konflikt zwischen Bild und Gegenbild oder auch nur das Erlebnis der Gefühle, die zu einer körperlichen Verfassung gehören, beschwören verschiedene Facetten der Persönlichkeit des Reisenden herauf.

Ungelöste Persönlichkeitsprobleme sind oft der Kern unserer körperlichen Symptome. Typischerweise versuchen Psychotherapeuten diese Probleme über den geistigen Weg zu lösen. Doch die Somatosynthese bezieht den Körper in diesen Prozeß mit ein und fügt so eine weitere Dimension für die Versöhnung widerstreitender Elemente in der Persönlichkeit des Reisenden hinzu.

Die Struktur und Funktion unserer Persönlichkeit spiegelt sich in der Anatomie und Physiologie unseres Körpers wider. Unsere Persönlichkeit setzt sich wie unser Körper aus vielen unterschiedlichen Elementen zusammen, die als ein Ganzes zusammenarbeiten müssen. Jedes Organ, jeder Muskel, jede Zelle hat einen individuellen Aufgabenbereich, den sie um des Ganzen willen ausführen müssen. Und darüber hinaus muß das Funktionieren unserer Organe, Muskeln und Zellen überwacht und koordiniert werden, damit die richtigen Handlungen zur rechten Zeit geschehen.

Mit den verschiedenen Komponenten unserer Persönlichkeit verhält es sich ähnlich. Auch sie sollen unterschiedliche Aufgaben für uns ausführen. Diese Persönlichkeitskomponenten operieren zeitweise so selbständig, daß sie wohl *Teilpersönlichkeiten* genannt werden können. Wenn wir diesen Teilpersönlichkeiten (den „Organen“ unserer Persönlichkeit) Namen geben, läßt sich ihre Funktion leichter identifizieren.

Zum Beispiel lassen sich in jedem von uns leicht eine oder mehrere der folgenden Teilpersönlichkeiten finden: der „Richter“, der „Kritiker“, der „Fürsorger“, das „Opfer“, der „Retter“, das „emotionale Wrack“, der „Besserwisser“, das „Kind“, der „Elternteil“, der „Introvertierte“, der „Extrovertierte“, der „Aggressor“, der „Faulpelz“, der „Überforderte“, der „Schaffer“, der „Friedliebende“, der „Mystiker“ und der „Heilige“. Trotz ihrer starken Unterschiede hat jede Teilpersönlichkeit eine Rolle in unserer gesunden Gesamtpersönlichkeit. Wie jedes Organ muß das Funktionieren unserer Teilpersönlichkeiten koordiniert und kontrolliert werden.

Ein Organ oder ein Muskel, die zuwenig (oder zu stark) arbeiten, entstellen den Körper; die Über- oder Unterfunktion einer Teilpersönlichkeit verzerrt die Psyche. Muskelverspannung auf der rechten Seite des Halses kann Schmerzen verursachen und die Haltung verzerren, indem sie den Kopf nach einer Seite zieht. Auf die gleiche Weise kann, wenn die psychischen Probleme unter der Muskelverspannung zum Beispiel mit ungebändigter Aggression zu tun haben, der „Aggressor“ die Psyche entstellen und einseitig beeinflussen.

Für den Körper mag die Lösung darin bestehen, daß der Muskeltonus auf der verspannten Seite verringert und der Muskeltonus auf der gegenüberliegenden Seite verstärkt wird. Die psychische Lösung mag beinhalten, den Einfluß des „Aggressors“ zu dämpfen und den des „Fürsorgers“ zu stärken. In vielen Fällen hat der Reisende die nicht verspannte Seite seines Körpers bereits als den „Fürsorger“ erkannt.

So kann die Berührung, die der Reisebegleiter einsetzt, um die Muskelanspannung auszugleichen, gleichzeitig ein psychisches

Ungleichgewicht korrigieren. Geist und Seele spiegeln die Probleme des Körpers. Die Heilung des Körpers spiegelt sich in Geist und Seele. In beiden Fällen wird auf der körperlichen und der psychischen Ebene ein Gleichgewicht zwischen zwei entgegengesetzten Kräften hergestellt. Letztendlich sollte die Heilungsreise an einen Punkt gelangen, an dem die Kontrolle und Koordination des Körpers und des Geistes dem Reisenden überlassen bleibt. Die ständige Anwesenheit des Begleiters ist dann nicht mehr erforderlich.

Somatosynthese deckt häufig Teilpersönlichkeiten des Reisenden auf. Das Potential dafür ist in den Techniken enthalten, die die Heilungsreise vom Körper zur Psyche voranbringen. Das Erkennen und Verstehen der Persönlichkeitskräfte, die da im Körper des Reisenden am Werk sind, ist ein Hauptziel dieser ersten Phase der Somatosynthese-Reise. Auf einer einzigen Reise können viele verschiedene Teilpersönlichkeiten für den Reisenden zum Vorschein kommen. Die Aufgabe des Begleiters besteht darin, ihr Auftauchen zu erleichtern und dem Reisenden dabei zu helfen, die Rollen, die diese Teilpersönlichkeiten spielen, zu koordinieren.

*

Bei einem Reisenden namens Paul tauchten auf einer Somatosynthese-Reise gleich eine ganze Anzahl von Teilpersönlichkeiten auf. Ich behandelte Paul wegen der Schmerzen in seinem linken Schulterblatt und im unteren Rücken. Er war dreiunddreißig, seit kurzem verheiratet und von Beruf Rechtsanwalt. Er hatte seine erfolgreiche Anwaltspraxis in Los Angeles aufgegeben und war in einen Vorort Washingtons gezogen, wo seine Frau ein sehr begehrtes Universitätsstipendium erhalten hatte.

Unsere Sitzung begann wie gewöhnlich. Ich untersuchte seinen Körper, um zu bestimmen, wo ich körperlich eingreifen sollte, und geleitete ihn durch die Entspannung und das Ausrichten der Aufmerksamkeit nach innen. Ich legte eine Hand unter sein linkes Schulterblatt und ließ die andere leicht auf seiner Brust ruhen. Als ich ihn dazu aufforderte, diese Stelle einfach zu erleben, reagierte Paul wie ein echter Rechtsanwalt. Er begann in genauen Einzelheiten zu beschreiben, wie erdrückt sich sein Schulterblatt anfühle, wie verspannt die Muskeln seien und wie der Schmerz auf seinen unteren Rücken ausstrahle – inhaltsbezogene Antworten auf eine verlaufsbezogene Intervention.

Um diese Situation, die sich oft bei Reisenden mit gut entwikkeltem Intellekt einstellt, zu umgehen, forderte ich Paul auf, anders auf meine Intervention zu reagieren. Statt das auszusprechen, was ihm in den Sinn kam, mußte Paul des Wesen dieser Myriaden von Gedanken mit einem einzigen Wort wiedergeben. Bei diesem Vorgehen tauchten die folgenden Teilpersönlichkeiten auf:

Der Besorgte. Für den Besorgten war der Umzug an die Ostküste der Anfang vom Ende. Er lebte von seinen Ersparnissen, war sich nicht sicher, ob er eine Anwaltskanzlei eröffnen solle oder nicht, und hielt den Entschluß, eine lukrative, gut eingeführte Kanzlei in Los Angeles zurückzulassen, für unklug. Der Besorgte war in Pauls Körper durch das Gefühl des Erdrücktwerdens, der Spannung und der Schmerzen in seinem linken Schulterblatt repräsentiert.

Der Freie Mann. Paul fand ein Gegenbild zum Besorgten in einer Teilpersönlichkeit, die er den Freien Mann nannte. Es sei unnötig, sich Sorgen deswegen zu machen, daß er von seinen Ersparnissen lebte und ob er eine Praxis aufmachen solle, sagte der Freie Mann. Schließlich würden Paul und seine Frau nach Ablauf des Stipendiums wieder nach Los Angeles zurückkehren. Worauf es ankomme, sei dies, daß Paul ein Leben „frei" von all diesen Sorgen lebe. Diese Freiheit war in Pauls Rücken repräsentiert und in seinem Schulterblatt *vor* dem Einsetzen der Schmerzen.

Der Friedensstifter. Paul fand einen Kern Wahrheit in jeder der beiden Teilpersönlichkeiten, im Besorgten und im Freien Mann. Es lag an der Friedensstifter-Persönlichkeit, eine Lösung im Konflikt zwischen dem Besorgten und dem Freien Mann zu finden, die Paul dabei helfen konnte, die nächsten Schritte in seinem Leben zu tun. Der Friedensvermittler schien daran interessiert zu sein, zu einer Entscheidung zu kommen, die die nützlichsten Aspekte von Besorgtem und Freiem Mann umfassen würde.

Der Widerständler. Dies war eine interessante Teilpersönlichkeit, die auftauchte, nachdem Paul begonnen hatte, den Friedensstifter eine Lösung ausarbeiten zu lassen. Der Widerständler hatte tatsächlich Gefallen an der gegenwärtigen Lage und wollte die Lösungsversuche des Friedensvermittlers im Konflikt zwischen dem

Besorgten und dem Freien Mann abbremsen. In gewissem Sinn war der Widerständler das Gegenbild zum Friedensvermittler. Als die Reise sich entfaltete, mußte Paul zwischen diesen vier Teilpersönlichkeiten vermitteln. Jeder der vier bekam eine Redezeit zugewiesen, und Paul hörte auf die jeweilige Botschaft und beobachtete deren Wirkung auf seinen Körper. Meine sanfte physische Intervention schien seinem Rücken und Schulterblatt zu helfen und die Aufgabe des Friedensvermittlers zu erleichtern. Während der gesamten Reisedauer forderte der Widerständler Paul ständig dazu heraus, seinen Willen und seine Entschlossenheit auszuspielen und so zu einer Lösung zu kommen.

Schließlich erreichte der Friedensvermittler einen tragbaren Kompromiß: Paul sollte eine kleine, unauffällige Privatpraxis eröffnen. Das ermöglichte ihm, in dem Beruf zu arbeiten, den er liebte, ohne ihn wie in Los Angeles mit dem Streß einer ganzen Kanzlei zu belasten. Nachdem diese Lösung auf der Hand lag, verschwanden Pauls körperliche Schmerzen. Für diesen Reisenden lag der Schlüssel zur Genesung darin, ein Gleichgewicht zwischen mehreren, einander widersprechenden Teilpersönlichkeiten zu finden – eine Kombination körperlicher und psychologischer Intervention förderte unser Vorankommen auf dieses Ziel zu.

Durch die Arbeit mit den Teilpersönlichkeiten eines Reisenden lassen sich die hinter den physischen Zuständen versteckten psychischen Komponenten ansprechen. Schmerz und Unbehagen stehen oft in Zusammenhang mit einer oder mehreren dominanten Teilpersönlichkeiten. Schmerz ist ein deutlicher Hinweis darauf, daß etwas körperlich und seelisch nicht im Gleichgewicht ist.

Wenn man den Reisenden auffordert, auf die Stimmen hinter dem Schmerz – die verschiedenen Teilpersönlichkeiten – zu hören, ist das ein Schritt in Richtung auf das Wiederherstellen des Gleichgewichts zwischen Körper und Geist. Nicht alle Teilpersönlichkeiten sind Ruhestörer. In dem oben beschriebenen Fall entdeckte der Reisende beispielsweise, daß einige seiner weniger dominanten Persönlichkeiten tatsächlich darauf warteten, ihm zu helfen. Der Begleiter ist auch dazu da, dem Reisenden beim Auffinden eines Mittelpunktes zu helfen, von dem aus er die miteinander konkurrierenden Energien der verschiedenen Teilpersönlichkeiten koordinieren und ausgleichen kann.

Es gibt viele Varianten dieser Techniken, die in der ersten Phase der Somatosynthese-Reise – beim Voranschreiten vom Körper zur Psyche – zur Anwendung kommen. Die Hauptthemen sind dabei aber immer: der Glaube an den inneren Prozeß des Reisenden; der Einsatz der Körperbildtechnik, um körperliche Ereignisse mit psychischen Problemen zu verbinden; die Klärung der psychischen Probleme des Reisenden, besonders der auf die Persönlichkeit bezogenen; und der Einsatz von Berührung, um den gesamten Prozeß zu unterstützen und anzuleiten.

Die perfekte therapeutische Technik, eine Methode, die unter allen Umständen funktioniert, gibt es nicht. Auf einer Somatosynthese-Reise ist die therapeutische Technik eine Kombination vieler Faktoren; keiner davon ist wichtiger als die kreative Fähigkeit des Begleiters, jede beliebige Technik den einzigartigen Bedürfnissen eines bestimmten Reisenden anzupassen. Das gilt besonders dann, wenn die Heilungsreise in die zweite Phase übergeht – das Voranschreiten von der Psyche zur Mitte. Das Erreichen der Mitte ist wie das Ersteigen eines Berges: Es gibt viele Wege zum Gipfel.

6

Reise jenseits von Körper, Geist und Seele

In seinem Gedicht *Burnt Norton* beschreibt T. S. Eliot einen Ort, den er den „ruhenden Punkt“ nennt:

> „Am ruhenden Punkt der kreisenden Welt weder Fleisch noch Geist;
> Weder fort von ihm noch zu ihm hin; am steten Punkt ist der Tanz, doch weder im Einhalten
> Noch in der Bewegung. Und nenn es nicht Stillstand,
> Wo Vergangenes und Zukunft vereint sind. Weder Fortgehn noch Hingehn,
> Weder Steigen noch Fallen. Wäre der Punkt nicht, der ruhende,
> So wäre der Tanz nicht – und es gibt nichts als den Tanz.“

Die Mitte *(center)* ist dieser „ruhende Punkt“ des Reisenden: weder Körper noch Geist, sondern ein Tanz, der beide umfaßt. Endete die Somatosynthese-Reise bei der Psyche, wäre sie nur teilweise abgeschlossen. Dem Reisenden bei der Entdeckung der psychischen Faktoren hinter der körperlichen Verfassung zu helfen ist ein wichtiger Schritt. Mit der therapeutischen Berührung wird dieses Vorgehen noch wirksamer.

Das wahre Heilen aber geschieht, wenn der Reisende diese Veränderungen in Körper, Geist und Seele zu einem neuen Selbstbild zusammenfügen kann *(synthesize)*. Wenn der Reisende nicht lernt, die konkurrierenden Forderungen der Psyche auszugleichen, wird das Ungleichgewicht ständig neue körperliche Schmerzen und Unbehagen hervorrufen. Und wenn der Reisende nicht lernt, die durch Berührung bewirkten körperlichen Veränderungen aufrechtzuerhalten, werden fortgesetzter körperlicher Schmerz und Unbehagen die Existenz ungelöster psychischer Probleme verlängern. Dieser Punkt der Synthese ist die Mitte der Heilungsreise. Definitionsgemäß bewegt sich der Somatosynthese-Prozeß immer auf diese Mitte zu. An die innere Weisheit des Reisenden glauben heißt, an diese angeborene Intelligenz glauben, die immer nach Ganzheit strebt. Es bedeutet auch, daß von seiten des Begleiters oft nur sehr wenig Intervention erforderlich ist, um dem Reisenden zum Auffinden dieser Mitte zu verhelfen. Denn der innere Kompaß des Reisenden zeigt häufig in die richtige Richtung. Der Begleiter muß jedoch fähig sein, die Zeichen zu lesen, zu erkennen, daß der Reisende sich der Mitte nähert, und diesen Prozeß dann voranbringen und fördern.

Man kann die Mitte auch als den Teil unserer selbst ansehen, der als „Zeuge" oder „Beobachter" fungiert. Die folgende Übung erlaubt Ihnen, diesen Aspekt Ihrer Mitte zu erleben. Es geht am besten, wenn Sie sich von jemandem zu dieser Übung anleiten lassen. Wenn das nicht möglich ist, wandeln Sie die folgenden Anweisungen so ab, daß das Fehlen des Begleiters berücksichtigt wird.

— — — — — — — — — — — —

Übung: Entdecken Sie Ihre Mitte!

1. Zuerst müssen Sie eine bequeme Stellung finden: Legen Sie sich auf eine weiche Unterlage oder setzen Sie sich in einen bequemen Stuhl. Nehmen Sie sich einen Moment Zeit, sich auf Ihren Atem zu konzentrieren und Ihren ganzen Körper zu entspannen.

Schließen Sie Ihre Augen und richten Sie Ihre Aufmerksamkeit nach innen, als könnten Sie in Ihren Körper hineinsehen.

2. Überprüfen Sie Ihren Körper von Kopf bis Fuß und suchen Sie nach einer Stelle, die Ihre Aufmerksamkeit auf sich zu ziehen scheint. Dies könnte eine Stelle sein, die schmerzt, verspannt ist oder einmal verletzt war, oder einfach eine Stelle, die von besonderer Bedeutung für Sie ist.

3. Lassen Sie ein Bild nur von dieser Stelle vor Ihrem inneren Auge auftauchen. Versuchen Sie nicht krampfhaft, das Bild zu schaffen, lassen Sie es von alleine auftauchen. Akzeptieren Sie, welches Bild auch immer zu Ihnen kommt, ganz gleich wie unwahrscheinlich es auch erscheinen mag.

4. Stellen Sie sich – immer noch mit geschlossenen Augen – vor, daß Sie dieses Bild im Abstand von sechzig Zentimeter vor sich sehen. Betrachten Sie es. Wie fühlt es sich an, dieses Bild aus Ihrem Körper dort vor sich zu sehen?

5. Schieben Sie jetzt im Geiste das Bild von sich weg. Schieben Sie es so weit weg, wie Sie wollen, und beobachten Sie, wie Ihr Erleben dieses Bildes sich dabei verändert.

6. Bringen Sie das Bild wieder in seine ursprüngliche Position zurück. Wie ist es jetzt?

7. Bringen Sie das Bild jetzt näher, so nahe wie möglich. Wie unterscheidet sich diese Erfahrung von der anderen?

8. Bringen Sie schließlich das Bild wieder an seine Ausgangsposition zurück und achten Sie darauf, wie es sich anfühlt, es wieder dort zu haben.

9. Bevor Sie diese Übung abschließen, nehmen Sie sich einen Augenblick lang Zeit, um darüber nachzudenken, was Sie jetzt von dieser Körperstelle wissen, mit der Sie gearbeitet haben. Wie können Sie dieses Wissen in Ihr Leben einbauen?

10. Richten Sie jetzt Ihre Aufmerksamkeit langsam wieder auf Ihren Atem, und wenn Sie bereit sind, strecken Sie sich, atmen Sie tief durch und öffnen Sie Ihre Augen.

– – – – – – – – – –

Für diese Übung mußten Sie zuerst Ihre Mitte finden, wenn dafür auch keine bestimmten Anweisungen erteilt wurden. Ihre Mitte ermöglichte es Ihnen, dieses Körperbild in den verschiedenen Entfernungen vor sich zu sehen. So war Ihre Mitte ein Beobachter der Beziehung zwischen Ihnen und dem Bild.

War es leicht, das Bild dieser Körperstelle vor sich zu sehen? Wenn ja, dann erlebten Sie eine andere wichtige Funktion Ihrer Mitte: sie hilft Ihnen dabei, von Ihrem Körper Abstand zu gewinnen. Abstand oder Distanz halten ist auch ein wichtiger Bestandteil des Somatosynthese-Prozesses. Distanz gewinnen heißt nicht Abspalten. Die Übung verlangt nicht von Ihnen, Ihre Gefühle oder Gedanken zu dieser Körperstelle abzuschaffen. Es wird nicht von Ihnen verlangt, sie zu verdrängen oder zu ignorieren. Im Gegenteil, diese Übung fordert Sie auf, Ihre Gedanken und Gefühle zu beobachten, und Beobachten ist eine Funktion Ihrer Mitte. Wenn Sie sich nicht mit dem identifizieren, was geschieht, können Sie beobachten, was in Ihrem Körper und Geist vor sich geht, ohne vollkommen darin befangen zu sein. Es ist eine Möglichkeit, zurückzutreten und zu beobachten, was geschieht.

Wenn wir Schmerzen haben, identifizieren wir uns so schnell mit unseren körperlichen Attributen des Unwohlseins – Spannung, Schmerzen, Brennen und Klopfen –, daß wir leicht die Botschaften dahinter übersehen. Roberto Assagioli sagte: „Wir werden von allem beherrscht, mit dem sich unser Selbst identifiziert. Wir können alles beherrschen und steuern, von dem wir uns distanzieren."

Wie leicht fiel es Ihnen, das Bild von Ihrem Körper wegzuschieben? Und welche Gefühle stellten sich dabei ein? Die Antworten auf diese Fragen sagen Ihnen, wie gut Sie dazu fähig sind, sich von diesem Körperteil und den damit verbundenen Gefühlen zu distanzieren. Distanzhalten kann einem Reisenden, der mit seinen Schmerzen kämpft, zum Beispiel erlauben, von diesen Schmerzen so viel Abstand zu gewinnen, daß er den unter den Schmerzen versteckten Ärger spürt. Ein Ereignis, das mit diesem Ärger zu tun hat, mag schon lange vergessen sein. Wenn er sich nicht mit den Schmerzen identifiziert, erlangt der Reisende wieder Zugang zu diesem Ereignis und erkennt die gegenwärtigen Schmerzen und seinen Ärger als Reaktionen seines Körpers und seines Geistes auf dieses erste Ereignis. Eine veränderte Reaktion des Reisenden auf diese Ausgangssituation ist ein wichtiger Schritt und ein Beitrag zur Erleichterung seiner körperlichen Schmerzen und seines Ärgers.

Wenn wir zu sehr in die Aktivitäten unseres Körpers und Geistes verwickelt sind, sehen wir nicht darüber hinaus – wir sind zu sehr damit identifiziert. Doch von unserer Mitte aus können wir beobachten, was jenseits dieser Identifikation liegt. Ich erkläre den Reisenden oft, daß Körper und Geist einem Marionettentheater vergleichbar sind. Wenn wir im Publikum sitzen, können wir beobachten, wie verschiedene Marionetten auf die Bühne kommen: manche mit glücklichen Gesichtern, manche mit traurigen, manche sind zornig und schreien, andere sind liebenswert und still; manche bewegen sich langsam, als hätten sie Schmerzen, und andere hüpfen voll Übermut auf und ab. Diese Marionetten sind wie die verschiedenen Aspekte unseres Körpers und Geistes.

In einer guten Vorführung scheinen die Marionetten ein eigenständiges Leben zu führen, und das Publikum kann sich leicht mit den verschiedenen Charakteren auf der Bühne identifizieren. Natürlich werden die Marionetten in Wirklichkeit von einem Puppenspieler gelenkt, der an den Strängen zieht und ihnen Leben verleiht. Wir versuchen, diesen Puppenspieler in uns zu finden, sage ich dem Reisenden. Wir suchen nach dieser Mitte.

*

Eine Reisende hatte anfangs so viel Angst davor, berührt zu werden, daß sich die Heilungsreisen zu Beginn hauptsächlich verbal abspielten. Patricia war Bankangestellte, Mitte Vierzig, mit chronischen Kopf- und Nackenschmerzen. Wenn man sie an Kopf und Nacken berührte, hatte sie das Gefühl, daß sich alles drehte, und wurde auch im Liegen fast ohnmächtig. In meiner ersten Sitzung mit Patricia sprach ich nur über Identifikation und Abstandhalten und leitete sie zu einer einfachen Übung an. Ich empfahl ihr auch, diese Übung täglich zu Hause durchzuführen. Bei unserem zweiten Treffen fragte ich sie, wie es für sie sei, die Disidentifikationsübung täglich durchzuführen.

„Ich hatte das Bild eines Kerns", sagte sie, „um den herum viele Schichten gewickelt waren – mein Körper, meine Gefühle, Wünsche und Gedanken."

Dann sprach ich mit ihr über Teilpersönlichkeiten und ihre Beziehung zu den Ereignissen in Körper und Geist. Ich bat sie, sich vorzustellen, sie säße auf einer Bank vor einem Haus und ließe ihre verschiedenen Teilpersönlichkeiten aus dem Haus treten. Dabei schilderte sie die folgende Szene:

> „Die ‚Du-sollst-Patricia' kommt zuerst heraus, droht mir mit dem Finger, als wolle sie mir sagen, was ich tun darf und was nicht. Als nächste kommt die ‚Dilettantische' (die Stümperin) und sagt: ‚Soll ich das tun oder jenes?' und huscht von einer Seite auf die andere. Jetzt kommt die ‚Unentschlossene' hervor und schüttelt vor lauter Unentschlossenheit den Kopf: ‚Ja, nein, vielleicht, ja, nein, vielleicht ...' Hier kommt die ‚Tugendhafte'. Sie ist die Königin – keine Fehler, kein Versehen, aber sie ist wie Eis, sie ist einfach kalt. Ich sehe Patricia aus der Tür spähen [ein Hinweis auf die Mitte der Reisenden]. Sie weiß, daß es so etwas wie Perfektion nicht gibt. Sie will, daß ich hereinkomme und mit ihr spreche."

Jetzt ging Patricia also ins Haus und fuhr dann mit ihrem Bericht fort:

> „Da ist jemand im Schrank, sie kommt jetzt heraus und sagt: ‚Ich habe eine Todesangst.' [Die Reisende beginnt zu weinen.] Sie geht langsam auf die Tür zu. Sie tut mir leid. Ich möchte, daß sie sich ändert, sie hat den Willen, sich zu ändern. Ich möchte ihr dabei helfen."

Ich fragte die Reisende, ob sich jetzt alle Personen im Haus vorgestellt hätten. Zuerst war sie sich nicht sicher, doch dann bemerkte sie, daß es noch ein Obergeschoß gab.

> „Nein, im oberen Stockwerk ist ein kleines Mädchen. [Die Reisende fängt wieder an zu weinen.] Ich habe ihr nie verziehen, ich habe sie all die Jahre verdammt. Ich muß ihr sagen: ‚Es tut mir leid.' Er hätte ihr das nicht antun sollen. Sie schämt sich und fühlt sich schuldig."

Patricia schaute sich weiter im oberen Stockwerk um und fand noch jemanden im Schrank versteckt.

> „Hier ist noch jemand im Schrank versteckt. Ich weiß nicht, wer das ist. Oh, es ist die ‚Wütende'. Ich kann sie nicht herauslassen, sie verletzt sonst alle. Ich weiß, sie tut mir jetzt weh [beginnt zu weinen]. Sie sitzt auf einem Vulkan, und ich weiß nicht, wie lange sie dort noch bleiben kann. Sie gibt sich große Mühe. Vielleicht kann ich ihr für den Augenblick eine Botschaft geben: ‚Entspanne dich und halte noch eine Weile durch.' Ich werde sehen, was ich für ihre Freiheit tun kann, wenn der Vulkan ausbricht. Sie ist nicht sehr glücklich, aber für den Augenblick ist es wohl in Ordnung. Ich mache die Schranktür ein bißchen auf und lasse die Kette davor. Das nächste Mal mache ich die Tür ganz auf und löse auch die Kette."

Nachdem sie sich noch einige Minuten lang im Haus umgesehen hatte, erkannte Patricia, daß sie alle wichtigen Teilpersönlichkeiten entdeckt hatte. Sie beschloß, sich wieder auf die Bank vor dem Haus zu setzen.

„Es war ein Glashaus", schloß sie, „und die ganze Erfahrung hat eigentlich Spaß gemacht!"

Ich bat Patricia, die Zeit bis zu unserem nächsten Treffen dazu zu nutzen, diese Teilpersönlichkeiten ein wenig besser kennenzulernen. Als ich sie das nächste Mal sah, beschloß sie, alle Teilpersönlichkeiten zu einem Treffen im Wohnzimmer aufzufordern – alle mit Ausnahme der einen, die auf dem Vulkan saß. Nachdem sich die Teilpersönlichkeiten vor ihr versammelt hatten, bat Patricia das kleine Mädchen, das sie im oberen Stockwerk gefunden hatte, näherzukommen. Als das Kind sich ihr näherte, begann Patricia wieder zu weinen, und die Geschichte des Kindes entfaltete sich.

Patricias Vater war ein hochgestellter Regierungsbeamter gewesen, und aus diesem Grund reisten er und Patricias Mutter viel und verbrachteten die meiste Zeit außer Landes. Patricia und ihr Bruder lebten also nicht bei ihren Eltern, sondern wurden in ein Internat in der Nähe ihrer Heimatstadt, New Haven/Connecticut, geschickt. Die Schulzeit war eine Zeit, aus der sie schlimme Erinnerungen verfolgten. Ihr Gesicht verkrampfte sich und ihre Stimme war kaum vernehmbar. Sie hatte große Schwierigkeiten, darüber zu sprechen.

Als sie mit ihrem Bericht in den Wehen lag, dämmerte mir, was vorgefallen sein mußte: Patricia mußte während ihrer Schulzeit sexuell mißhandelt worden sein. Wenn man mit anderen Reisenden gearbeitet hat, die in ihrer Kindheit sexuell mißbraucht wurden, lernt man die charakteristische Aura kennen, die jemanden umgibt, der sich mit dieser Qual wieder befaßt. Es ist sehr schwierig, so etwas einzugestehen, besonders wenn man Mitte Vierzig ist und Mutter von sechs Kindern und das Gefühl hat, dieses Erlebnis sollte längst hinter einem liegen.

Schließlich brachte Patricia sich dazu, das dunkle Geheimnis ihres inneren Kindes herauszulassen. Sie flüsterte mit tränenerstickter Stimme: „Ich schäme mich, das zu sagen, aber Sie sollten wissen, daß ich in den sieben Jahren, die ich in dieser Schule verbrachte, wiederholt von einem meiner Lehrer sexuell mißhandelt wurde."

Mit diesem ersten Eingeständnis kam die ganze tragische Geschichte heraus. Von ihrem siebten bis zum vierzehnten Lebensjahr wurde Patricia von ihrem Geigenlehrer, einem Mann von ungefähr sechzig Jahren, sexuell mißbraucht. Unter Tränen gestand sie mir ihre Scham, ihre Schuldgefühle, ihre Wut und ihre Verwirrung über diese Zeit in ihrem Leben ein. Patricia hatte in ihrer kindlichen Vorstellung eine Verbindung zwischen der sexuellen Mißhandlung und dem Schmerz über das Zurückgelassenwerden durch ihre Eltern geschaffen und gab sich die Schuld für beides.

> „Ich wollte eine perfekte Schülerin sein. Ich dachte, wenn ich in der Schule gut genug wäre, würden meine Eltern mich vielleicht wieder zu sich nehmen. Aber ich wußte, daß ich nie perfekt sein könnte, nachdem das passiert war, nie gut genug. Ich fühlte, daß es mir ganz recht geschah, daß ich nicht bei meinen Eltern sein durfte, weil ich das mit ihm [dem Musiklehrer] gemacht hatte."

Patricia beschäftigte sich nicht zum ersten Mal mit den Gefühlen aus dieser Situation. Sie war seit ihrem zwanzigsten Lebensjahr immer wieder in Therapie gewesen. Im Alter von dreiundzwanzig Jahren wachte sie tatsächlich eines Nachts auf und fühlte ihre Persönlichkeit vollkommen von ihrem Körper abgespalten – es fühlte sich an, als befände sich ihr Körper auf einer Seite des Zimmers und ihr Geist auf der anderen. Dieser gespaltene Zustand hielt mehrere Tage lang an, bis sie schließlich ins Krankenhaus eingeliefert wurde. Wenn es auch nie mehr so schlimm wurde wie dieses erste Mal, erlebte sie doch seitdem immer wieder solche Zeiten des Gespaltenseins.

Patricia lebte in Angst und Schrecken vor diesen Zeiten, denn diese machten sie handlungsunfähig. Eine so einfache Aufgabe wie Einkaufen war dann mehr, als sie verkraften konnte. Üblicherweise wurde sie während dieser Zustände stark sediert, und nach ein paar Tagen war es vorbei. Das Gespaltensein trat immer in Begleitung schwerer Nacken- und Kopfschmerzen auf – der körperlichen Symptome, die Patricia zu mir geführt hatten.

Als ich jedoch zum ersten Mal ihren Hals und Kopf berührte, verstärkte sich das Gefühl des Gespaltenseins, ihr ganzer Körper wurde steif und verspannt, und sie wurde außerordentlich ängstlich. Jetzt wurde Patricia und mir dieses Konglomerat physischer und psychischer Ereignisse klar.

Sie erkannte, daß sie dieses Gespaltensein erlebt hatte, während sie sexuell mißbraucht wurde. Damit diese sexuelle Mißhandlung wiederholt stattfinden konnte, spaltete sie buchstäblich ihren Körper von ihrem Geist ab. Das war damals die einzige Verteidigung, deren sie fähig war: Sie gab ihren Körper auf, um ihren Geist zu behalten. Ihre Kopf- und Nackenschmerzen waren die körperlichen Manifestationen dieser Verteidigungsreaktion. So rief meine Berührung diese frühen Erlebnisse wieder hervor und brachte deshalb die Spaltung mit sich, mit deren Hilfe Patricia die Situation bewältigt hatte.

In der Therapie der vergangenen Jahre hatte Patricia ihre Wutgefühle dem Musiklehrer gegenüber angesprochen und durchgearbeitet und war sogar zu dem Gefühl gelangt, daß sie über diese Wut hinausgewachsen war und ihm vergeben hatte.

„Aber diesem armen, kleinen Kind habe ich nie vergeben", sagte sie in gedämpftem Ton. „Nach all den Jahren gebe ich ihr immer noch die Schuld."

Im Verlauf der nächsten Sitzungen lernte Patricia ihr inneres „Kind“ und dessen Hoffnungen, Ängste und Bedürfnisse kennen. Dann, am Beginn einer weiteren Sitzung, sagte Patricia lächelnd und mit ungewöhnlich klarer Stimme:

> „Die Schuld lockert sich allmählich. Ich glaube, ich habe angefangen, diesem kleinen Mädchen zu vergeben. In den vergangenen Wochen ist eine andere Stimme aufgetaucht. Ich nenne sie die ‚Durchboxerin‘, weil sie nicht aufgeben will.“ [Ein Hinweis auf Patricias echten Wunsch, ihre psychischen und physischen Probleme durchzuarbeiten]

Ich bat Patricia, sich jetzt wieder in ihren Körper einzufühlen, und sie erwiderte: „Ich fühle mich wie ein Stehaufmännchen, eine dieser Puppen, die sich immer wieder aufrichten, wenn man sie umwirft.“ Patricia ging jetzt wieder in das Haus zurück, in dem sie zum ersten Mal alle ihre Teilpersönlichkeiten getroffen hatte.

„Wie wäre es, wenn Sie sich ihnen noch einmal vorstellten?“ schlug ich vor.

„Ich habe hier das Sagen“, sagte sie mit Nachdruck zu ihnen, „und wir sind alle voller Kraft.“

Ich war ehrlich gesagt von der Stärke von Patricias Aussage etwas überrascht. Ich griff nach einem Stift und trug das Wort in meine Notizen ein: „Mitte?“ Wenn ein Reisender seine Mitte erreicht, ist das wirklich aufregend, fast wie wenn man einen Marathonläufer bei seinen letzten hundert Metern vor dem Ziel beobachtet – und Patricia war so weit. Sie sprach weiterhin aus diesem neugefundenen Teil ihrer selbst.

„Die auf den Vulkan aufpaßt, kann jetzt herauskommen“, sagte sie.

„Sie braucht sich keine Sorgen mehr zu machen, der Vulkan kann jetzt langsam ausbrechen. Wir werden alle diese Gefühle in leicht verdaulichen Portionen zu uns nehmen.“

„Oh, jemand hat alle Fenster aufgemacht“, rief sie dann aus. „Das Haus blüht auf. Alles sieht ein bißchen besser aus.“

Patricia beendete diese Reise mit der schlichten Bemerkung:

„Ihr alle [ihre Teilpersönlichkeiten] habt in diesem Haus etwas beizusteuern."

Patricia hatte ihren Puppenspieler gefunden. Indem sie ihre Mitte entdeckte, begann sie ihren Körper und ihre psychischen Prozesse miteinander auszusöhnen. Zu guter Letzt erlaubte uns dieser Durchbruch auch, Berührung auf unseren Heilungsreisen mit einzubeziehen. Patricias Beispiel zeigt deutlich, wie ein Reisender durch Distanzierung von den Teilpersönlichkeiten zu seiner Mitte gelangt. Doch ist dieser Prozeß oft viel feiner.

*

Bruce, ein Reisender Anfang Sechzig, war anfangs wegen seiner Beschwerden im unteren Rücken und wegen seiner Nackenschmerzen zu mir gekommen. Obwohl er nicht mehr unter Rückenschmerzen litt, war die Somatosynthese-Arbeit doch wertvoll für ihn, und er kam weiterhin zu regelmäßigen Sitzungen. Auch Bruce war mehrere Jahre lang in psychotherapeutischer Behandlung gewesen, und er war sich seiner emotionalen und psychischen Probleme sehr wohl bewußt. In einer Sitzung war ich dabei, sanften Druck auf seinen Nacken und oberen Rücken auszuüben. Ich bat ihn, sich auf diese Stelle zu konzentrieren und die damit verbundenen Erlebnisse auftauchen und sich entfalten zu lassen. Er lieferte den folgenden Reisebericht:

> „Ich bin auf einer kleinen Insel zwischen zwei Flüssen. Der rechte Fluß symbolisiert, ‚was ich geworden bin' in meinem bisherigen Leben [eine Zeit im Leben des Reisenden, in der er die Psychotherapie begann und einige wichtige Veränderungen in Richtung gesünderes Leben vornahm]. Der linke Fluß bedeutet, ‚was aus mir werden kann' in meinem jetzt beginnenden Leben. Ich sehe, daß die beiden Ströme ungefähr hundert Meter flußabwärts zusammenfließen, und gehe in diese Richtung. Dieser neue Strom ist jetzt viel breiter als die beiden Flüsse, die in ihn einströmen."

Ich wendete jetzt sehr leichte Traktion an Bruces Schädelrand an und folgte langsam der Bewegung des Kopfes, der sich, als sich die Nackenmuskeln entspannten und die Spannung nachließ, von einer Seite zur anderen bewegte. Ich forderte Bruce nun auf, dieser Strom zu werden und die Reise von diesem Punkt der Vereinigung bis zur Einmündung ins Meer zu erleben. So nahm er seine Erzählung wieder auf:

> „Beim Weiterfließen nehme ich die Szenerie an den Flußufern wahr. Kühe und Pferde grasen auf jeder Seite. Hier ist eine Biegung im Fluß, und jetzt passieren wir ein kleines Dorf. Wie interessant, am Flußufer sind verschiedene Szenen aus meinem Leben – Personen, Orte und Ereignisse, die für mich Wendepunkte darstellten. Da sind meine Eltern, sie winken mir zu, als ich an ihnen vorbeifließe; sie sind jetzt beide tot; meine ehemalige Frau und unsere Kinder sind auch dort. Ich sehe gute Freunde an den Flußufern, und ich kann sogar das Haus sehen, in dem ich aufgewachsen bin.
>
> Am Ende des Dorfes fließt der Strom über Felsen, wird schneller und bildet eine Reihe von Wirbeln und Stromschnellen. Jetzt sind die Flußufer von nichts als Felsen flankiert, und das Wasser ist tiefer und schneidet einen Weg durch diese Schlucht. In der Ferne kann ich das Meer sehen – es ist weit und endlos. Zuerst ist die Fahrt rauh; wo das frische Wasser auf das Meer trifft, gibt es Turbulenzen.“
>
> [Hier hält der Reisende ungefähr eine Minute lang inne.]
>
> „Schließlich ist es still, und ich treibe in einem tiefen Ozean der Ruhe.“

Obwohl Bruces Reise nicht so explizit war wie Patricias, war sie doch genauso tief und wirkungsvoll. Wo Patricias Reise reich an Einzelheiten war, zeigte diejenige von Bruces einen Reichtum an symbolischen Bildern. Die beiden Flüsse zu Beginn seiner Reise waren die beiden Pole seiner Psyche: eine Darstellung, die die Transformationskräfte (‚was aus mir werden kann‘) und die Kräfte der Permanenz (‚was ich geworden bin') verband. Dies ist ein archetypischer Konflikt, der die Spannung zwischen zwei entgegengesetzten Kräften widerspiegelt, die hinter vielen Konflikten der menschlichen Psyche liegt. Aber der Konflikt wurde gelöst, als die beiden entgegengesetzten Kräfte zusammenkamen, und die folgende Reise auf dem vereinigten Fluß war Bruces Synthese dieser beiden Seinsströme. Mit diesem einen Fluß hatte er seine Mitte gefunden.

Nachdem er durch Bruces persönlichen Lebensbereich geflossen war (die Szenen mit der Familie und den Freunden), vertiefte sich der Strom auf seinem Weg zum Meer. Und als der Strom endlich das Meer erreichte, fand Bruce seinen „ruhenden Punkt". Konflikt, Turbulenz und schnelles Fließen unterwarfen sich dann der ruhigen Stille des weiten Meeres. Eine Somatosynthese-Reise wie diese übt einen starken Einfluß aus durch das symbolische Zusammenfügen und Integrieren wichtiger Elemente im Leben des Reisenden.

Bruces Reise illustriert auch einen zweiten Schlüsselaspekt unserer Mitte: Sie ermöglicht den Zugang zu einem transpersonalen Bereich. Für Bruce war dieser Bereich in einem weiten Ozean symbolisiert.

Körper und Geistig-Seelisches sind die beiden Hauptbestandteile unseres persönlichen Selbst. Und ich beschrieb die Mitte zuerst als einen Zeugen, einen Beobachter jenseits von Körper und Geist, der dabei hilft, diese beiden Aspekte unseres Wesens zu verschmelzen und in Einklang zu bringen. *Transpersonal* ist ein anderer Ausdruck für „über das Persönliche hinausgehend", also auch „jenseits von Körper und Geist" (*trans* ist eine lateinische Vorsilbe und bedeutet „darüber hinaus"). Aber das Transpersonale ist mehr als „Bezeugen" und „Beobachten".

Transpersonal heißt auch „spirituell", wobei „spirituell" weit mehr besagt als welcher religiösen Glaubensrichtung Sie angehören. Dieses transpersonale oder spirituelle Reich ist oft schwer beschreibbar, weil sich Weite und Tiefe der transpersonalen Erlebnisse nicht in Worte fassen lassen. Es ist eine Wirklichkeit, die über Körper und Geist und auch über Worte hinausreicht. Mystische Erfahrung, Selbsterkenntnis, Selbstverwirklichung, Erleuchtung, Einheit, Ganzheit oder Einigkeit sind Wörter, die häufig zur

Beschreibung dieser Wirklichkeit gebraucht werden, aber auch sie können diese Wirklichkeit nicht umfangen.

Natürlich ist dieses Problem nicht ganz unbekannt. Viele Menschen haben transpersonale Erlebnisse gehabt, die sich einer wörtlichen Beschreibung entziehen. Wenn Sie beispielsweise jemals einen atemberaubenden Sonnenuntergang über dem Meer erlebt und dann versucht haben, diesen jemandem zu beschreiben, kennen Sie das Problem. Ihre Worte fangen vielleicht die Farben ein und die Gefühle, die diese in Ihnen auslösten, aber die *Gestalt*, das Ganze, liegt immer außerhalb Ihrer Worte. Wahrscheinlich würden Sie schließlich sagen: „Man muß es erlebt haben, um es wirklich zu verstehen." Und genau das ist die Natur des Transpersonalen: Es ist eine unmittelbare (un-vermittelbare, nicht mitteilbare) Erfahrung.

Es stellt sich hier auch heraus, daß die transpersonale Erfahrung eigentlich nicht sehr weit von unserem Alltagsleben entfernt ist. Wenn wir eine Blume bewundern, bei der Geburt eines Kindes anwesend sind, in die Augen unseres Geliebten schauen, etwas so Einfaches schaffen wie eine Sandburg oder etwas so Komplexes wie eine Symphonie, wenn wir Schönheit in jeder beliebigen Form genießen, heben uns diese Aktivitäten über uns selbst hinaus – wenn auch nur einen Augenblick lang. Und das Transpersonale liegt buchstäblich „außerhalb der Person".

Wir sprechen oft von einem „transpersonalen Selbst", als sei dies ein (abgetrennter) Bestandteil von uns. Das ist verwirrend, denn es gibt keinen transpersonalen „Teil" von uns, so wie es einen „Teil" von uns gibt, der ärgerlich oder traurig ist oder der schmerzt. Das Transpersonale ist eine Erfahrung, nicht ein Wesen. Es ist eine Erfahrung, die Menschen schon seit Tausenden von Jahren erforschen. Es gibt viele Möglichkeiten, ein transpersonales Erlebnis zu interpretieren, zu verstehen und daran teilzuhaben. Wenn ich auch lieber vom „transpersonalen Seinsbereich" sprechen würde, so ist dieser Ausdruck doch zu umständlich, und deshalb verwende ich statt dessen häufig auch die Bezeichnung „transpersonales Selbst".

Transpersonale Erfahrungen werden oft mystisch genannt, weil die wahre Natur dieser Erfahrungen vor uns verborgen ist. Was ist es an der Blume, das uns so lange verweilen läßt? Warum flößt das Wunder der Geburt so viel Ehrfurcht ein? Wie berührt Liebe uns so tief? Woher kommt Kreativität? Warum packt uns Schönheit?

Es gibt keine aussagekräftigen Antworten auf diese Fragen, und in diesem Sinne sind die Erfahrungen, die diese Fragen hervorrufen, rätselhaft. In der Tat ist es bei der Suche nach Ganzheit und Sinn in unserem Leben genau diese mystische und mysteriöse Qualität dieser Erfahrungen, die uns immer wieder zu ihnen hinzieht.

Dieser Drang nach dem Mystischen, Transpersonalen, Spirituellen wurde von Albert Einstein als „die schönste Emotion, die wir haben können" beschrieben. Und *der Kern der Somatosynthese-Reise besteht darin, eine Verbindung zu unserer transpersonalen oder spirituellen Dimension zu schaffen und dadurch unsere Ganzheit wiederzuentdecken.* Anders gesagt ist der transpersonale Bereich der Teil unserer selbst, der die Verbindung zum Ganzen nie verloren hat. Einstein glaubte, es sei unsere Aufgabe, diesen verborgenen transpersonalen Bereich wiederzuentdecken, indem wir die Hindernisse beseitigen, die uns vom Ganzen trennen:

> „Ein Menschenwesen ist ein Teil des Ganzen, das wir ‚Universum' nennen; ein Teil, der durch Zeit und Raum eingeschränkt ist. Es erlebt sich, seine Gedanken und Gefühle als vom Rest getrennt – das ist eine Art optischer Täuschung seines Bewußtseins. Diese Täuschung ist für uns eine Art Gefängnis, beschränkt uns auf unsere persönlichen Wünsche und auf die Zuneigung zu den wenigen Personen, die uns am nächsten stehen. Es ist unsere Aufgabe, uns aus diesem Gefängnis zu befreien."

Eine uralte Technik zum Ausbruch aus diesem Gefängnis ist die Antwort auf die Frage (Was ist das transpersonale Selbst?) in negativen Worten. Dies ist der Ansatz der östlichen Mystiker, die alle Qualitäten aufzählten, die das spirituelle Selbst *nicht* besitzt: nicht gut, nicht schlecht, nicht Vergnügen, nicht Schmerz, nicht Erfolg, nicht Versagen, nicht Körper, nicht Geist. Die erste Maxime der chinesischen taoistischen Philosophie besagt, daß das Tao, das mit Worten *beschrieben* wird, nicht das *wahre* Tao ist – und so ist es auch mit dem transpersonalen „Selbst". Sogar im Christentum finden wir den Satz: „Der mich kennt, kennt mich nicht." Das transpersonale oder spirituelle Selbst liegt außerhalb der Reichweite unseres endlichen Geistes.

Zum besseren Verständnis einer transpersonalen Erfahrung lade ich Sie zu der folgenden Übung ein:

_ _ _ _ _ _ _ _ _ _ _ _

Übung: Entdecken Sie Ihr transpersonales Selbst!

1. Machen Sie es sich auf einem Stuhl oder im Liegen bequem. Beginnen Sie damit, sich auf Ihren Atem zu konzentrieren. Lassen Sie Ihren Körper mit jedem Atemzug sich ein wenig mehr entspannen. Spüren Sie, daß Sie bei jedem Einatmen eine Welle der Entspannung einatmen, die an Ihrem Kopf beginnt und bis in Ihre Füße hinunterfließt.

Lassen Sie nun Ihren Geist Ihrem Körper in die Entspannung folgen. Mit jedem Atemzug spüren Sie, wie Ihr Geist sich besser entspannen kann und einen angenehmen, stillen Ort des Seins findet.

2. Fragen Sie sich: „Wer bin ich?“ und lassen Sie die Antworten auf diese Frage in sich hochsteigen. Höchstwahrscheinlich treten diese in verschiedenen üblichen Formen auf: Ich bin dieser Körper; ich bin mein Geist; ich bin dieser Gedanke meiner selbst; ich bin ein Ehemann; ich bin eine Ehefrau; ich bin ein Mann; ich bin eine Frau; ich bin schwarz; ich bin weiß. Es gibt viele Möglichkeiten. Lassen Sie mehrere Minuten lang unterschiedliche Antworten auf diese Frage in sich aufsteigen.

3. Wiederholen Sie als nächstes mehrmals die folgenden fettgedruckten Sätze, und zwar systematisch jeden für sich, und lesen Sie den zugehörigen Text mindestens einmal:

Ich habe einen Körper, aber ich bin nicht mein Körper.
Mein Körper mag sich in unterschiedlichen Gesundheits- oder Krankheitszuständen befinden; er mag ausgeruht oder müde sein; er mag mir Freude oder Schmerzen bereiten, aber das hat nichts mit dem zu tun, was ich in Wirklichkeit bin. Mein Körper ist ein wertvolles Instrument, mit dem ich die Welt erleben und in ihr funktionieren kann, aber er ist nur ein Instrument. Ich behandle ihn gut; ich trachte danach, ihn gesund zu erhalten, aber er ist nicht „ich“. **Ich habe einen Körper, aber ich bin nicht mein Körper.**

Ich habe Gefühle, aber ich bin nicht meine Gefühle.
Diese Gefühle sind zahllos, widersprüchlich, veränderlich, und doch weiß ich, daß ich immer ich selbst bleibe, in Zeiten der Hoffnung oder der Verzweiflung, in Freude und Schmerz, wenn ich ärgerlich bin oder ruhig. Da ich meine Gefühle beobachten, verstehen, beurteilen und dann lernen kann, sie immer mehr zu überwachen, zu steuern und zu benutzen, ist es klar, daß meine Gefühle nicht „ich" sind. **Ich habe Gefühle, aber ich bin nicht meine Gefühle.**

Ich habe Wünsche, aber ich bin nicht meine Wünsche.
Meine Wünsche entstehen aus körperlichen und emotionalen Trieben und äußeren Einflüssen. Auch sie sind veränderlich und widersprüchlich und schwanken zwischen dem, was mich anzieht, und dem, was mich abstößt. Manchmal werden meine Wünsche erfüllt, und zu manchen Zeiten bleiben sie unerfüllt, doch kann ich meine Wünsche nie mit dem verwechseln, was ich wirklich bin. **Ich habe Wünsche, aber ich bin nicht meine Wünsche.**

Ich habe Gedanken, aber ich bin nicht meine Gedanken.
Mein Geist läßt meine Gedanken aufsteigen, und diese helfen mir, die Welt um mich her und die Welt in mir zu verstehen; trotzdem sind meine Gedanken nicht ich selbst. **Ich habe Gedanken, aber ich bin nicht meine Gedanken.**

Ich bin das, was noch verbleibt, eine Mitte (ein Zentrum) des Bewußtseins und des reinen Geistes *(a Center of Consciousness and Spirit).*

4. Nachdem Sie diese Sätze wiederholt haben, ruhen Sie sich einfach aus und erlauben Sie sich, mit den Reaktionen darauf, die sich in Körper und Geist einstellen, in Berührung zu kommen.

5. Wenn Sie dafür bereit sind, atmen mehrmals tief durch, strekken Sie sich und öffnen Sie Ihre Augen.

– – – – – – – – – – –

Diese Übung zeigt Ihnen in der Antwort auf die fundamentale Frage „Wer bin ich?" den Unterschied zwischen Ihrem persönlichen und dem transpersonalen Selbst. Wenn Sie sich entspannt haben, lassen sich die Antworten Ihres persönlichen Selbst auf diese

Frage einfangen. Wie Sie sehen, definiert sich Ihr persönliches Selbst durch eine Ansammlung von Dingen, mit denen Sie sich identifizieren – Körper, Geist, Gedanken, Gefühle, gesellschaftliche Rolle. Ihr persönliches Selbst wird durch diese Identifikationen nicht nur definiert, sondern auch davon eingeschränkt.

Dies sind beispielsweise auch die Einengungen, die ein Reisender erlebt, der sich mit dem Ärger einer „Streber"-Teilpersönlichkeit identifiziert und dabei verspannte, schmerzende Nackenmuskeln entwickelt. Im Geist dieses Reisenden sagt eine Stimme: „Ich bin wütend", und der Körper dieses Reisenden drückt diesen versteckten Ärger durch Verspannung und Schmerzen aus.

Solange der Reisende seinen Ärger festhält, erstickt dieser die anderen inneren Stimmen und beschränkt die freie, natürliche Beweglichkeit des Körpers des Reisenden; so wird ein Reisender, dessen persönliches Selbst sich mit seiner Wut identifiziert, von dieser Wut physisch und psychisch beherrscht und damit eingeschränkt. Das Ziel der Somatosynthese-Arbeit besteht darin, den Reisenden von diesen Einschränkungen durch Körper und Geist zu befreien.

Das transpersonale Selbst ist jenseits aller Einschränkung. Und der dritte Schritt dieser Übung zeigt einen systematischen Weg zur Befreiung von der einschränkenden Identifikation des persönlichen Selbst und zur Entdeckung des transpersonalen Selbst. Auch hier sehen wir die Funktion der Mitte, die uns aus der jeweiligen einschränkenden Identifikation befreit und dadurch den Zugang zu unserem transpersonalen Selbst schafft.

So ist das Voranschreiten der Somatosynthese-Reise von der Psyche zur Mitte eine Bewegung weg von den Einschränkungen durch Körper und Geist und hin zum transpersonalen Bereich. Nur ein außergewöhnlicher Reisender schafft die Reise vom Körper zur Psyche und von der Psyche zur Mitte im Rahmen einer einzigen Somatosynthese-Sitzung. Im allgemeinen verbringt der Reisende eine Reihe von Sitzungen auf dem ersten Abschnitt der Somatosynthese-Reise. Dieser erste Reiseabschnitt – das Voranschreiten vom Körper zur Psyche – gibt dem Reisenden die Möglichkeit, sein persönliches Selbst (Körper und Geist) zu erforschen und sich allmählich davon zu distanzieren.

Die Tatsache, daß der Reisende weiter an der Disidentifikation von den Einschränkungen durch Körper und Geist arbeitet, treibt die Reise oft in die zweite Phase voran, wobei auch der Begleiter gleichzeitig ein wenig nachhilft. Manchmal mag der Begleiter auch beschließen, die Heilungsreise des Reisenden etwas direkter zu steuern.

Der Zugang zum transpersonalen Bereich des Reisenden muß nicht immer geplant werden; manchmal findet er auch ganz spontan statt. Oft schafft die Lösung persönlicher Probleme – das Auflösen von Konflikten zwischen den Teilpersönlichkeiten, die Lösung psychischer Probleme, die hinter körperlichen Symptomen versteckt liegen, das Erstellen von Bild-Gegenbild-Paaren – ein Vakuum, in das die transpersonale Energie einströmt. Die Reise, die Bruce unternahm, veranschaulicht das. Der persönliche Konflikt (die beiden Flüsse) wird durch die Mitte gelöst (der eine Fluß), und diese führt zum transpersonalen Seinsbereich (dem Ozean).

Meere, Berge, weite Horizonte, strahlendes Licht und ehrfurchterweckende Visionen beschreiben die spontanen transpersonalen Bilderlebnisse von Reisenden. Dies sind Bilder, welche die Ganzheit, Einheit, Weite und Großartigkeit der transpersonalen Erfahrung widerspiegeln.

*

Das Thema des Fortschreitens von der persönlichen Ebene durch die Mitte zum transpersonalen Bereich zeigt sich in der Reise einer Reisenden namens Michelle. Wie Bruce hatte auch Michelle keine besonderen körperlichen Beschwerden, war durch Jahre der Psychotherapie gegangen und war sich vieler ihrer emotionalen und psychischen Probleme bewußt. Als Michelle auf dem Behandlungstisch lag, fühlte ich mich von einer Stelle an ihrem oberen Rücken und auf ihrer Brust angezogen. Ich stützte diese Gegend, indem ich eine Hand unter ihren Rücken und eine auf ihren Brustkorb legte, leitete sie zur Entspannung an und bat sie dann, ihre Aufmerksamkeit auf diese Stelle zu richten. Ich fragte sie, welche Art „Ort“ sie von dieser Körperstelle aus erlebte, und die folgende Reise entfaltete sich ohne viel weiteres Eingreifen:

„Ich bin auf einem Berghang und schaue auf eine hügelige Landschaft und auf Berge in der Ferne. Ich sehe einen Weg in der Ferne, der den Berg hinab führt. Ich fühle mich von diesem Pfad angezogen."

[Die Reisende hält einige Augenblicke lang inne.]

„Ich bin jetzt auf diesem Weg und gehe den Hügel hinunter auf einen Nadelwald zu. Ich will hier eine Weile anhalten und die Kühle und Stille dieses Waldes genießen."

[Die Reisende schweigt einige Minuten lang.]

„Oje, da tanzt ein Licht vor mir und winkt mir, ihm zu folgen. Es führt mich durch den Wald und verschwindet plötzlich in einer kleinen Höhle. Ich bin mir nicht sicher, ob ich diesem Licht folgen soll."

[Michelle zögert einen Augenblick und versucht herauszufinden, ob sie auch in die Höhle gehen soll.]

„Ich gehe auch hinein. Es ist überraschend gemütlich hier drin, obwohl ich keine Fenster oder andere Lichtquellen sehe. Jetzt sehe ich ein flackerndes Feuer und einige Gerätschaften darum herum verteilt – offensichtlich wohnt hier jemand."

[Die Reisende beginnt zu lachen.]

„Ich wohne hier! Ich bin es, die hier wohnt! Jetzt kann ich sogar ein Fenster sehen, es ist rund und liegt in der Mitte einer Höhlenwand. Beim Hinausschauen bemerke ich, daß ich nicht mehr im Wald bin, sondern hoch auf einem Berg. Ich kann hinunterschauen und sehe alles. Ich sehe die andere Seite der Welt."

Michelle genoß ihre Aussicht auf die Welt einige Minuten lang, bis wir die Sitzung beendeten. Ich bat sie, eine Zeitlang still zu sein und den Sinn dieser Reise in sich aufsteigen zu lassen. Bei unserer nachfolgenden Besprechung erklärte sie mir, daß das hügelige

Terrain, in dem sie sich ursprünglich befunden habe, die Konflikte und „Schocks“ in ihrem Leben darstelle. Der Weg, der vom Hügel in den Wald hinunterführte, sei ihre Chance, in die tieferen Bereiche ihrer Psyche hinabzusteigen, aus denen diese Konflikte auftauchten.

Michelle war überrascht, wie angenehm es sich für sie in diesem Wald anfühlte. Das tanzende Licht repräsentierte den Teil in ihr, der „mich immer heimführen will“ (ihre Mitte). Als sie ihr „Zuhause“ endlich fand, das durch die Höhle symbolisiert wurde, sah Michelle über den Hügel, den Wald und den Weg hinaus. Sie sah, was sie durchgemacht hatte, um hierher zu gelangen, in einer das Ganze – alles – umfassenden (transpersonalen) Übersicht. „Dies ist der Blickwinkel meines ‚höheren Selbst‘“, sagte sie.

*

Der transpersonale Bereich ist nicht immer der Endpunkt des Somatosynthese-Prozesses. Manchmal kann der Begleiter auch in anderen Phasen der Heilungsreise transpersonale Hilfsmittel einsetzen, um dem Reisenden zu helfen. Der Einsatz transpersonaler Mittel ist besonders wirksam, wenn ein Reisender feststeckt, wie im folgenden Fall:

Georgia war Bildhauerin, Anfang Dreißig, und besuchte mich ursprünglich wegen Kopf- und Nackenschmerzen. Wie viele andere Reisende, mit denen ich arbeite, war sie jahrelang in Psychotherapie gewesen und hatte das Gefühl, ihre emotionalen und psychischen Probleme gut im Griff zu haben. Doch während dieser ganzen Behandlung war wenig auf ihren Körper geachtet worden. Sie hatte viele ihrer psychischen Probleme auf intellektueller Ebene gelöst, doch ihre körperlichen waren nach wie vor vorhanden. In einer besonders ergiebigen Sitzung stützte ich sie unter und auf ihrer Brust. Als ich sie bat, ihre Aufmerksamkeit auf diese Stelle zu richten, antwortete sie: „Es ist wie eine Backsteinmauer, eine hohe, lange Backsteinmauer.“

„Wie ist es, diese Mauer zu fühlen?“ warf ich ein.

„Da sind viele unterschiedliche Gefühle“, sagte sie. „Trauer, Wut, Angst, Schmerzen und Frustration. Ich dachte, ich hätte diese Gefühle längst schon bewältigt", fügte sie hinzu. „Ich weiß nicht, warum sie immer noch da sind."

„Was ist auf der anderen Seite der Mauer?" fragte ich.

„Ich weiß nicht", sagte sie. „Sie ist zu hoch, um darüber hinwegzuschauen."

„Können Sie hinaufsteigen?"

„Nein", antwortete sie schnell.

Georgia blieb mehrere Minuten lang in dieser mißlichen Lage, in der sie sich von der Mauer ihrer Gefühle gefangen fühlte.

Ich wartete, um zu sehen, ob sie von alleine einen Ausweg finden könne. Als klar war, daß ihr das nicht gelang, schlug ich vor, eine neue Perspektive auszuprobieren.

„Stellen Sie sich vor, Ihr Körper könne schweben und Sie könnten immer höher steigen, so hoch, daß Sie auf die Mauer hinunterschauen können und beide Seiten gleichzeitig sehen."

Nach mehreren Minuten des Schweigens berichtete Georgia, daß sie tatsächlich über der Mauer schwebe.

„Ich habe in meinem ganzen Körper das Gefühl des Schwebens", bemerkte sie. „Es fühlt sich sehr friedlich und heiter an. Ich wünschte, ich könnte einfach hier oben bleiben."

„Wie fühlt es sich an, jetzt auf die Mauer hinunterzuschauen?" fragte ich.

„Auf der anderen Seite der Mauer ist das Meer", beobachtete sie. „Die Backsteinmauer hält das Meer zurück."

Ich ließ sie noch ein paar Minuten länger an diesem luftigen Ort und schlug dann sanft vor, daß sie auf der Seite der Mauer wieder landen sollte, auf der sie gefangen war. Danach hatte sich ihr Gefühl für das, was möglich schien, verändert. Die Mauer schien nicht mehr unüberwindlich, denn sie verstand jetzt ihre Bedeutung.

„Jeder Stein in der Mauer stellt eines der Gefühle dar, die ich in meinem Körper zurückgehalten habe", erklärte mir Georgia. „Wenn es uns gelingt, die Backsteine aus dem Weg zu räumen, kann das Meer hereinkommen und die Emotionen auswaschen."

In einer interessanten Mischung von physiologischer und psychologischer Intervention identifizierte Georgia nun die Gefühle, die zu den jeweiligen Steinen gehörten, und auch die Stellen in ihrem Brustkorb, an denen diese Steine lagen. Dann simulierte ich das Herausnehmen der Steine aus diesen Körperstellen. Wir arbeiteten uns von einem Backstein zum anderen voran. Mit jedem Stein, den wir entfernten, drang mehr Wasser durch, bis das Meer endlich durch die Mauer schoß, diese umwarf und das ganze Gebiet überflutete. Georgia trieb jetzt auf der Wasseroberfläche.

„Ich bin nicht in diesen Gefühlen ertrunken", rief sie fröhlich aus. „Ich schwebe wieder, und es fühlt sich gut an."

Georgia war vom Körper zur Psyche gereist und dort steckengeblieben. Um ihr über diese Blockierung hinweg zu helfen, veranlaßte ich sie, eine transpersonale Hilfsquelle anzuzapfen (über ihrem Körper zuschweben). Dieser Zugang ermöglichte es ihr nicht nur, an ihren emotionalen Problemen zu arbeiten, sondern zeigte auch mir, welche Art von Berührung ihren Heilungsprozeß fördern konnte.

Mit dem inneren Heiler arbeiten

Der „innere Heiler", der „innere Weise", der „innere Arzt", der „innere Doktor" ist eine einzigartige Möglichkeit der Mobilisierung der transpersonalen Heilungsinstrumente des Reisenden. Diese imaginäre Person verkörpert die Kräfte im Reisenden, die nach Ganzheit und Leben streben. Dieser innere Heiler wurde im Laufe der Jahrtausende und quer durch die Kulturen der Welt als „Lebenskraft" unter vielen Namen bekannt: von der *vis medicatrix naturae* (Heilkraft der Natur) des Hippokrates bis zum „Lebenswillen" der westlichen Medizin. Tabelle 6.1 führt einige dieser Namen für den inneren Heiler als Lebenskraft an.

Die Arbeit mit einem inneren Heiler läßt die Lebenskraft im Reisenden lebendig werden. Der innere Heiler kann dem Reisenden als lebendige oder unbelebte imaginäre Gestalt erscheinen – Mensch, Tier, Pflanze, Fels, Licht oder Ton sind häufige Bilder. Manche Reisende hören nur eine Stimme oder sind sich einer „Anwesenheit" bewußt. Der innere Heiler kann ein Tier sein, ein Familienmitglied oder ein Freund, die für den Reisenden von besonderer Bedeutung sind – eine spirituelle Persönlichkeit oder ein geschätztes Andenken – oder auch ein ganz neues Bild. Der Reisende kann auf ihn hören, mit dem inneren Heiler sprechen oder ihn anderweitig beobachten oder mit ihm zu tun haben. In der folgenden Fallstudie half der innere Heiler dem Reisenden und mir, den Grund für wiederkehrende Schmerzen im unteren Rükken zu verstehen.

*

Jill war eine Frau Mitte Dreißig. Bei ihrem ersten Besuch litt sie schon seit drei Monaten unter Rückenschmerzen, die sie arbeitsunfähig machten. Sie hatte Schwierigkeiten beim Gehen, Sitzen oder Stehen und hatte seit dem Einsetzen der Schmerzen nicht arbeiten können. Zu Beginn dieser Sitzung ließ ich mir von Jill die Erlaubnis geben, mit ihrem inneren Heiler zu arbeiten, nachdem ich ihr erklärt hatte, daß ein innerer Heiler eine Personifikation der inneren Kräfte ist, die zu ihrer Heilung beitragen.

Ich legte eine Hand auf ihren Rücken und eine auf ihren Unterleib und leitete diese Reisende zur Entspannung und zum Richten ihrer Aufmerksamkeit nach innen an. Von einer vorangegangenen Sitzung mit Jill wußte ich, daß sie leichten Zugang zu inneren Bildern hatte. So kam ich mit folgender Bitte: „Bitten Sie im stillen darum, Kontakt mit Ihrem inneren Heiler aufnehmen zu können, und warten Sie, bis Sie das Gefühl haben, daß dieser innere Heiler tatsächlich bei Ihnen ist." Fünf oder sechs Minuten vergingen, in denen Jill sich still nach innen konzentrierte. Als sie aus dieser Konzentrationsphase auftauchte, hatte sie tatsächlich Kontakt mit ihrem inneren Heiler.

„Ich sehe eine Frau auf mich zukommen", berichtete sie. „Sie ist groß und hat lange, fließende, schwarze Haare. Jetzt steht sie vor mir."

„Fragen Sie sie, ob sie einen Namen hat", warf ich ein.

„Sie sagt, ihr Name sei Amma", antwortete Jill, „und daß sie hier sei, um mir zu helfen."

Tabelle 6.1: Namen für die Lebenskraft

Mana	Polynesien
Huna	Polynesien
Vis medicatrix naturae	Griechenland (Hippokrates)
Pneuma	Griechenland (Galen)
Mumia	Griechenland (Paracelsus)
Dynamis	Griechenland
Baraka	Marokko und Persien
Mungo	Zentralafrika
Elima	Kongo
Ch'i oder Ki	China (Japan)
Prana	Hindu
Eckankar	Pali (mittelindische Schriftsprache)
Manna	Israel
El	Israel
Reiki	Japan
Numen	Rom
Ka	Ägypten
Hike	Ägypten
Kerei	Indonesien
Tondi	Sumatra
Tinh	Vietnam
Orenda	indianisch (Irokesen)
Manitou	indianisch (Algonquins)
Wakan	indianisch (Sioux)
Wakonda	indianisch (Omahas)
Maxpe	indianisch (Crow)
Digin	indianisch (Navahos)
Dige	indianisch (Apachen)
Hullo	indianisch (Chickasaw)
Lebenssaft	mittelalterliche Alchimisten
Lebensschwung	frühes Europa
Magnetismus (animalischer)	Franz Anton Mesmer
Magnetisches Fluidum (Flüssigkeit)	Franz Anton Mesmer
Lebenswille	westliche Medizin
Orgon-Energie	Wilhelm Reich
Universelle Intelligenz	Chiropraktik (USA)
Vivaxis	Frances Nixon (USA)
Eloptische Energie	T. Galen Hieronymous (USA)
L-Felder (Lebensfelder)	Harold Saxon Burr (USA)
M-Felder (morphogenetische Felder)	Rupert Sheldrake (England)
Paraelektrizität	Ambrose Worall (USA)
Bioplasma	UdSSR
Kirlian-Energie	Tschechoslowakei

Während Jill sich mit ihrer inneren Heilerin vertraut machte, bemerkte ich ein seltsames Gefühl über ihrer Hautoberfläche und ein Energiefeld über ihrem rechten Eierstock. Es fühlte sich an wie ein Energiewirbel, ein Strudel von Energie, der tief in ihrem Körper auf eine feste, gelierte Masse stieß.

„Fragen Sie Amma, ob sie mir diesen Eindruck verständlich machen kann", bat ich.

Jill blieb zwei oder drei Minuten lang still und teilte mir dann mit, was Amma ihr gesagt hatte.

„Amma sagte, die Masse, die Sie spüren, setze sich aus der Angst, der Wut und den Schmerzen zusammen, die mit meiner Hysterektomie und der dadurch entstandenen Kinderlosigkeit zu tun haben." [Der Reisenden war im Alter von ungefähr zwanzig Jahren nach einer Verletzung bei einem Autounfall die Gebärmutter entfernt worden.]

„Amma sagt, diese Masse von Emotionen müsse von dieser Stelle abgelöst und in einen Korb aus Licht gelegt werden, der dann von meinem Körper entfernt werden kann", schloß Jill.

Jills innere Heilerin hatte uns klare Hinweise auf die nächsten Schritte gegeben. Als ginge sie mit zerbrechlichen Eiern um, nahm die Reisende jede ihrer Emotionen auf – Wut, Angst und Schmerz – und legte sie vorsichtig in einen Korb aus Licht. Dann schob ich sanft die Haut zur Seite, wobei ich sie und ihre innere Heilerin fragte, in welcher Richtung sich der Korb am besten entfernen lasse. Wir einigten uns schließlich darauf, daß er direkt nach oben durch ihre Bauchwand kommen solle. Sie entspannte sich, und ich begann, diese symbolische Masse aus ihr herauszuziehen.

Plötzlich begann sie zu drücken, zu weinen und sehr schnell zu atmen. Ihr Weinen steigerte sich zu Schreien, und sie brach in Schweiß aus. Es war ziemlich klar, daß wir uns mitten in einem Geburtsvorgang befanden. Dieser dauerte zehn bis fünfzehn Minuten. Dann war es mit einem letzten Zug und Druck vorbei – der Korb der Gefühle war geboren worden! Wir taten beide einen Seufzer der Erleichterung.

„Das war ein Kaiserschnitt", sagte ich.

„Ich weiß", flüsterte sie.

Danach bat ich Jill, ihrer inneren Heilerin zu danken und mit ihr zu vereinbaren, daß sie sie immer wieder treffen könne, wenn das nötig sein sollte. Jill war nach ihrem Unfall, der Operation und der daraus folgenden Kinderlosigkeit jahrelang in psychotherapeutischer Behandlung gewesen. Sie hatte geglaubt, über diese Gefühle hinweg zu sein, aber sie hatte diese heftigen Emotionen noch nicht aus ihrem Körper freigelassen. Diese Somatosynthese-Reise erwies sich als der Wendepunkt für ihren Zustand. Ihre Gesundheit besserte sich von nun an stetig.

Es gibt viele Arten, wie ein Reisender Kontakt mit seinem inneren Heiler aufnehmen kann. Zum Beispiel kann der Reisende an einem heiteren Ort sitzen, und der Heiler nähert sich ihm aus der Ferne; der Reisende kann auf den inneren Heiler zugehen; ein Bild des inneren Heilers kann im Geist des Reisenden gezeichnet werden oder der Reisende beobachtet einen leeren Bildschirm, auf den das Bild des inneren Heilers projiziert wird.

Somatosynthese unterscheidet sich von vielen anderen Therapieformen dadurch, daß sie dem Reisenden dazu verhilft, den transpersonalen Bereich zu entdecken und mit ihm zu arbeiten. Wir geben uns so oft damit zufrieden zu erreichen, daß es dem Körper besser geht, indem wir ihn von Schmerzen befreien oder sein Leiden mildern. Oder wir geben uns damit zufrieden, psychische und emotionale Probleme, die uns zu schaffen machen, zu identifizieren und zu analysieren. Somatosynthese verlangt vom Heilungsprozeß mehr: Sie nimmt an, daß alle Menschen über Möglichkeiten verfügen, die die übliche Begrenzung durch Körper und Geist weit übersteigen, und sie versucht, sich diese Hilfsquellen für die Reise ins Heil zunutze zu machen.

Heimkommen: Das Erden der Somatosynthese-Reise

Der Abstieg vom Gipfel ist so wichtig wie der Aufstieg, das Erden der Somatosynthese-Reise so wichtig wie die Reise selbst. Am Ende einer Somatosynthese-Reise hoffe ich, daß sich im Reisenden ein „Umfeld" bildet, das die Fortsetzung des Heilungsprozesses erlaubt. Außerdem müssen sowohl der Reisende als auch der Begleiter aus einem gemeinsamen DBEBZ auftauchen. Natürlich ist die Entscheidung, wann eine Reise enden soll, auch Gegenstand des Gesprächs zwischen Reisendem und Begleiter. Manchmal schreitet eine Heilungsreise durch eine Reihe deutlich erkennbarer Stadien – Anfang, Mitte und Endphase. Dann ist klar, wann das Ende erreicht ist. Manchmal ist es der Körper des Reisenden, der dem Begleiter einen Hinweis auf das Ende der Reise gibt: wenn nämlich Muskelentspannung, das Freiwerden von eingeschränkter Beweglichkeit, das Nachlassen von Schmerz einen Höhepunkt erreicht haben und sich trotz weiterer Interventionen durch den Begleiter nicht mehr verändern. Oder es gibt psychische Hinweise, die das Ende der Reise markieren.

Die symbolische Reise eines Reisenden kann einen Endpunkt erreichen: ein hoher Berg kann erklommen sein; der Reisende kann, nachdem er sich den Fluß hinuntertreiben ließ, den Ozean erreichen; einander widersprechende Stimmen im Reisenden sind vielleicht in Einklang gebracht worden, und danach gibt es wirklich nichts weiter mehr zu tun.

Es kann auch vorkommen, daß ein Begleiter die Reise ins Heil aus anderen Gründen beendet, wie zum Beispiel wegen der Zeitdauer, die diese Reise beansprucht hat, oder wegen körperlicher Erschöpfung des Reisenden. Meistens sind Beginn, Mitte und Ende der Somatosynthese-Reise nicht so deutlich gekennzeichnet, und eine Kombination von Faktoren in Verbindung mit dem subjektiven Eindruck des Begleiters bestimmt den Abschluß der Reise ins Heil.

Es ist wichtig, dem Reisenden beim Übergang aus dem für die Heilungsreise charakteristischen veränderten Bewußtseinszustand in den normalen Bewußtseinszustand zu helfen. Häufig ist ein DBEBZ so angenehm, daß der Reisende ihn nicht beenden will. Der Begleiter kann einen eleganten Übergang vom erweiterten zum normalen Bewußtseinszustand fördern, indem er den Reisenden auffordert, sich auf immer oberflächlichere Bewußtseinsebenen zu konzentrieren. Zum Beispiel fordere ich eine Reisende vielleicht auf, ihre Aufmerksamkeit auf ihren Geist zu konzentrieren, dann auf ihren Atem, dann darauf, ihren Körper zu strecken, und schließlich, wenn sie bereit ist, auf das Öffnen ihrer Augen und das Aufsitzen. Das ist ziemlich genau die umgekehrte Reihenfolge dessen, was beim Beginn der Somatosynthese-Reise ablief, als ich die Reisende bat, sich zu entspannen und ihre Aufmerksamkeit nach innen zu richten.

Das durch Berührung entstandene Band zwischen Reisendem und Begleiter muß vorsichtig gelöst werden. Verschiedene Reisende baten mich, meine Hände noch einige Minuten nach dem Ende der Reise auf ihrem Körper ruhen zu lassen und sie erst dann langsam zurückzuziehen. Im Extremfall frage ich den Reisenden, wann der richtige Zeitpunkt zum Beenden der Berührung gekommen ist. Ich habe sogar eine Anleihe bei dem berühmten Psychotherapeuten Milton Erickson gemacht, der in seinem klinischen Notizbuch beschreibt, daß er seinen Patienten beim Abschied versichert: „Meine Stimme geht mit Ihnen." Meine Versicherung lautet: „Meine Hände gehen mit Ihnen."

Tatsächlich ist es nicht ungewöhnlich, daß ein Reisender beschreibt, daß er die Hände des Begleiters noch Stunden, manchmal Tage nach der Somatosynthese-Reise spüren konnte. Ich glaube, hier sind zwei Faktoren im Spiel. Der eine ist der Eindruck eines anhaltenden Nachbildes, der allen unseren Sinnen gemeinsam ist. Schauen Sie zum Beispiel ein beliebiges Objekt lange genug an, schließen Sie dann Ihre Augen, und Sie werden vor dem schwarzen Hintergrund ihrer geschlossenen Augen das Nachbild des Gegenstandes sehen. Drücken Sie mit Ihrem Daumen fest in die Handfläche der anderen Hand. Wenn Sie ihn schnell genug zurückziehen, spüren Sie den Nachbildeindruck des Drucks auf Ihrer Handfläche.

Positive Ereignisse werden vom Körper auf genau dieselbe Art und Weise aufgezeichnet wie problematische. Eine Reisende machte mir klar, wie das vor sich geht: „Ich spürte, wie mich der Streß dieser Situation überkam, und meine Nackenmuskeln begannen sich gerade wie üblich zu verspannen", sagte sie. „Aber gleichzeitig fühlte ich auch Ihre Hände, die, wie Sie das so häufig tun, meinen Kopf und Nacken hielten. Weder der Streß der Situation noch die Verspannung entwickelten sich."

Im Grunde genommen können die Reisenden auch lernen, sich unabhängig von der tatsächlichen oder eingebildeten Gegenwart des Begleiters zu heilen und sich selbst zu helfen. Aber der Begleiter sollte das kraft- und wirkungsvolle Band der menschlichen Berührung immer respektieren, besonders dann, wenn das Band gerade wieder aufgelöst werden soll.

Beim Erden der Heilungsreise hat der Begleiter die Möglichkeit, den Reiseverlauf zu rekapitulieren. Er beauftragt den Reisenden,

den Sinn der Reise mit zurückzubringen. Manchmal ist das nichts weiter als eine Zusammenzufassung der verschiedenen Stationen der Reise und die Aufforderung, den Sinn der Reise in sich aufsteigen zu lassen. Der Reisende kann an eine bestimmte körperliche Verfassung erinnert werden oder an ein psychisches Problem, und man fordert ihn auf, sich zu überlegen, was sich dabei als Ergebnis der Heilungsreise verändert hat.

Manchmal ist es nötig, die „losen Enden" einer Somatosynthese-Reise zu versorgen (zu verknüpfen). Eine Reisende, die ich begleitete, war die meiste Zeit der Reise über mit sich selbst als vierjährigem Mädchen in Berührung gekommen. Wie sich herausstellte, war die erwachsene Reisende jemand, zu dem das kleine Mädchen endlich Vertrauen fassen konnte. Am Schluß der Reise wollte das Mädchen die Erwachsene jedoch nicht gehen lassen. Die Erwachsene mußte das kleine Mädchen in den Arm nehmen, sie ihrer Liebe versichern und versprechen zurückzukommen, wenn das kleine Mädchen sie brauchte. Nachdem das geschehen war, konnte sich die Erwachsene endlich verabschieden und die Heilungsreise abschließen.

In anderen Fällen mußten Reisende vor dem Abschluß ihrer Reise von einem Berg absteigen, ihrem „inneren Heiler" danken oder sich von verschiedenen Teilpersönlichkeiten verabschieden. Alle diese Methoden helfen dem Reisenden, von der Heilungsreise Abstand zu nehmen, ihren wesentlichen Kern jedoch festzuhalten. Diese letzte Phase der Somatosynthese-Reise fordert den Reisenden auf, sich mit der mächtigen Umwandlungskraft zu verbinden, die in Bedeutung und Ziel der Heilungsreise enthalten ist.

Mit dem Ende der Reise beginnt das wahre Heilen. Auf die Frage hin, wie eine Somatosynthese-Reise in sein Leben eingebunden und integriert werden könne, antwortete ein Reisender: „Dies ist nicht das Ende, nicht wahr? Jetzt habe ich die Freiheit der Wahl. Ich kann dieser Reise erlauben, sich in meinem ganzen Leben darzustellen."

7

Heilungsreisen mit außergewöhnlichen Reisenden

Eine Somatosynthese-Reise zu leiten ist ein besonderes Privileg. Jeder Reisende ist einzigartig, und jede Reise unterscheidet sich von anderen. Es erfüllt mich immer wieder mit Staunen und Ehrfurcht, wie sich die einzelnen „Epen“ des Heilens entfalten. Was ich über die Somatosynthese weiß, lernte ich zum größten Teil als Begleiter der Reisenden auf ihren Reisen ins Heil. Aus den vielen Reiseberichten, die ich aufgezeichnet habe, stelle ich hier nur eine kleine Auswahl vor. Einige der folgenden Reisen illustrieren vorher besprochene, besondere Aspekte der Somatosynthese. Andere Reisen wurden aufgenommen, weil sie mich besonders berühren. Alle vermitteln das Gefühl für die vielen Richtungen, die eine Heilungsreise einschlagen kann. Meine Kommentare am Ende jeder ausgewählten Reise heben die wichtigen Aspekte für Reisenden und Begleiter auf dieser Reise hervor.

Mitgift aus der Vergangenheit

Lily machte einen stillverdrießlichen Eindruck. Sie saß auf dem Untersuchungstisch und starrte mich ausdrucklos an. Zwei rabenschwarze Zöpfe fielen ihr auf die Schultern. Ich rollte meinen Untersuchungsschemel um den Tisch herum, an ihren Kleidern vorbei, die sauber gefaltet in einer Ecke lagen – ein einfaches Kleid in lebhaften Rot-, Grün- und Gelbtönen, ein ziemlicher Gegensatz zu der trübseligen Person, die da vor mir saß.

„Sie ist anders!" dachte ich bei mir, als ich begann, ihre Krankheitsgeschichte aufzunehmen. Sie war in der Tat eine Frau (Anfang Dreißig) mit einer bizarren Geschichte von Autoimmunkrankheit. Ihr Immunsystem griff die Proteine an, die ihr Körper produzierte, als wären sie fremde, ungewollte Eindringlinge. Dies führte zu einer ganzen Reihe von Symptomen: schwere Gelenkschmerzen, Muskelschwäche, Lethargie und erhöhte Krankheitsanfälligkeit. All das nur, weil ihr Immunsystem ihr „Selbst" mit „Nicht-Selbst" verwechselte und Teile von Lilys Körper wie Fremdkörper behandelte. Sie berichtete mir, wie sie von einem Spezialisten zum anderen gezogen war und sich ohne schlüssige Ergebnisse einem Test nach dem anderen unterzogen hatte.

„Sie lehnen Ihren Körper ab", entfuhr es mir bei ihrer Geschichte. „Warum?" Es war mir bewußt, daß ich gesprochen hatte, ohne daß mir das zustand, schließlich kannte ich diese Frau so gut wie gar nicht.

„Ich glaube, Sie haben recht", antwortete sie, „aber ich weiß nicht warum."

Ich erklärte Lily, daß ich immer wieder beobachtet hatte, daß Menschen mit massiven Allergien oder allgemeinen Immunkrankheiten auf der psychischen Ebene oft ihren Körper oder einen Teil ihrer selbst ablehnen. Ich teilte ihr auch mit, daß eine Therapie der Berührung mit besonderer Berücksichtigung der emotionalen und psychischen Probleme sich bei der Entdeckung und Bearbeitung der Grundlage solch weitverbreiteter, verwunderlicher physischer Probleme oft als wirksam erwiesen habe. Ich war nicht im geringsten überrascht, als sie mir mitteilte, sie sei fast zehn Jahre lang immer wieder in psychotherapeutischer Behandlung gewesen. Sie berichtete auch von ihren Erfahrungen mit Hypnose, Biofeedback und Ernährungstherapie. Keine dieser Methoden hatte sich als wirksam erwiesen.

Dieses kurze Gespräch ermöglichte es Lily, mir ein paar wichtige Fakten aus ihrem Leben mitzuteilen, die für ihren gegenwärtigen Zustand von Bedeutung waren. Sie schob ihr Haar beiseite und legte eine große, entstellende Narbe auf der rechten Seite ihres Halses und ihrer Schulter frei, wo sie von einem Ventilator verletzt worden war. Im Alter von drei Jahren hatte sie sich an ihre Mutter geklammert, als diese den Ventilator aufstellte, und der Arm ihrer Mutter hatte den Ventilator vom Tisch gestoßen, der dabei auf Lily fiel. Lily deutete auch zaghaft an, daß sie in ihrer Kindheit sexuell mißbraucht worden sei, führte dazu aber keine weiteren Einzelheiten an. Da wir durch diese Information nicht vorankamen, dankte ich ihr und setzte meine körperliche Untersuchung fort. Ich konnte jedoch nicht verhindern, daß sich eine Ahnung der möglichen Ursachen von Lilys körperlicher und seelischer Verfassung herausbildete.

„Die beiden Ereignisse, von denen sie berichtet hat, enthalten den Schlüssel zum Verständnis der Ablehnung ihres Körpers", dachte ich. „Vielleicht können wir mit ihrem Körper an diesen beiden Vorkommnissen arbeiten und eine Lösung und Annahme erzielen."

Alles schien sehr logisch und stärkte meine Zuversicht auf ein positives Ergebnis unserer Zusammenarbeit, so daß ich ihr sagte, ich glaube schon, daß sie aus unserer Zusammenarbeit einen Nutzen ziehen könne. Der schwierigste Teil unserer ersten Sitzung bestand darin, einen Rapport herzustellen. Ich fühlte mich oft wie ein Bergsteiger, der an einer steilen Felswand nach einem Halt für seine Finger sucht. Körpertherapie schien bei Lily gut anzuschlagen, und ich führte eine Reihe von Gewebefreisetzungen durch, Gelenkmobilisationen, sanfte Wirbelsäulenkorrektur und Energiefeld-Techniken. Doch die Reise vom Körper zur Psyche war anstrengender. Keine der sonst wirksamen Interventionen – Körperbild, Bild-Gegenbild-Technik, Teilpersönlichkeiten, Visualisierung – hatte richtig Erfolg. Wir erzielten nur oberflächliche Teilerfolge an manchen Stellen. Als ich zum Beispiel Lilys verletzte rechte Schulter hielt, erkannte sie, wie sehr sie unter Angst und dem Gefühl litt, bestraft zu werden, weil sie nach Liebe suchte. „Ich weiß, daß meine Mutter mich nicht bestrafte“, sagte sie, „aber irgendwie hatte ich, als der Ventilator auf mich fiel, das Gefühl, es sei eine Strafe dafür, daß ich in diesem Augenblick den Kontakt zu meiner Mutter suchte.“

Auch im Zusammenhang mit der sexuellen Mißhandlung kam ein ähnliches Thema zum Vorschein. Wieder hatte Lily das Gefühl, sie werde bestraft, wenn sie nach Liebe suchte. In diesem Fall war ihr Großvater der Täter. Natürlich entsprach das meiner ursprünglichen Hypothese über die Gründe, aus denen Lily ihren Körper ablehnte. Sie hatte das Gefühl, ihr Körper sei bestraft worden, und hatte sich als Folge davon von ihrem Körper abgespalten. Drei oder vier Sitzungen lang kamen wir nicht weiter als bis ungefähr zu diesem Punkt.

Tatsächlich war das ein Problembereich, den sie schon in der Psychotherapie und der Hypnosearbeit bewältigt hatte. Nur war dieses Mal auch ihr Körper in den Prozeß einbezogen. Trotzdem änderte sich an ihrem trübseligen Aussehen nur wenig. Ich fragte mich wirklich, ob wir uns in der richtigen Richtung bewegten, bis ich eines Tages beinahe fünfundvierzig Minuten zu spät zu ihr ins Behandlungszimmer kam. Sogar nachdem ich ihr erklärt hatte, daß sich, unmittelbar bevor ich zu ihr kommen wollte, ein Notfall ereignet habe, war Lily über meine Verspätung immer noch außer sich.

„Warten ist ein echtes Problem für mich“, sagte sie. „Ich habe das Gefühl, als sei ich in der Todeszelle und warte auf meinen Tod.“

Viele Menschen waren auf mich schon böse gewesen, wenn ich zu spät kam, aber noch niemand hatte mir gesagt, es fühle sich an, als warte man auf den Tod. Nachdem Lily sich hingelegt und entspannt hatte, schlug ich deshalb vor, sie solle sich auf dieses Bild des Wartens auf den Tod konzentrieren. „Ich bin allein“, sagte sie mit leiser Stimme, „in einer Hütte, und ich warte auf den Tod.“

Als sie zu sprechen begann, wußte ich vom Klang ihrer Stimme her, daß wir das „echte Problem“ erreicht hatten.

„Ich habe Angst, ich bin allein und ich fühle mich von ihm verraten“, flüsterte sie. „Ich liebte ihn, aber die Liebe wurde verraten.“

„Wer, Lily, wer hat Sie verraten?“ fragte ich.

„Der Häuptling", weinte sie mit monotoner und leiser Stimme vor sich hin. „Als wir entdeckt wurden, wurde ich zum Tode verurteilt."

Lily sprach, als kommentiere sie eine Szene vor meinem Fenster. Es war kaum ein Zögern in ihrer Stimme; ich jedoch war mir nicht sicher, was für eine Geschichte da genau erzählt wurde. Es kamen Teile eines roten Fadens zusammen, aber die Ereignisse waren etwas durcheinander. Sie sprach immer weiter von einem armen jungen Mädchen, das wegen seiner Liebe zum Häuptling zum Tode verurteilt worden war. Schließlich griff ich ein und fragte sie nach dem Namen dieses jungen Mädchens.

„Sie heißt Morning Lily", antwortete sie, „sie ist eine junge Indianerin, ungefähr fünfzehn Jahre alt."

„Erzählen Sie mir von Morning Lily", bat ich, bevor Lily ihr wirres Schweifen wieder aufnehmen konnte. Jetzt begann eine wahrhaft unglaubliche Geschichte.

> „Sie war das einzige Kind in der Familie. Ihre Eltern erzogen sie zu einem sehr kreativen, intelligenten Mädchen. Ihr Gesang, ihr Tanz und die Geschichten, die sie erzählte, schlugen die Stammesmitglieder schon in den Bann, als sie noch sehr jung war. Als sich die Kunde vom außergewöhnlichen Talent Morning Lilys verbreitete, wurde sie aufgefordert, vor dem Häuptling des Stammes aufzutreten. Auch er war von ihrer Grazie, ihrem Auftreten, ihrer Intelligenz und ihrem Charme eingenommen. Nach Absprache mit ihren Eltern veranlaßte er, daß Morning Lily bei ihm blieb, so daß sie nach seinem Belieben für ihn auftreten konnte. Natürlich waren ihre Eltern davon begeistert, denn das steigerte ihr Ansehen in der indianischen Gesellschaft.
> Morning Lily war im Singen, Tanzen und Geschichtenerzählen ausgebildet worden, doch niemand hatte sie gelehrt, mit den Gefühlen für den Häuptling umzugehen, die sich bei ihr nun einstellten. Der Häuptling hatte schon mehrere Frauen, und es war gegen Sitten und Gebräuche dieser Gesellschaft, eine weitere Frau zu nehmen, besonders wenn sie noch so jung war wie Morning Lily. Aber auch seine Gefühle für sie wurden stärker, und nicht

lange nachdem sie zu ihm gezogen war, wurde sie seine Geliebte. Ihre Affäre verlief natürlich im geheimen. Obwohl Morning Lily den Häuptling von ganzem Herzen liebte, durfte sie dies in der indianischen Gemeinde niemals offen kundtun.
Im Laufe der Zeit wurde ihre Beziehung jedoch bekannt, und um die Ehre und Position des Häuptlings nicht zu gefährden, wurde Morning Lily beschuldigt, ihn verführt zu haben. Man isolierte sie sofort in einer Hütte, und dort mußte sie die Beschlüsse des Stammesrates erwarten. Es wurde beschlossen, daß sie sich beim nächsten Vollmond opfern und mit einem speziellen zeremoniellen Messer das Leben nehmen solle. Es waren noch zwei Wochen bis zum Vollmond, und Morning Lily wartete alleine und verstand nicht, warum ihre Liebe für den Häuptling zu ihrem Todesurteil geführt hatte."

Jetzt seufzte Lily vor Erleichterung und geriet dadurch sofort aus dem Rahmen ihrer Erzählung.

„Ich weiß das schon lange", sagte sie zu mir, „zumindest Teile davon, aber die ganze Geschichte kannte ich bis jetzt noch nicht."

Lily berichtete mir dann, wie die Geschichte der Morning Lily in einer Hypnosesitzung aufgetaucht war. Aber ihrem Hypnotherapeuten war die Arbeit mit Dingen, die er als „Rückführung in vergangene Leben" ansah, nicht geheuer. Dieselbe Geschichte kam auch in Lilys gegenwärtigen Psychotherapiestunden zutage. Doch ihr Therapeut sagte ihr, sie habe die Realität Morning Lilys nur erfunden, um mit der sexuellen und psychischen Mißhandlung in ihrem Leben fertig zu werden. Ich versicherte Lily, es komme wirklich nicht darauf an, wer von beiden recht habe. Ich selbst bekannte mich zu Neutralität in bezug auf vergangene Leben und Reinkarnation. Ich wußte nur, daß in der Erzählung von Morning Lily das zentrale Problem von Lilys eigener körperlicher Verfassung zu finden war. Ganz gleich, ob dies ein echtes Erlebnis aus einem vergangenen Leben war oder eine Erfindung, die es Lily ermöglichte, mit den Traumata ihrer Kindheit fertig zu werden, – es war eine angemessene Metapher. Auch Lily erkannte diese Beziehung.

„Lily versucht, Morning Lily loszuwerden", beobachtete sie, „nicht wahr? Daher kommen meine massiven Autoimmunprobleme. Ein Teil meiner selbst versucht buchstäblich, sich von einem anderen Teil zu befreien."

Auch ich war der Meinung, daß das, was in ihrem Körper geschah, mit dem, was sich in ihrer Psyche entfaltete, auf symbolischer Ebene übereinstimmte. Sie führte die Analogie noch weiter.

„Jetzt verstehe ich langsam, warum ich solche Angst habe, wenn ich warten muß", bemerkte Lily. „Das ist eine Nachempfindung von Morning Lilys Warten auf den Tod. Sie hat Angst, denn sie muß sterben."

„Welch merkwürdiger Zufall", sinnierte Lily dann. „Die letzten fünf Jahre habe ich als Krankenschwester in einem Sterbehospiz anderen Menschen dabei geholfen, sich auf den Tod vorzubereiten, dabei brauchte in Wirklichkeit ich Hilfe dabei, einen Teil meiner selbst sterben zu lassen."

Es war mir klar, daß Morning Lily sterben mußte, damit Lily leben konnte. Aber dafür schien es noch zu früh. Schließlich hatte Lily ihre Existenz gerade erst entdeckt. Ich hatte das Gefühl, Morning Lily habe wichtige Lehren, die sie Lily übermitteln wollte. Im Verlauf der nächsten Wochen lernte ich Morning Lily kennen. Bei jeder Reise wurde ein anderer Teil von Lilys Körper zum Brennpunkt. Diese Stellen waren auch für Morning Lily von besonderer Bedeutung. Eine Stelle hing mit ihrer Femininität zusammen, eine andere mit ihrer Sinnlichkeit, eine dritte mit ihrer Intelligenz, eine vierte mit ihrem tiefen emotionalen Ausdruck und so weiter. Alle diese Eigenschaften fehlten in Lilys Leben. Nachdem ich die jeweilige Stelle an Lilys Körper einige Augenblicke lang gehalten hatte, nahm sie mit Morning Lily Kontakt auf und ließ deren Stimme zu sich sprechen. So lernte Lily dieses junge Indianermädchen kennen, deren Weisheit sie so sehr bedurfte. Schließlich kam der Vollmond für Morning Lily. Und zu Beginn einer weiteren Reise wußte sowohl Lily als auch ich, ohne daß wir darüber ein Wort gewechselt hätten, daß die Zeit für Morning Lilys Tod gekommen war. Ich stützte Lilys oberen Rücken und ihre Brust und bat sie um Hilfe.

„Sie wissen von allen Menschen am ehesten, was Morning Lily hören will, wenn sie sich ihrem Tod nähert", sagte ich anerkennend und meinte damit Lilys Erfahrung in der Sterbehospizarbeit.

Nach einer langen Stille sprach Lily sanft mit dem jungen Mädchen. „Ich liebe dich, habe keine Angst zu gehen, ich bin hier bei dir. Wenn du bereit bist, nehme ich dich bei der Hand und gehe an deiner Seite."

Der Brauch verlangte, daß Morning Lily sich öffentlich das Leben nahm. Als sie bereit war, ihre Hütte zu verlassen, begleitete Lily sie zu der Stelle, an der dieses Drama stattfinden sollte.

„Sie wartet auf etwas", sagte Lily nervös, „sie ist ist noch nicht ganz bereit zu gehen. Ich bin mir nicht sicher, worauf sie wartet."

An diesem Punkt wartete auch ich, hielt Lilys Kopf und ließ die Dinge ihren Lauf nehmen. Nach kurzer Zeit wurde der Grund für Morning Lilys Zögern offenbar.

„Sie wartet darauf, daß er kommt", stellte Lily fest. „Sie will beim Sterben in seine Augen blicken."

Der Häuptling sollte bei diesem Ereignis nicht anwesend sein, aber Lily war sicher, daß er trotzdem kommen würde. Nach einer weiteren langen Pause sagte Lily: „Jetzt sehe ich ihn, ganz hinten in der Menschenmenge, die um Morning Lily versammelt ist. Niemand sonst nimmt wahr, daß er da ist, aber er ist gekommen, und wir sind jetzt bereit."

Ich legte eine Hand auf die Stelle, in die Morning Lily das Messer stoßen würde.

„Sie hat es getan", sagte Lily mit verzerrtem Gesicht, und ihr Körper sank entspannt auf den Tisch, auf dem sie lag.

Wieder verlief die Reise in tiefem Schweigen. Dann wurde die Stille von Lilys Stimme durchbrochen:

„Morning Lilys Geist schwebt hoch über der Szene", berichtete sie. „Sie ist friedvoll und sehr glücklich. Und mein Geist stieg auf, um sie dort zu treffen. Wir sind jetzt im Geiste vereint."

Es gab nichts weiter zu sagen. Innerhalb einer Woche verlor Lily ihre Stelle als Krankenschwester am Hospiz. Als ich ihr das nächste Mal begegnete, sah sie verändert aus – sie war geschminkt und trug farbenfrohe Kleidung. Auch ihre Ausstrahlung war verändert. Sie erzählte mir zuerst, wie wütend sie in den letzten beiden Wochen gewesen war, und ich wäre fast in Lachen ausgebrochen.

In den Monaten unserer Zusammenarbeit hatte sie nie eine solche Heftigkeit von Emotionen ausgedrückt. Es war eine Lebendigkeit und Lebhaftigkeit um sie, sogar als sie mir von ihren Sorgen und Nöten berichtete – wie ihre Bank irrtümlicherweise ihr Konto aufgelöst hatte und alle ihre Schecks ungültig wurden, wie der Wohnblock verkauft wurde, in dem sie wohnte, und sie eine neue Wohnung suchen mußte. Irgendwie waren diese Probleme nicht so wichtig wie ihre Reaktion: sie hatte jetzt einen Bezug zu dem, was in ihrem Leben vor sich ging. Ich hielt sanft ihren Hinterkopf und wies sie auf diese neugefundene emotionale Reaktion hin. Sie klagte: „Aber ich bin nicht daran gewöhnt, meinen Emotionen so nahe zu sein, es ist ein bißchen überwältigend."

Daß sie Morning Lily beim Sterben geholfen hatte, half Lily jetzt dabei zu leben. Ihre Probleme waren damit nicht alle gelöst – die körperlichen nicht und die psychischen auch nicht. In Wirklichkeit war der Tod Morning Lilys erst der Anfang für Lily.

„Es ist nicht leicht", bemerkte sie am Ende einer Reise. „Jetzt, wo ich Morning Lily nicht mehr als Bezugsrahmen für mein Leben brauche, habe ich die Aufgabe, sie mit etwas anderem zu ersetzen. Das ist eine wirkliche Herausforderung."

Meine Reisen mit Lily heben sich von den Reisen ab, auf denen ich andere Reisende begleitet habe. Ein Grund dafür ist die Dramatik des Inhalts, ein anderer die wichtigen Lektionen, die ich als ihr Reisebegleiter lernte. Ich hege bis heute zwiespältige Gefühle in bezug auf Erlebnisse aus vergangenen Leben. Vielleicht kommt das daher, daß mir die Vorstellung, daß die menschliche Seele einen Körper abwirft, nur um dann einen anderen anzunehmen, für mein intuitives Erfassen der Schönheit und Großartigkeit der Natur ein wenig zu unelegant und mechanistisch erscheint. Und doch bin ich von der Echtheit von Lilys Geschichte überzeugt, nicht so sehr in bezug auf die historische Genauigkeit, sondern in bezug auf die tiefe Bedeutung für ihre Heilung. Die Parallele zwischen dem Indianerhäuptling und der sexuellen Mißhandlung durch den Großvater ist offensichtlich. Morning Lilys Tod durch das Messer und Lilys zufällige Entstellung durch den Ventilator zeigen eine ähnliche Analogie. Vielleicht entstand diese Phantasiewelt zur Bewältigung der schwierigen Realität des wirklichen Lebens im Kopf der jungen Lily.

Aber die Bewältigungshilfe entwickelte sich zu einer allgemeinen Fehlfunktion ihres Körpers und wurde anscheinend zur Antriebskraft für viele Entscheidungen in Lilys Leben – ihre Arbeit als Krankenschwester in einem Sterbehospiz scheint mehr als zufällig. Der gemeinsame rote Faden bei all dem – bei ihren körperlichen Beschwerden, ihrer Arbeit, der dramatischen Geschichte von Morning Lily – besteht einfach darin, daß das Noch-nicht-Bewußte in Lily versuchte, sich in ihrem Leben auszudrücken. Sie versuchte ständig, sich zu heilen.

Als sie ihr Noch-nicht-Bewußtes nicht durch Geschichten ausdrücken konnte, lebte sie es in ihrer Arbeit; als das nicht gelang, verlagerte sie es in ihren Körper. Eine der grundlegenden Voraussetzungen der Somatosynthese ist der Glaube an die Macht des Noch-nicht-Bewußten – die innere Weisheit des Reisenden. Wenn der Reisende diese innere Weisheit in irgendeiner Form ausdrükken kann, hilft das seinem Genesungsprozeß.

Wenn es aus diesen Reisen mit Lily eine weitere Lektion zu lernen gibt, dann die, daß Heilen nicht unbedingt Kurieren heißt. Als Lily Morning Lily endlich sterben ließ, verschwanden alle ihre körperlichen und seelischen Probleme nicht einfach. Tatsächlich traten bestimmte Probleme in ihrem Leben deutlicher hevor, weil sie jetzt von Morning Lily nicht mehr überschattet wurden. Das Erreichen der Mitte ist der Kern des Somatosynthese-Prozesses, und Lily erreichte ihre Mitte durch den Tod Morning Lilys. Wenn sie einmal erreicht ist, kann die Mitte die körperlichen und psychischen Probleme des Reisenden integrieren und zusammenführen *(synthesize)*. Das symbolische und poetische Verbinden von Lilys und Morning Lilys Geist repräsentiert diese Synthese. Jedoch war dies nicht der Endpunkt von Lilys Genesungsprozeß, sondern erst der Anfang.

Kristallvisionen

Barbara war eine sechsunddreißig Jahre alte Reisende, die schon monatelang unter starken Schmerzen im unteren Rücken und unter Kopfschmerzen litt, als ich sie zum ersten Mal sah. Unsere ersten Somatosynthese-Sitzungen hatten ihre Schmerzen größtenteils beseitigt und es ihr ermöglicht, wieder ein normales Leben aufzunehmen. Da Barbara aber immer noch Schmerzen im unteren Rücken verspürte, stützte ich sie zu Beginn dieser Sitzung im Rücken und in der Beckengegend. Als sie sich entspannt hatte, leitete ich sie dazu an, ihre Aufmerksamkeit nach innen zu richten, und bat sie, mit dem in Berührung zu kommen, was sich in ihrem derzeitigen Leben abspielte.

„Ich bin im Innern eines Kristalls", sagte sie. „Es ist ein wunderschöner, lichtdurchströmter Kristall, und ich berühre seine Facetten. Im Zentrum befindet sich eine strahlend weiße Lichtkugel."

Die nächsten fünf Minuten lang beschrieb Barbara, wie wundervoll es im Innern des Kristalls sei. Doch nach einigen Augenblikken des Schweigens veränderte sich ihr Blickpunkt.

Als ich sie aufforderte, sich der Richtung bewußt zu werden, in die sie sich bewegte, antwortete Barbara: „Ich steige nach oben, immer höher nach oben."

An einem bestimmten Punkt hatte Barbara das Gefühl, die Bewegung nach oben sei blockiert.

„Höher kann ich nicht hinauf", berichtete sie. „Es fühlt sich an, als bewege ich mich auf eine Art dichte Verstopfung zu. Über meinem rechten Arm ist eine dunkle, schwarze, schwere Stelle."

Ich schlug vor, sie solle sich vorstellen, diese Stelle der Verstopfung zu durchqueren, ganz gleich wie lange das dauere. Ihr Körper zitterte, als sie die Schmerzen an dieser Stelle erlebte.

„Es ist so viel Schmerz da", rief sie, „so viel Schmerz."

Nach ein paar Minuten lösten sich die Schmerzen auf, und die Aufwärtsbewegung war nicht mehr so behindert.

„Die Verstopfung klärt sich auf", beobachtete sie, „und ich kann wieder höher steigen, ich kann wieder fliegen."

An einem bestimmten Punkt kam ihre Aufwärtsbewegung wieder ins Stocken. Sie erreichte noch einen Punkt der Verstopfung und intensiver Schmerzen – dieses Mal über ihrer linken Brust. Ich geleitete sie in dieses Gebiet der Dunkelheit und Verstopfung, wo sich ein lebhaftes visuelles Erlebnis entfaltete.

„Da ist ein Messer und eine Hand", sagte sie nervös. „Ich fühle mich, als werde ich erstochen und gegen eine Wand gedrängt."

„Oh Gott," rief sie aus. „Das ist mein Vater. Er ersticht mich, genau hier [deutet auf ihre linke Brust], und ich liege in einer Blutlache. Er schaut mich an und sagt: ‚Es tut mir leid. Es tut mir leid.' Jetzt dreht er sich um und geht weg."

Barbara erzählte, wie symbolisch das für das Verhalten ihres Vaters war, der sie und ihre Mutter verlassen hatte, als sie noch ein Kind war. Wie viele Reisende hatte auch Barbara Jahre der Psychotherapie hinter sich, um über das Verlassenwerden durch ihren Vater hinwegzukommen. Sie war sich der emotionalen Wirkung des Verlassenwerdens bewußt, wußte aber nicht um die Wirkung dieser psychischen Faktoren auf ihren Körper. Barbara blieb lange bei dieser ergreifenden Szene und sagte lange nichts weiter. Als sie aus dieser inneren Konzentration auftauchte, bemerkte sie, daß der Kristall größer geworden war. „Die Verstopfung ist verschwunden", berichtete sie, „aber es schmerzt hier [an einer Stelle über ihrer linken Brust] immer noch. Es fühlt sich an, als sei der Schmerz dort gefangen."

Ich spürte, daß dies der angemessene Augenblick für ein körperliches Eingreifen meinerseits war. Wir bestimmten zusammen, wo der Schmerz aus ihrem Brustkorb austreten könne. Mit den Fingerspitzen zog ich über dieser Stelle sanft die Haut auseinander, als schaffe ich ein Portal, durch das der Schmerz hinausziehen könne. Dabei wurden Barbaras Schmerzen schlimmer und breiteten sich auch auf andere Körperstellen aus.

„Die Schmerzen sind jetzt wirklich stark", entfuhr es ihr. „Ich spüre sie in meinem unteren Rücken, meinen Waden und sogar in meinem Kopf."

Ich zog die Haut weiterhin mit meinen Fingerspitzen auseinander und drückte das Gewebe behutsam in Richtung Ausgangspunkt. Ihr Körper drehte sich von einer Seite zur anderen, und Barbara fühlte noch ein paar Minuten starke Schmerzen. Schließlich legte sich der Schmerz, und Barbara befand sich wieder in gewohnter Umgebung.

„Ich bin jetzt wieder im Kristall", lächelte sie, „und das Licht ist jetzt sogar noch heller. Es ist jetzt anders hier, ich sehe jetzt eine Tür im Kristall. Durch diese Tür kann ich ein- und austreten."

Barbaras Reise fand ihr Ende, indem sie sich auf ihre Bedeutung für ihr gegenwärtiges Leben besann.

„Im Kristall habe ich Zugang zu den Erlebnissen aus meiner Vergangenheit, die immer noch einen Einfluß auf meinen Körper und Geist haben", bemerkte sie. „Aber der Kristall ist auch eine Lichtquelle, und dieses Licht verschafft mir Zugang zu meinem höheren Selbst, meinem geistigen Ich. Das führt mich über das hinaus, was ich jetzt bin, und zeigt mir, was ich sein kann."

Barbara ist ein Beispiel für eine Reisende, die während der ganzen Somatosynthese-Reise von ihrer Mitte aus arbeitet. Das übliche Voranschreiten vom Körper über die Psyche zur Mitte fiel in eine einzige Bewegung vom Körper zur Mitte zusammen. Der Kristall mit dem Licht war für Barbara eine symbolische Darstellung ihrer Mitte. Diese Mitte integrierte die höheren und niedrigeren Wirklichkeiten für sie. Auf dem Weg nach oben – in die höhere Wirklichkeit ihres geistigen Seins – begegneten ihr eine Reihe körperlicher und psychischer Einschränkungen. Die körperliche Intervention öffnete ihr die Türen zum Überwinden dieser Einschränkungen. Das Simulieren der Öffnung auf Barbaras Haut war im wörtlichen und im übertragenen Sinn ein Beispiel dafür. Es ermöglichte ihr, sich durch die körperlichen Schmerzen und das psychische Trauma des Vom-Vater-verlassen-Werdens hindurchzuarbeiten. Nachdem das gelungen war, war sie wieder in ihrer Mitte und hatte gelernt, daß sie sich über solche Behinderungen – wann immer das nötig sein sollte – hinwegsetzen konnte, wie die neugefundene Tür im Kristall demonstrierte.

„Höhepunkte" der Heilungsreise

Berge sind ausdrucksstarke und wirkungsvolle Symbole der integrierenden Mitte der Reisenden. Hier sind zwei kurze Berichte von Reisenden, die Berge besteigen.

Douglas war ein lebhafter Siebzigjähriger, der mich wegen seiner starken, von einer Arthritis der Wirbelsäule ausgelösten Nackenschmerzen aufsuchte. Ich leitete ihn zu einer tiefen Entspannung an und bat ihn, auf die schmerzende Stelle an seinem Hals zu achten und die dazugehörigen Bilder in sich aufsteigen zu lassen. Douglas stieß sofort auf das Bild, daß in seinem Nacken ein Gedränge herrsche,– eine genaue Wiedergabe der Wirbelsäulenarthritis. Doch das Bild führte ihn darüber hinaus dreißig Jahre zurück, in eine Zeit, in der er einen Posten beim auswärtigen Amt in Tokio gehabt hatte.

„Es ist ein amüsantes Bild“, beobachtete er. „Es erinnert mich an das Menschengedränge tagsüber im Zentrum Tokios.“

Während ich vorsichtig seinen Nacken und Kopf mobilisierte, blieb er eine Zeitlang bei diesem Bild und erinnerte sich an das Gefühl, das der Aufenthalt in einer lebhaften Metropole vermittelt. Er erinnerte sich auch daran, daß ihm während seiner Zeit in Tokio der Anblick des Fudschijama Frieden und Ruhe vermittelt hatte. Das Gegenbild für Douglas war also der Fudschijama. Dies war für Douglas ein ganz besonderes Erlebnis.

Er fühlte sich in seinem Alltagsleben den spirituellen Traditionen Japans, die diesen Berg umgeben, eng verbunden. Der Gedanke daran, wie die Japaner sich auf diesen Berg beziehen, erfüllte ihn mit Frieden und Wohlbehagen und entspannte ihn körperlich. Die Vorstellung, sich tatsächlich auf diesem Berg zu befinden, verlieh ihm das Gefühl, er sei „wirklich mit dem Leben verbunden“. Er hatte dieses Gefühl des „Mit-dem-Leben-verbunden-Seins“ auf dem Fudschijama tatsächlich einmal erlebt. Er bemerkte, wie wichtig diese Verbindung für ihn war. Als ich ihn fragte, welche innere Qualität ihm in seinem Leben jetzt am meisten helfen könne, hielt er einen Moment inne und sagte dann: „Meine eigene Spiritualität, ich muß eine Verbindung zu diesem inneren Frieden herstellen, zu dem Frieden, den ich auf dem Fudschijama fand.“

Da sein Schmerz gelindert und die Beweglichkeit seines Halses wiederhergestellt war, konnten wir diese Heilungsreise abschließen.

*

Laureen hatte bei dieser Somatosynthese-Sitzung keine besonderen körperlichen Probleme, doch hatte ich sie schon einige Monate wegen einer Verletzung von Hals und Schultern behandelt. Bei der Bestandsaufnahme ihrer körperlichen Verfassung wurde ich von ihrer oberen linken Brust und ihrem oberen Rücken angezogen. Ich stützte diese Stelle mit meinen Händen, geleitete

Laureen durch die Entspannung und bat sie, ihre Aufmerksamkeit auf diese Stelle zu richten. Ich forderte sie auf, sich vorzustellen, sie stünde an dieser Stelle ihres Körpers, und bat sie, auf die Bilder zu achten, die sie dort umgaben. Laureen fühlte sich, als hätte sie sich in der Wüste verirrt und als gäbe es keine bestimmte Richtung, die sie einschlagen könnte. Auf meine Aufforderung hin stellte sie sich vor, ihr Körper schwebe über der Wüste und sie suche das Terrain nach einem einzuschlagenden Pfad ab.

„Jetzt sehe ich einen Weg", berichtete sie. „Er führt von dort, wo ich jetzt bin, zu einer Oase, und von dort führt er in die Berge."

Nachdem sie auf den Wüstenboden zurückgekehrt war, ermunterte ich Laureen, diesem Weg zu folgen und einfach darauf zu achten, was sich auf dieser Reise für sie entfaltete. Dabei intervenierte ich weiterhin körperlich im oberen Brust- und Rückenbereich, und danach ließ ich meine Hände sanft an ihren Hals gleiten und wendete dort etwas Traktion an. Laureen war so in ihre Reise vertieft, daß es ihr so gut wie unmöglich war, mit mir zu reden. Als ich sie bat, mich an ihrem Erlebnis teilhaben zu lassen, dauerte es einige Minuten, bis sie ihr Schweigen brechen konnte, und dann sprach sie in kaum vernehmbarem Flüsterton. Ich beschloß, die Reise nicht verbal zu leiten, sondern beobachtete nur ihren Körper und achtete auf Zeichen für Veränderung. Ihr Atem, der Grad der Muskelentspannung, spürbare Veränderungen in ihrem Energiefeld, Seufzer und vernehmliche Töne waren Hinweise auf den Verlauf ihrer Heilungsreise. Diese Reise ging beinahe eine halbe Stunde lang in Schweigen vor sich. Als die Veränderungen in ihrem Körper anzeigten, daß das Ende der Reise sich näherte, leitete ich sie langsam aus dem DBEBZ, indem sie sich befand. Ich fragte sie, ob sie mich an ihrer Reise teilhaben lassen könne.

> „Es war sehr angenehm in der Oase, und ich wäre gerne dort geblieben. Ich wollte nicht weg von dort, aber etwas zog mich weiter. Ich fürchtete, die Reise in die Berge sei schwierig, aber wie sich herausstellte, war das nicht der Fall. Als ich endlich das Gebirge erreichte, kletterte ich auf den höchsten Gipfel. Ich nahm intensiv all das wahr, was mich umgab. Ich spürte den Himmel, die Luft und die Sonne. Ich war mir alles dessen bewußt und fühlte

mich eins mit allem. Ich fühle mich jetzt sehr ruhig und friedlich."

Oft bedarf es nur eines geringen Anstoßes, damit sich eine Reise für einen Reisenden entfaltet. Es reicht, den Reisenden in die richtige Richtung zu weisen, wie ich das in Laureens Fall tat, als ich sie hochsteigen und den Weg finden ließ. Die Entscheidung, wieviel verbales Eingreifen nötig ist, verlangt viel Fingerspitzengefühl. Für manche Reisende ist eine Reise in der Stille ein tiefgreifendes Erlebnis. Laureen zum Beispiel erreichte auf dem Berg eindeutig ihre Mitte. Obwohl sie nicht imstande war, während ihrer Reise zu berichten oder deren Effekt anschließend zu beschreiben, zeigte sich auf andere Weise, daß sie den Gipfel erreicht hatte: körperliche Veränderungen, der Inhalt ihrer Reise und mein Gefühl bei ihrem anschließenden Bericht legten dafür Zeugnis ab.

Der goldene Faden der Synthese

Carla war eine lebhafte, energische Frau Mitte Dreißig, die wegen Beschwerden im unteren Rücken und Schulterschmerzen zu mir kam. Carla informierte mich darüber, daß ihr Mann gerade nach Kalifornien versetzt worden war. Das war für sie problematisch, denn sie war gerade bei den letzten Vorbereitungen zum Eröffnen ihrer eigenen kleinen Boutique. Ich leitete sie zur Entspannung und dem Blick nach innen an und bat sie dann, ihre Aufmerksamkeit auf die Schmerzen in ihrem unteren Rücken zu lenken. Es war uns beiden klar, daß dieser Schmerz mit dem Konflikt in Verbindung stand, den die Versetzung ihres Mannes ausgelöst hatte. Ich stützte diese untere Rückengegend mit meinen Händen und bat sie, dieser Stelle eine Stimme zu verleihen und darauf zu achten, was ihr unterer Rücken ihr über ihre gegenwärtige Situation mitzuteilen habe.

„Da sind zwei Stimmen", sagte sie einen Augenblick später. „Eine ist bitter und traurig, weil ich den Traum von meiner eigenen Boutique nicht verwirklichen kann. Die andere ist die Stimme der Freiheit; ich wuchs in der Gegend auf, in die mein Mann versetzt wurde, und es würde mich sehr reizen, dorthin zurückzukehren."

Wir behandelten diese zwei Stimmen wie Teilpersönlichkeiten, die sich in Carla bemerkbar machten. Die Spannung zwischen beiden zeigte sich an Carlas Wirbelsäule. Ich bat Carla, die Bedürfnisse der beiden Teilpersönlichkeiten herauszufinden. „Das ist nicht schwer", sagte sie. „Die eine Stimme wäre gerne die Bitterkeit und Trauer los, und die andere Stimme möchte ihre Freiheit behalten."

Auf die Frage, was sie wohl mit diesen beiden unterschiedlichen Stimmen tun könne, platzte sie lautstark heraus: „Wir sollten die Stimme der Bitterkeit und Trauer umbringen!"

Doch dann nahm sie das sofort zurück und sagte: „Nein, nein, ich will sie nicht wirklich umbringen, sie [die zwei Stimmen] sollten vereinigt werden [*synthesized*, – ihre Wortwahl, nicht meine]."

Carla war eine erfahrene Reisende, deshalb bat ich sie einfach, diesen Syntheseprozeß stattfinden zu lassen. Sie beschrieb mir zuerst eine wunderschöne goldene Schnur.

„Sie fühlt sich an wie Liebe", sagte sie. „Und die Schnur bindet diese beiden Teilpersönlichkeiten zusammen."

Beim Zusammenfügen der beiden berichtete Carla, daß sich Arme von diesem zusammengefügten Wesen ausstreckten, die „die Welt umfassen" wollten.

„Diese Symbole sind tiefer als ich verstehen kann", sann Carla. „Ich fühle nur, was sie bedeuten."

Zuletzt verschmolzen die beiden Teilpersönlichkeiten zu einem Wesen mit einem einzigen Gesicht, und die Arme verwandelten sich in Flügel.

„Ich weiß nicht, was das bedeutet", stammelte Carla, „aber es fühlt sich richtig an."

Die ganze Reise dauerte ungefähr fünfundvierzig Minuten, und gegen Ende forderte ich Carla auf, darauf zu achten, welche inneren Ressourcen dieses Erlebnis ihr erschlossen hatte. Sie war mehrere Minuten lang still und zog es vor, die Frage nicht zu beantworten. Später forderte ich Carla auch auf, darauf zu achten, wie dieses Erlebnis in ihr jetziges Leben paßte. Sie schwieg wieder einige Minuten und zog es wieder vor, nicht zu antworten. Am Ende der Reise frage ich sie, ob es etwas gebe, an dem sie mich teilhaben lassen könne.

„Das Bild meines höheren Selbst, das *eine* Gesicht mit den beiden Flügeln, war überwältigend", berichtete sie. „Ich verstand nicht alle Bilder, die auftauchten, und konnte deshalb auf Ihre Fragen keine Antwort geben. Aber ich bin jetzt sehr entspannt und habe keine Rücken- oder Schulterschmerzen mehr."

Das heilende Voranschreiten vom Körper zur Psyche und zur Mitte zeigte sich bei dieser Reise deutlich. Hinter Carlas Rückenschmerzen (Körper) steckten zwei widerstreitende Teilpersönlichkeiten (Psyche). Das geflügelte Wesen, das aus der Synthese der beiden entstand, war ihre Mitte oder mit Carlas Worten: ihr „höheres Selbst". Daß sie ihr Erlebnis nicht in Worte fassen konnte, war im Vergleich zu dem körperlichen und emotionalen Effekt der Reise wirklich nicht von Bedeutung. Carlas Reise ist ein klassisches Beispiel für die Synthese zweier widerstreitender Teilpersönlichkeiten, die körperliche Beschwerden ausgelöst hatten.

Eine innere Heilerin im Bikini

Charles war ein hochgewachsener, gut gebauter, sechsundzwanzig Jahre alter Rugbyspieler, der nach einer Schulterverletzung auf dem Spielfeld zu mir kam. Er war von einer Reihe verschiedener Spezialisten erfolglos wegen seiner Schulterschmerzen behandelt worden. In unserer ersten Sitzung manipulierte ich seine Schulter und wendete Traktion an, was zu einer zeitweiligen Erleichterung führte. Es war aber noch etwas anderes nötig.

Bei unserem nächsten Treffen fragte ich ihn – gegen besseres Wissen –, ob er seinem Schulterproblem wirklich auf den Grund gehen wolle. „Sicher, Doktor", antwortete er.

Ich nahm seine Schulter vorsichtig zwischen meine Hände und bat ihn, sich auf seinen Atem zu konzentrieren und sich zu entspannen. Ich erklärte ihm, es sei oft möglich, sich an einer problematischen Körperstelle eine Person vorzustellen. „Sie haben einen inneren Heiler", sagte ich, „jemand, der uns vielleicht sagen kann, warum diese Schulterbeschwerden nicht besser werden."

Charles entspannte sich und fiel in einen DBEBZ. Kaum hatte er seine Aufmerksamkeit auf seinen inneren Heiler gerichtet, rief er aus: „Das ist unglaublich! Das ist einfach unglaublich! Was für ein Anblick! Was für ein wunderbarer Anblick!"

Zuerst war ich wirklich begeistert, weil er mit seinem inneren Heiler so schnell Kontakt aufgenommen hatte.

„Wie sieht Ihr innerer Heiler aus?" fragte ich. „Was sehen Sie?"

„Sie werden es nicht glauben", begann er, „aber ich sehe eine wunderschöne Frau in einem sehr knappen Bikini."

Charles beschrieb das Aussehen und die Schönheit dieser Frau, die er von hinten beobachtete. Seine Kommentare ließen mich tief Luft holen – und ich fragte mich wirklich, ob ich alles richtig gemacht hatte. Eine innere Heilerin im Bikini, dachte ich, wie soll das vor sich gehen?

„Vertraue dem Heilungsprozeß", sagte ich mir dann, „du gehst nie fehl, wenn du dem Prozeß vertraust."

„Okay, Charles", sagte ich, „können Sie mit ihr sprechen?"

„Nein", sagte er, „sie dreht sich nicht um."

Also folgte Charles seiner inneren Vision zum Strand und bewunderte dabei ihre Schönheit. Ab und zu tippte er ihr, um sie zum Umdrehen zu bewegen, auf die Schultern. Als sie sich schließlich tatsächlich umwendete, beschrieb er sie in noch glühenderen Worten.

„Ihre Augen sind wunderbar", verkündete er. „Ihr Gesicht ist weich und schön. Und der Rest ihres Körpers ist auserlesen."

Ich war immer noch etwas nervös und überlegte mir, wie ich eine anscheinend entgleiste Therapiesitzung retten könne.

„Fragen Sie nach ihrem Namen", warf ich ein.

Er hielt eine paar Sekunden lang inne und bat im Geist darum, seiner Vision vorgestellt zu werden.

„Joanna", war dann die Antwort, „sie heißt Joanna."

Plötzlich barst Charles wieder beinahe vor Verwunderung: „Ich kann es kaum glauben", entfuhr es ihm, „sie sagt mir tatsächlich, warum ich dieses Schulterproblem habe."

Joanna erklärte Charles, seine Schulterschmerzen seien die Folge davon, daß er zu sehr versuche, es anderen Leuten recht zu machen, und sich minderwertig fühle, wenn er ihren vermuteten Erwartungen nicht gerecht werden konnte. Es sei dies ein Verhaltensmuster, das er früh in seinem Leben angenommen habe, sagte sie. Es sei aus dem Gefühl der Minderwertigkeit entstanden, das er beim Vergleich mit seinem Vater empfand. Dieses Problem behindere ihn beim Rugby, bei der Arbeit und in seiner Ehe.

Charles nickte die ganze Zeit über, als stimme er seiner inneren Heilerin voll und ganz zu. „Sie hat verdammt recht“, sagte er, „sie hat recht, sie hat absolut recht.“

Zu meinem Erstaunen und meiner Freude war Charles jetzt offensichtlich tief an diesem Heilungsprozeß beteiligt.

„Fragen Sie Joanna, wohin ich meine Hände legen soll, um dieser Schulter zu helfen“, schlug ich vor.

Charles sann einige Sekunden lang über diese Bitte nach und berichtete dann, Joannas Empfehlung laute, ich solle meine Hände direkt auf seine Schulter legen. Ich hielt mich gern an diese Anweisung und ließ meine Hände dort, bis Charles mich durch seine innere Heilerin dazu aufforderte, sie wegzunehmen.

„Donnerwetter“, rief er aus, „es fühlt sich besser an, echt viel besser.“

Am Ende der Sitzung bat ich Charles, sich bei Joanna für ihr Kommen zu bedanken und mit ihr zu vereinbaren, daß sie sich wieder treffen könnten, wann immer das notwendig werden sollte.

Charles verreiste dann eine Zeitlang, und ich sah ihn mehrere Wochen lang nicht. Als ich das nächste Mal die Möglichkeit hatte, ihn nach seiner Schulter zu fragen, teilte er mir mit, er habe Joanna noch einmal getroffen.

„Ich hatte nur einmal Beschwerden damit“, erinnerte er sich. „Es war eines Morgens beim Rasieren. Aber ich rief Joanna wieder und ließ sie ihre Hände auf meine Schulter legen, so wie sie Sie angewiesen hatte“, strahlte er, „und der Schmerz verschwand in wenigen Minuten.“

Im Verlauf der nächsten Sitzungen traf Charles eine ganze Reihe schöner Frauen, die ihm als „innere Führer“ dienten. Schließlich veränderten sich diese Visionen, und Charles sah andere Bilder aus tieferen Ebenen seiner Psyche. Aber die erste Reise war mir ein deutlicher und amüsanter Hinweis auf die Einzigartigkeit des inneren Erlebnisses jedes Reisenden. Jedes Bild, das dem Reisenden wahr erscheint, kann beim Heilungsprozeß eingesetzt werden.

Charles' Geschichte hatte noch eine andere witzige Wendung. Nach jeder Sitzung erzählte er seiner Frau von dem merkwürdigen, aber wirkungsvollen Heilungsprozeß, in dem er sich befand. Zuerst fand sie das sehr spannend und freute sich über das, was er ihr erzählte. Doch wollte sie bald wissen, wer all diese schönen Frauen seien, die ihr Mann so regelmäßig entdeckte. Da mein Vertrauen durch das Erlebnis mit Charles gestärkt war, sagte ich ihm, er solle seiner Frau versichern, daß wir zweifellos auch für sie ein Treffen mit schönen Männern arrangieren könnten, wenn sie zu einer Behandlung kommen wolle.

Diese Sitzung mit Charles war wohl die lustigste von allen Heilungsreisen, die ich unternahm. Sie enthält jedoch auch einige wichtige Lektionen. Eine Lektion betrifft das Vertrauen des Begleiters in die „innere Weisheit" des Reisenden, das auch dann vorhanden sein muß, wenn der „innere Heiler" mehr wie ein „innerer Clown" aussieht. Ich war, ehrlich gesagt, mehrmals kurz davor, diese Reise abzubrechen. Am Ende lernten sowohl Charles als auch ich mehr über den Heilungsprozeß, indem wir bei dem blieben, was sich vor uns entfaltete.

Die zweite Lektion besteht darin zu sehen, wie wertvoll die innere Weisheit des Reisenden für den Begleiter sein kann. Ich erhielt wertvolle Information über die Art der körperlichen Intervention von der inneren Weisheit des Reisenden. Auf einer Somatosynthese-Reise sind immer mehr therapeutische Gegebenheiten vorhanden als nur die physische Gegenwart des Begleiters. Zusätzlich zur inneren Weisheit des Begleiters und dessen Berührung gibt es hier vor allem die verschiedenen Kräfte, die im Reisenden nach Ganzheit und Heilung streben. Die Aufgabe des Begleiters besteht darin, den günstigsten „Wind" zum Segeln zu finden und die Reise entsprechend zu steuern. Und die Reise läßt sich am besten in diese Richtung steuern, wenn man alle Kräfte des Reisenden anzapft und einsetzt.

Zuletzt finde ich es auch notwendig, die Rolle des Humors bei der Heilung anzuerkennen. Mit Humor läßt sich, wenn er richtig eingesetzt wird, eine besonders intensive Reise wunderbar erden oder die emotionale Aufladung eines Problems leicht entschärfen.

Humor kann sogar im Angesicht von Schwierigkeiten und Verzweiflung die reine Freude am Menschsein wiederbringen. Wie es in einem Bonmot heißt: *The best way to combat gravity is with levity.* (Etwa: „Die beste Art, die Schwerkraft zu überwinden, ist Leichtfertigkeit.“)

Am Ruder der Heilung

Somatosynthese-Sitzungen können mächtige Bilder voller Sinn und Bedeutung für den Reisenden hervorrufen. Der folgende Reisende ist Andrew, ein Mann von dreißig Jahren, der mich, wie er angab, seiner Schmerzen im unteren Rücken wegen aufsuchte. Er hatte viele Jahre lang allein als Teppichverleger und Zimmermann gearbeitet. Jetzt gefährdete seine körperliche Verfassung seinen Lebensunterhalt. Eine besonders eindrucksvolle Sitzung veranlaßte ihn, sein folgendes Erlebnis niederzuschreiben:

> „Das Bild ist klar, es wird durch die dauernden, bohrenden Schmerzen in meinem unteren Rücken hervorgerufen. Ich sehe mich durch die Augen eines Ruderers, der darum kämpft, seine Ruder durch das Wasser zu ziehen. Obwohl sich das Boot vorwärtsbewegt, während ich rudere, sehe ich nur klar, wo ich gewesen bin, nicht aber, worauf ich zusteure. Meine Muskeln schmerzen ständig, und ich werde bei dieser Anstrengung, beim Versuch, ein Ziel zu erreichen, das ich nicht sehen kann, immer müder. Warum ist dieses Bild jetzt so wichtig für mich?
>
> Die meiste Zeit in meinem Erwachsenenleben habe ich den Luxus gesucht, allein zu arbeiten. Irgendwann habe ich dabei die Fähigkeit verloren, anderen zu trauen, und ich hielt mich für den einzigen, der etwas richtig machen kann. So ist das Bild des einsamen Ruderers im Fahrzeug seiner Wahl vollkommen sinnvoll.
>
> Ich glaube, daß wir die Wahl haben und unsere eigene Leidensart wählen. Die Grenzen zwischen dem körperlichen und dem seelischen Schmerz sind

manchmal fließend – körperliche Beschwerden sind so oft der Ausdruck einer darunter versteckt liegenden Problematik. Ich wende mich an meinen inneren Arzt und frage ihn, warum ich Schmerzen im unteren Rücken habe und wie diese mit der eindrucksvollen Szene des einsamen Kampfes in Verbindung stehen. ‚Ich brauche Hilfe', gestehe ich mir ein.

Puff! Plötzlich füllt der Wind die Segel, die am Boot erschienen sind, der Himmel wird intensiv blau und ich sehe, worauf ich zusteure. Ich reise nicht mehr in einem Ruderboot, das nur von meiner Hartnäckigkeit angetrieben wird, sondern in einem schönen Segelboot, mit dem ich den Wind eingespannt habe, der mich auf ein fernes, aber klares Ziel zutreibt. Ich verstehe, daß der Wind jeden Augenblick nachlassen kann, nehme das Risiko aber auf mich, wenn ich dafür sehen kann, worauf ich zusteure. Ich stehe am Steuerruder meines Segelbootes. Und ich bin ein Arzt, der sich selbst heilt."

Der Reisende lag während dieser Sitzung auf dem Rücken, und meine Hände blieben ziemlich unbewegt – eine Hand unter seinem unteren Rücken, eine Hand mit leichtem Druck nach unten auf seinem Becken. Danach berichtete der Reisende, seine Rückenschmerzen hätten deutlich nachgelassen. Mehrere Tage später wurde ihm die Partnerschaft in einer kleinen Baufirma angetragen, was jetzt für ihn bedeutet, daß er die Arbeit anderer koordinieren muß, statt alleine zu arbeiten.

Bei einer Somatsynthese-Sitzung wird es den Reisenden möglich, ihre eigene Mythologie zu schaffen und zu erleben. Niemand kann die Geschichte des Reisenden so gut erzählen wie der Reisende selbst. Ein Begleiter kann dem Reisenden helfen, Körperstellen, Gefühle, Probleme, Symbole und Bilder mit Leben zu erfüllen, aber letztendlich ist es der Reisende allein, der aus diesen verschiedenen Flicken eine passende (sinnerfüllte) Decke zusammenfügt. Andrews Reisebericht zeigt, wie wunderbar das Endprodukt des Reisenden sein kann, und veranlaßt mich zu dem Hinweis, daß ich die Reisenden auffordere, ihre Reisen aufzuzeichnen.

Wie ein Traum wird eine Somatosynthese-Reise oft sehr lebensnah und intensiv erlebt. Man hat das Gefühl, man werde sie nie mehr vergessen. Aber wenn die Reise dann vorbei ist, scheinen die Gefühle und die Bedeutung der Reise nachzuklingen, während die Einzelheiten undeutlich werden und allmählich verloren gehen. Diese Einzelheiten, die Bilder und der Verlauf der Reise, sind jedoch nützlich für den Reisenden. Das Nachlesen eines Reiseberichtes kann wichtige Erkenntnisse wieder ins Gedächtnis rufen, die mit der Zeit verblaßt sind. Es kann dem Reisenden helfen, sich wertvoller innerer Kräfte zu erinnern, die er entdeckt hatte. Und es kann ihn dazu anregen, die Reise ins Heil fortzusetzen.

Die Mitte des Irrgartens

Cheryl war eine Reisende mittleren Alters mit starken Schmerzen im Nacken und in den Schultern. Während dieser Sitzung lag sie auf ihrem Rücken, und meine Hände ruhten leicht auf und unter ihrem oberen Brustbereich und ihren Schultern.

„Richten Sie Ihre Aufmerksamkeit auf diese Stelle", schlug ich vor, „und erleben Sie diese einfach nur."

Anfangs hatte sie viel Widerwillen gegen das Erleben dieser Körperstelle. Nach mehreren Minuten bemerkte sie wie beiläufig, diese Stelle fühle sich an wie ein abstraktes Gemälde.

„Was ist auf dem Bild?" fragte ich.

„Formen", antwortete sie, „nichts als eine Menge Formen."

„Können Sie sich dieses Gemälde in drei Dimensionen vorstellen und nicht nur in zweien?" wollte ich wissen.

„Ja", antwortete sie, „das Gemälde ist jetzt ein Irrgarten geometrischer Formen geworden. Ich wandere in diesem Irrgarten umher und finde den Ausgang nicht."

Cheryl hatte Schwierigkeiten, einen Weg aus dem Irrgarten zu finden. Ich schlug vor, sie solle sich vor ihrem inneren Auge vorstellen, ihr Körper könne über dem Irrgarten schweben und so den Ausgang entdecken. Sie versuchte das und berichtete, es sei ein sehr friedvolles Gefühl, mit ihrem höheren Selbst in Verbindung zu stehen, während sie über dem Irrgarten schwebte. Ich nahm an, das bedeute, daß sie mit einem Aspekt ihres transpersonalen Selbst Verbindung aufgenommen hatte, und schlug vor, daß sie diesen Kontakt dazu verwenden solle, aus dem Irrgarten zu finden.

„Mein höheres Selbst sagt, wenn ich herausfinden will, muß ich zuerst die Mitte des Irrgartens finden."

Von ihrem Standpunkt über dem Irrgarten aus entdeckte Cheryl den Weg zur Mitte. Dann kehrte sie zu der Person zurück, die immer noch verloren im Irrgarten herumwanderte, und folgte sorgfältig dem Pfad zur Mitte, den sie von oben entdeckt hatte. Als sie endlich in der Mitte des Irrgartens ankam, war sie begeistert, glücklich und schmerzfrei. Die Verbindung zwischen den Ereignissen in ihrem Leben und ihrer Reise des Heilens war eindeutig. Sie erzählte, daß ihr Leben sie an ein Herumirren im Irrgarten erinnere und wie sie im wahrsten Sinne des Wortes den Schmerz und die Bürde des Suchens nach dem Ausgang schultere. Bei der nächsten Sitzung sagte Cheryl, sie halte jetzt jedesmal inne, wenn sie fühle, wie der Streß sich in ihrem Körper anhäufe, und suche schnell die Mitte ihres Irrgartens.

Cheryls Reise ist wieder ein Beispiel für die Bedeutung der Mitte für den Heilungsprozeß des Reisenden. Mir gefiel diese Reise besonders wegen der Metapher des Irrgartens und der Einfachheit, mit der die Reisende sein (und damit ihr) Zentrum fand. Sie konnte die Erfahrung dieser Reise sofort in ihr Leben einbauen.

Der Plastikheiler

John war fünfunddreißig Jahre alt, Bergsteiger und suchte mich mehrere Monate nach einem Bergunfall auf, bei dem er sich eine Verletzung zugezogen hatte. Er war von einer zehn Meter hohen Klippe gestürzt, auf dem Rücken gelandet, hatte mehrere Wirbel gebrochen und sein linkes Fuß- und Handgelenk zerschmettert. Ein Teil eines auf das Rückenmark drückenden Lendenwirbels mußte operativ entfernt und sein Fußknöchel mußte genagelt werden. Man sagte ihm, es sei sehr unwahrscheinlich, daß er je wieder normal gehen könne, aber John war sehr entschlossen und weigerte sich, eine solch trübe Prognose anzuerkennen.

Während er noch im Krankenhaus lag, leitete er weiterhin eine kleine Firma für elektronisches Zubehör, die er vor kurzem gegründet hatte. John hatte mehrere Hobbys, darunter die Arbeit mit Plastikmaterial, das er mit seinem kleinen Sohn zusammen formte. Sie arbeiteten mit einer Reihe verschiedener Pastikstoffe, brachten sie in die gewünschten Formen und ließen sie härten.

„Ich weiß nicht warum", sagte er, „aber seit einigen Wochen erzähle ich meiner Frau, daß die Plastikmasse etwas mit meiner Heilung zu tun hat."

John hatte sich umgesehen und eine wenig bekannte Firma gefunden, die für Hobby-Plastiker sogenanntes „freundliches Plastik" (mit niedrigem Schmelzpunkt) anbot. Dies ermöglichte ihm, mit Temperaturen nahe dem Siedepunkt des Wassers zu arbeiten.

Zu Beginn dieser Somatosynthese-Sitzung schien es, als wäre eine leichte Traktion in der Gegend des Lendenwirbelbruchs gut für John. Wir beide hatten den Eindruck, als gebe es an dieser Stelle viel Narbengewebe von der Verletzung und der folgenden Operation. John lag auf seinem Rücken, und ich wendete sehr leichte Traktion an, bat ihn, sich zu entspannen und darauf zu achten, wie sich diese Stelle anfühle. Johns Hände griffen spontan in die Luft, wo er zu arbeiten begann, als knete er Teig.

„Die Plastikmasse", rief er aus, „diese Stelle fühlt sich an, als sei sie aus Plastikmasse, die falsch geformt wurde."

Als er sich nun an die „innere Arbeit" der Veränderung dieser Stelle machte, benutzte er ein Verfahren, mit dem er sehr vertraut war. Er erhitzte das Plastikmaterial und formte es mit seinen Händen um, bis sich die neue Form richtig anfühlte. Dann ließ er es fest werden. Anschließend sprachen wir über sein Bild und wie unheimlich es war, daß er sich bereits seit Wochen zu Plastikmaterial hingezogen gefühlt hatte. Die anatomische Genauigkeit seiner Analogie war für ihn noch überraschender. Ich erklärte John, daß oft eine Analogie zwischen dem menschlichen Bindegewebe (Muskeln, Bänder, Sehnen und Membranen) und *Plastikmaterial* gezogen wird. Es gibt diese Gewebe in zwei Phasen. In einer Phase, der sogenannten *elastischen Phase*, ist das weiche Gewebe sehr widerstandsfähig gegen Veränderung. Wenn in dieser Phase eine Kraft das Gewebe zu verändern sucht, wird diese Kraft absorbiert, und das Gewebe nimmt seinen ursprünglichen Zustand wieder an. Diese erste Phase entspricht der gehärteten Plastik. Die zweite

Phase wird die *plastische oder viskose Phase* genannt. Hier reagiert das Gewebe auf Krafteinwirkung mit Veränderung seiner Form und Struktur, was dem Formen erhitzter Plastikmasse gleichkommt.

John verstand diese Entsprechung sofort. Dann überlegten wir uns, wie er mit Hilfe der Plastikmasse „fühlen“ konnte, was in seinem Rückgrat und seinem Fußgelenk geschehen mußte. Er machte Plastikskulpturen der verletzten Körperteile und studierte und manipulierte sie genauestens. Wir richteten uns auch bei der Therapie für diese Stellen nach diesem Modell. In dieser „freundlichen Plastikmasse“ hatte John ein im wahrsten Sinn des Wortes greifbares Körperbild gefunden, mit dem er in diesem Heilungsprozeß umgehen konnte.

Alles kann zum Heilmittel werden, wie diese Reise mit John zeigt. Johns Erfahrung mit der Plastikmasse zeigt auch die Macht, die die Heilkraft des Reisenden hat, selbst wenn sie sich unbewußt im Leben des Reisenden ausdrückt.

Heilen auf des Messers Schneide

Janice kam ursprünglich wegen der Schmerzen in ihrer rechten Schulter in meine Praxis. Nachdem ich ihre schmerzende Schulter in mehreren Sitzungen manipuliert hatte, war es klar, daß ich ihr dadurch nur vorübergehende Erleichterung verschaffte. Sie fühlte sich nach der Behandlung eine oder zwei Stunden lang besser, manchmal sogar einen ganzen Tag lang, aber letzten Endes setzten die Schulterschmerzen immer wieder ein. Janice war verständlicherweise enttäuscht. Sie war schon von mehreren anderen Spezialisten behandelt worden und fragte mich, ob sich nicht etwas anderes machen ließe. Ich schlug vor, wir könnten herausfinden, ob es in Verbindung mit diesem Schmerz psychische oder emotionale Probleme gab.

„Ich war jahrelang in psychotherapeutischer Behandlung“, versicherte sie mir. „Wie soll das helfen?“

Ich erklärte ihr, daß in vielen Fällen weder die Psychotherapie noch die Körpertherapie allein richtig wirksam sind, daß beide zusammen aber ein wirksames Instrument des Heilens bilden. Sie stimmte diesem neuen Ansatz zu. Ich legte eine Hand unter und eine auf ihre rechte Schulter und forderte sie auf, sich zu entspannen und auf diese Stelle zu achten. Dabei entfaltete sich eine unglaubliche Geschichte.

„Wie fühlt sich diese Stelle an?" fragte ich.

„Das ist merkwürdig", antwortete sie, „sie fühlt sich an, als stecke etwas in meiner Schulter, ein Messer – kein großes Messer, eher wie ein kleiner Dolch."

Auf weiteres Befragen gelang es Janice, das Messer in allen Einzelheiten zu beschreiben. Sie sah den gebogenen Griff, die eingelegten Juwelen und die glänzende Stahlklinge. Sie sah auch eine Hand, die das Messer hielt.

„Oh, nein, das ist Charles!" rief sie aus. „Er hat dieses Messer in mich gestoßen."

Es stellte sich heraus, daß Janice mit Charles verheiratet gewesen war, doch waren sie schon seit Jahren geschieden. Mit dieser Erkenntnis wurde Janice klar, daß sie in dieser Schulter viele ungelöste Probleme aus dieser Ehe festhielt.

Als sie sich die Klinge des Messers näher besah, konnte sie dort Inschriften der darauf bezogenen Gefühle entdecken. „Wut", „Ablehnung" und „Angst" waren auf einer Seite eingraviert. Auf der anderen entdeckte sie die Worte „Liebe", „Verständnis" und „Frieden". Es wurde dann offenbar, daß der Schmerz in ihrer Schulter nicht so sehr durch den metaphorischen Stich seitens ihres ehemaligen Mannes hervorgerufen wurde, sondern vielmehr durch die ungelöste Spannung aus dieser Beziehung. Ich fragte Janice, was sie mit diesem Messer tun könne, und sie sagte, sie wolle es gerne entfernt haben.

„Aber die Gefühle sind echt", sagte sie, „und ich bin mir nicht sicher, ob auch sie entfernt werden sollten. Ich will nur nicht, daß sie mir noch länger weh tun."

Als nächstes bat ich sie, sich vorzustellen, sie sei zuerst die eine und dann die andere Seite der Klinge. Wie wäre das? Wenn die Klinge zu ihr sprechen könnte, was würde sie sagen? Während sie bei dieser Visualisierung blieb, arbeitete ich weiter an ihrer Schulter – mobilisierte das Gelenk, setzte leichte Traktion ein und stimulierte die Muskelreflexpunkte. Schließlich kamen wir an den Lösungspunkt.

„Ich weiß, was ich tun kann“, erklärte sie. „Ich forme diese widersprüchlichen Emotionen zu einer schützenden Scheide um. Dann können wir das Messer aus der Scheide ziehen, die Gefühle an Ort und Stelle belassen, aber die Schmerzen wegnehmen.“

Janice formte eine Scheide aus ihren Emotionen und stellte sich vor, wie das Messer in dieser Scheide steckte. Die leichte Traktion, die ich eingesetzt hatte, „zog“ bereits an ihrer Schulter. Wir betrachteten diese Traktion nun als den Akt, der das Herausziehen dieses Messers aus der Scheide symbolisierte. Beim letzten Ruck seufzten wir beide erleichtert auf. Es funktionierte. Ihre Muskeln entspannten sich, ihre Beweglichkeit steigerte sich dramatisch, und die Schmerzen waren verschwunden.

Janice verreiste kurz nach dieser Sitzung. Bei unserer nächsten Begegnung fragte ich sie nach ihrer Schulter. Sie erzählte mir lächelnd, sie habe so gut wie keine Schmerzen mehr.

„Einmal hatte ich beim Kämmen Schmerzen“, berichtete sie. „Da stellte ich mir schnell die Scheide der Gefühle vor und zog das Messer selbst heraus. Mehr war nicht nötig.“

Janice erwies sich für jemanden, der zum ersten Mal reist, als ungewöhnlich gewandt. Sie sah ihre Schulterschmerzen als widersprüchliche Emotionen und kam doch zu einer emotionalen Synthese. Ich vermute, daß sie sich im Laufe der Zeit und durch ihre Psychotherapie teilweise schon von den Emotionen im Zusammenhang mit ihrer Scheidung distanziert hatte. Sie erkannte und anerkannte sie, ließ sich aber nicht von ihnen beherrschen. Nun mußte dieser Prozeß der Disidentifikation und Synthese nur noch in ihrem Körper geerdet werden. Das Messer war eine wichtige, körperliche Komponente und erdete dieses Erlebnis. Es war das Hilfsmittel, mit dem die Reise vom Körper zur Psyche voranschritt – und führte zur Entdeckung der psychischen Dimension der körperlichen Beschwerden. Und es war auch das Werkzeug, dessen symbolisches Entfernen die Heilung der körperlichen Verfassung und der psychischen Probleme dieser Reisenden darstellte.

Nachwort

Vom Körper über die Seele zur Mitte führt die Somatosynthese-Reise. Diese Reise des Heilens beginnt beim Körper, berührt die Seele und erreicht schließlich unser rein geistiges Sein. Sie offenbart uns den Sinn unseres Lebens und läßt uns Heilung zuteil werden; sie kann uns von unseren tiefsten Ängsten befreien und uns unsere höchsten Hoffnungen enthüllen; sie ist eine Reise des emotionalen Ausdrucks und der mitfühlenden Einsicht. Eine Reise, die uns zeigt, woher wir kommen, und uns die Aussicht eröffnet auf das, was uns noch möglich ist.

Somatosynthese handelt von der verschlungenen Beziehung, die zwischen Körper und Seele durch Berührung entsteht. Gleichzeitig verweist sie auf eine fundamentalere Realität jenseits von Körper und Seele. Reich berührte diese tiefere Ebene mit seiner Versicherung, daß in einer bestimmten Handlung des Menschen (Original: *in function*) Körper und Geistig-Seelisches nicht trennbar seien. Wir jedoch sind daran gewöhnt, Körper und Geistig-Seelisches als getrennte, unabhängig voneinander funktionierende Elemente zu betrachten, und berücksichtigen nur gelegentlich deren gegenseitige „Abhängigkeit". Allerdings ist es immer noch bestenfalls unvollständig, den Körper und das Geistig-Seelische nur als „voneinander abhängige" Elemente zu sehen.

Als in der Geschichte der Physik das ähnliche Problem der Unabhängigkeit oder gegenseitigen Abhängigkeit von Materie und Energie auftauchte, schlug Einstein (wie Reich) die Annahme einer funktionellen Einheit der beiden vor. $E = mc^2$, Einsteins berühmte Formel der Relativitätstheorie, anerkannte die Einheit von zwei Elementen, die wir bislang für zwei grundlegend verschiedene Aspekte der Wirklichkeit gehalten hatten: Energie (E) und Materie (m). Einsteins Einsicht war heilend. Sie verband, was man vorher für getrennt gehalten hatte; mehr noch: sie zeigte, daß das, was man als getrennt empfunden hatte, niemals wirklich getrennt war. Und diese Unteilbarkeit der Realität durchdringt seit Einstein die ganze Physik.

In ähnlicher Weise deutet die Somatosynthese über die „Verbindung“ von Körper und Seele hinaus auf die inhärente Untrennbarkeit der beiden hin. Diese Unterscheidung zwischen „Verbindung“ und „Untrennbarkeit“ ist, wenn auch fein, so doch nicht weniger wichtig. Denn sie verweist darauf, daß Körper und Geistig-Seelisches wie Materie und Energie nicht nur zusammengefügte Einzelstücke sind, sondern aus einer tieferen, gemeinsamen Grundlage der Ganzheit erwachsen.

In unserem Streben nach Ganzheit versuchen wir oft, vermeintlich isolierte Elemente miteinander zu verbinden, um ein Ganzes zu schaffen. Doch gibt es auch eine andere Betrachtungsweise: die Einsicht, daß die von uns entdeckten „Ver-bindungen“ in Wirklichkeit auf einen von vornherein bestehenden, gemeinsamen Ursprung der Ganzheit verweisen. In den letzten Jahren führten Untersuchungen auf so verschiedenen Gebieten wie Physik, Gehirnforschung, Chemie, Biologie, Medizin und Psychologie zu einer Reihe ähnlicher Ansichten über die inhärente Unteilbarkeit und Ganzheit des Lebens.

Jenseits von Körper und Seele, jenseits von Emotionen und Gedanken, jenseits von Materie und Energie liegt das Reich dieser Ganzheit. Es ist ein Ort des Heilens, denn Heilen *(healing)* und Ganzheit *(wholeness)* sind nur verschiedene Wörter für die gleiche Wahrheit (– von der Wurzel her handelt es sich sogar um dasselbe Wort!). Es ist auch das Reich des „Geistes“ *(spirit)* – wenn die übliche religiöse Interpretation dieses Begriffs einmal beiseite gelassen wird. „Geist“ bedeutete ursprünglich „das, was Leben verleiht“ (Odem, Lebenshauch). Und dieses Reich der Ganzheit ist der gemeinsame Ursprung all der verschiedenen Aspekte, die das Leben und das Sein ausmachen. Wir *können* mit diesem Ort der Ganzheit, wo uns Körper und Seele, Emotionen und Gedanken, Materie und Energie als *eines* gegeben sind, tatsächlich *in Berührung kommen.* Wir können – durch Berührung – diesen Ort erreichen, wo die heilenden Ströme zusammenfließen, wo Körper und Seele sich begegnen.

Anhang

Fragebogen zur Zugänglichkeit des Körpers für Berührung

Vorderseite

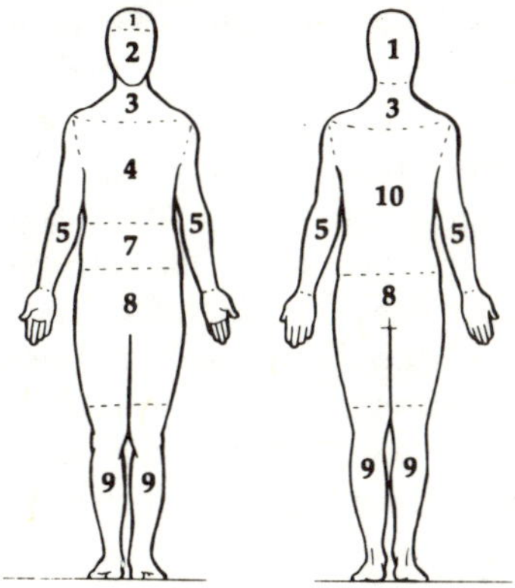

Rückseite

Körperstelle	*Freund des gleichen Geschlechts* habe berührt	*Freund des gleichen Geschlechts* berührt worden	*Freund des anderen Geschlechts* habe berührt	*Freund des anderen Geschlechts* berührt worden
1. Kopf / Stirn				
2. Gesicht				
3. Hals / Schultern				
4. Oberkörper / Brust				
5. Arme				
6. Hände				
7. Unterleib				
8. Schenkel / Gesäß				
9. Beine				
10. Rücken				
11. Summe				
12. Durchschnitt				

Benutzen Sie den folgenden Bewertungsschlüssel:
1 = nie, 2 = selten, 3 = manchmal, 4 = oft, 5 = immer

Quellenhinweise (nach Kapiteln geordnet)

Dieses Quellenverzeichnis beabsichtigt, den Lesern bei der Vertiefung der in diesem Buch vorgestellten Themenkreise zu helfen. Für jedes Kapitel werden bibliographische Informationen zu den im Text zitierten Quellen gegeben: Der besseren Übersicht wegen sind hier nur Autorenname, Erscheinungsjahr und gegebenenfalls die Seitenzahlen angegeben – die vollständigen Angaben sind anhand dessen in der alphabetischen Bibliographie leicht aufzufinden (– im Anschluß an dieses Verzeichnis; dort sind auch deutsche Ausgaben der jeweiligen Titel, sofern vorhanden, aufgeführt). Zusammengehörige Hinweise sind zusammengefaßt, und wo dies angebracht erscheint, wird zusätzliche Literatur empfohlen; es werden auch Kommentare zum Inhalt des Quellenmaterials gegeben.

Kapitel 1: *Wo Körper und Seele sich begegnen*

Zur Annäherung von Körpertherapien und geistig-seelischen Therapien: Irving Oyle (1979); Barbara Brown (1980); Elmer und Alyce Green (1979); Bernie Siegel (1986).

Quellen zur Psychoneuroimmunologie: R. Ader (1981); Locke et al. (1985); das *Journal of Neuroscience Research*, Band 18, Nr. 1, 1986; Darko (1986).

Zum Studium der hypnotischen Beeinflussung des Immunsystems siehe: H. R. Hall (1983); Stein et al. (1985).

Candace Perts Ausführungen erschienen in Marilyn Fergusons *Brain/Mind Bulletin*, Band 11, Nr. 4, 1986. Paul Bach-y-Ritas Experimente mit Blinden sind in seinem 1972 erschienenen Buch und in seinem Zeitschriftenartikel von 1983 beschrieben. Ähnliche Experimente zum Umwandeln der menschlichen Sprache in taktile Stimulation wurden von M. A. Clements et al. veröffentlicht (1988). Mehr Information über den hypnagogischen Zustand findet sich bei Barbara Brown (1980) und Elmer Green (1979); außerdem bei E. Peper et al. (1979).

Roberto Assagioli schrieb sehr wenig; seine beiden Hauptwerke sind *Psychosynthesis* (1965) und *The Act of Will* (1976). Es gibt jedoch zwei gute Übersichten über die Psychosynthese, und zwar von Piero Ferrucci (1982) und von Jean Hardy (1987).

Kapitel 2: *Ursprüngliche Verbindungen*

Zu Beckers Arbeit an der Regeneration bei Salamandern: Robert O. Becker und Andrew Marino (1982); dieses Buch liefert einen gründlichen, wenn auch etwas technischen Bericht über Beckers Forschungen; Robert Beckers Buch von 1985 ist eine weniger technische Abhandlung desselben Themas.

Ligeros A. Kleanthes (1937) zitiert Beweise für den Einsatz von „Hand-Kuren" in vielen Kulturen der Welt. – Der historische Hintergrund für Akupunktur, Moxa, Massage und Pulsdiagnose findet sich bei: K. Chimin Wong und Wu Lien-Teh (1932); Ralph H. Major (1954); Effie Poy Yew Chow: *Traditional Chinese Medicine: A Holistic System*, in: J. Warren Salmon (1984); Stephan Pálos (1971). – Richard Selzer erzählt von seinem Erlebnis mit Yeshi Dhonden in *Harper's Magazine* (Januar 1976).

Zu den griechisch-römischen Heilungspraktiken: Walter Addison Jayne (1945); *Hippokrates*, übersetzt von E. T. Withington (1927); *Celsus de Medicina*, übersetzt von W. G. Spencer (1973); Chester A. Wilks (1973) verfolgt die Ursprünge der heutigen Manipulation bis zu den alten Heilungspraktiken zurück.

Zu den Heilungspraktiken des alten Ägypten: Guido Majno (1975) und Paul Ghalioungui (1973).

Ibn Sinas (= Avicennas) *Kanon der Medizin* (1970) wurde von O. Cameron Gruner ins Englische übersetzt. – Eine Beschreibung des *sparsha diksha* findet sich bei Swami Muktananda (1980). – Gopi Krishna beschreibt sein spirituelles Erwachen in *Kundalini: The Evolutionary Energy in Man* (1970).

Marc Bloch (1973) gibt den umfassendsten Bericht zum Thema „königliche Berührung". Das Buch ist ursprünglich in Französisch erschienen und liefert deshalb etwas mehr Information über den Einsatz der königlichen Berührung durch französische Herrscher. Bei C. J. S. Thompson (1973) ist ein Kapitel der königlichen Berührung gewidmet, welches deren Gebrauch in England mehr

Aufmerksamkeit schenkt. – Die Shakespeare-Zitate sind einer deutschen Macbeth-Ausgabe entnommen (1970; dort S. 58 f.).

Zu den „Siebten Söhnen": Bloch (1973) gibt einen kurzen Abriß des Kults der Siebten Söhne in verschiedenen europäischen und außereuropäischen Kulturen. Besonders liefert er Beweismaterial für den gemeinsamen Ursprung dieses Brauchs in den Kulturen des mittleren Ostens.– Die meisten zeitgenössischen Schriften zum Schamanismus konzentrieren sich ausschließlich auf Kulturen der dritten Welt in Afrika, Asien, Polynesien, Mittel- und Südamerika. Auf die europäischen Ursprünge des Schamanismus wurde wenig geachtet.

Zur Etymologie von *disease*: Webster's *Third International Dictionary* (Springfield/Massachusetts 1971); zur Herkunft des Wortes „heilen" vgl. *Duden, Band 7: Das Herkunftswörterbuch* (Mannheim/Wien/Zürich 1963)

Die Forschungsarbeit über die geistige Heilerin Olga Worrall fand inzwischen ihren Weg in die herkömmliche Medizin, wie eine Ausstellung 1979-80 an der medizinischen Fakultät der Universität Harvard beweist. Bücher über Olga Worrall: Ambrose A. und Olga N. Worrall (1970 und 1985); Edwina Cerutti (1977). Berichte der wissenschaftlichen Untersuchungen von Worralls Fähigkeit finden sich in zwei Studien von Douglas Dean (1975 und 1983); Robert N. Miller und P. B. Reinhart (1975); M. Justa Smith (1972); eine Studie des Autors mit dem Titel *Healer Speeds Up Self-organizing Properties* in: *Brain/Mind Bulletin*, Band 7, Nr. 3, 1982.
„*High Tech – High Touch*" wird von John Naisbitt in *Megatrends* (1982) beschrieben.

Sherry Suib Cohen (1987) gibt einen Überblick über die verschiedenen heute verwendeten, auf Berührung basierenden Therapien. Eine gute Geschichte der Chiropraktik findet sich in Wilks (1973), die Geschichte der Osteopathie bei Norman Gevitz (1982).

Ein historischer Überblick über die Rolle des Körpers in der Psychotherapie ist zu finden in dem Buch der Jungschen Analytikerin Deldon Anne McNeely (1987); siehe auch: Georg Groddeck (1979), Alfred Adler (1973) und Wilhelm Reich (1973).

Palmers Schriften zur universellen und angeborenen Intelligenz sind zu finden bei Joseph E. Maynard (1982).

Kapitel 3: *Berührung – Band und Barriere*

Sidney Jourards Artikel über Körperzugänglichkeit und über seinen Einsatz des Fragebogens zur Körperzugänglichkeit erschien 1966 im *British Journal of Social and Clinical Psychology*; zwei weitere Arbeiten von Jourard (1964 und 1968) befassen sich ebenfalls mit dieser Thematik. Rosenfeld wiederholte Jourards Studie (1976). Ein ähnlicher Bericht über Körperzugänglichkeit findet sich bei T. Nguyen et al. (1975). Der Fragebogen zur Körperzugänglichkeit im Anhang des vorliegenden Buches ist eine Abwandlung des in der Studie Nguyiens verwendeten.

Die Geschichte des weißen Arztkittels wurde von Dr. Joseph Flesia von *Renaissance International* (1235 Lake Plaza Drive, Suite 130, Colorado Springs/Colorado 80906) erzählt. – Studien, die zeigen, daß Berührung Beratungsstunden voranbrachte: M. Hubble et al. (1981); J. Pattison (1973).

Montagus klassisches Werk *Touching: The Human Significance of the Skin* wurde ursprünglich 1971 publiziert und später für Neuauflagen in den Jahren 1978 und 1984 überarbeitet. Die Erörterung der Bedeutung von Berührung für den Fötus und das Neugeborene wurde im wesentlichen aus den ersten vier Kapiteln dieses Buches zusammengestellt. Montagu bespricht Harlows Experimente mit „Stoffmüttern“ bei Affen und viele andere Forschungsarbeiten zum Thema Berühren. – Tiffany Fields Studie über die zu früh geborenen Säuglinge wird von Neala S. Schwartzberg (1989) referiert. – Lowens Ausführungen zur Sexualität und zur Bindung von Mutter und Kind zitiert Montagu (1984); siehe auch Lowen (1969). Die neueste Ausgabe von Montagus *Touching* enthält einen Anhang zum Thema *Therapeutic Touch*, in dem Montagu eine neurologische Begründung für die Wirksamkeit des Heilens durch Handauflegen versucht.

Die Erörterung über Barrieren beruht auf Ken Wilbers *No Boundary* (1981), in dem er die Schaffung und Bedeutung von Grenzen beschreibt und dabei mit der Haut als Grenze beginnt. Wilber umreißt die Abgrenzungen, die wir ziehen, und die Kämpfe, die wir dann auf verschiedenen Ebenen unseres Bewußtseins ausfechten. Er beschreibt auch Therapien, die bei der Lösung von Selbst/Nicht-Selbst-Grenzkonflikten hilfreich sein können. (Das Zitat mit der „Seuche“ ist der deutschen Ausgabe des Buches entnommen [dort S. 17].)

Ein sehr gut zu lesender Bericht über die Philosophiegeschichte, der auch Abschnitte über Aristoteles und Descartes enthält, findet sich bei T. Z. Lavine (1984). Dieses Buch war die Grundlage einer gleichnamigen PBS-Fernsehserie. Weitere Arbeiten über Philosophie und Heilen: Lawrence LeShan (1982); Renee Webers ausgezeichneter Artikel zu diesem Thema in *Revisions* (1979); Larry Dossey (1982). – Zum allgemeinen Thema „Zersplitterung und Ganzheit“ siehe David Bohm (1980).

Margaret Mahler (1975) beschreibt die Stufen der Grenzziehung, die zur „psychischen Geburt des Selbst“ führen. – Mehr Information zum Thema falsche Abgrenzung: J. Masterton (1978) und O. Kernberg (1975).

Kapitel 4: *Die Sprache der Berührung*

Bekesys Experimente mit der Haut und sein Zitat über das Abtasten stammen aus seinem Buch *Sensory Inhibition* (1967). Bekesys Studien an der Haut halfen die Theorie vom „holographischen Gehirn“ des Neurophysiologen Karl Pribram (1971) verankern.

Toftness publizierte nur wenig über seine Beobachtung der menschlichen Mikrowellenfelder (1982 und 1985); siehe auch J. Edrich/I. N. Toftness (1976).

Die Forschungsergebnisse zum therapeutischen Berühren finden sich bei Dolores Krieger (1979 und 1987).

Zur Einsteinschen Revolution in der Physik: Ken Wilber (1977) behandelt die Umwälzungen in der Physik von Newton bis Einstein. Aus diesem Buch stammen auch die Zitate von Schrödinger (S. 134 und S. 41 in der deutschen Ausgabe) und Eddington. Hierher gehören: zwei Bücher von Fritjof Capra (1975 und 1982); Gary Zukav (1980); Paul Davies (1983).

Psychologie und Wahrnehmung: Horace B. Barlow (1972) bildet die Grundlage der orthodoxen Theorie der Wahrnehmung, zusammen mit Donald O. Hebb (1949). Über Lashley: Frank A. Beach et al. (1960); die Einführung von Edwin G. Boring gibt einen umfassenden Überblick über die Bedeutung von Lashleys Werk in der Neurowissenschaft; außerdem: Jack Orbach (1982).

Zu Pribram und der holographischen Hypothese: Einen nicht zu sehr technisch orientierten Überblick gab Pribram in zwei

Zeitschriftenbeiträgen (1977 und 1979); Material in diesem Kapitel kommt auch von einer Tonbandaufnahme der Rede Pribrams bei der Konferenz *Coevolution of Science and Spirit* am 13./14.10.1979 (New Lebanon/New York 1979 [Sufi Order]); Paul Pietsch (1981) stellt die Ansicht eines kritischen Wissenschaftlers zu Pribrams Theorie vor und die überraschenden Ergebnisse seiner eigenen Experimente, mit denen er den Gegenbeweis zur holographischen Funktion des Gehirns liefern wollte. Weitere Arbeiten von Pribram sind 1971, 1974 (a und b) und 1982 erschienen.

Chung-Ha Suhs Bemerkungen wurden einem unbetitelten Interview entnommen, das von *Renaissance International* (1235 Lake Plaza Drive, Suite 130, Colorado Springs/Colorado 80906) veröffentlicht wurde. – H. B. Logans Arbeit zum Einsatz von minimaler Kraftanwendung bei der Wirbelsäulenmanipulation findet sich im *Textbook of Logan Basic Methods*, hrsg. V. F. Logan und F. M. Murray (1981).

Zusätzliche Information zu „Querbehinderungen“ und „Freirollen“ in Upledger/Vredevoogd (1983). Siehe auch: Wilhelm Reich (1973 b); M. B. DeJarnette (1984). – Zum Thema Diagnose und Behandlung des menschlichen Energiefelds: Barbara Brennan (1988), ein Arbeitsbuch für Kliniker.

Das Arndt-Schultz-Gesetz wird in jedem medizinischen Standardlexikon erklärt, zum Beispiel in *Stedman's Medical Dictionary*, Baltimore 1976 (Williams and Wilkins).

Kapitel 5: *Berührung von Seele, Geist und Emotionen durch den Körper*

Informationen über den Psychotherapeuten Milton Erickson und seinen Einsatz von Berührung (in Form eines Händedrucks) zum Erleichtern von Trancezuständen finden sich bei Steven Gilligan (1987). – Eugene Gendlins Werk heißt *Focusing* (1981). – Die referierten Gehirnwellenexperimente wurden vorgestellt unter dem Titel *EEG Patterns Distinctive During Feelings of Insight, 'Mental Block'* in: *Brain/Mind Bulletin*, Band 2, Nr. 13, 1978.

Ein Buch zum Thema, wie gewöhnliche Erfahrungen veränderte Bewußtseinszustände bei Sportlern hervorrufen können, ist *Sweet*

Spot in Time von John Jerome (1982). Andere Quellen zu veränderten Bewußtseinszuständen: Stanislav Grof (1975, 1980 und 1988); Charles Tart (1969).

Das Experiment, das 1977 synchrone elektrophysiologische Veränderungen bei Therapeut und Klient demonstrierte, wurde von C. Norman Shealy und Elmer Green mit der spirituellen Heilerin Olga Worrall durchgeführt (unveröffentlichte Arbeit, Springfield/Missouri, Worrall Institute of Spiritual Healing).

Quellen zum Schamanismus: das klassische Werk von Mircea Eliade (1972); Michael Harner (1980); Joan Halifax (1979); Shirley Nicholson (1987); Ken Wilber (1981 b).

Hinweise auf den Einsatz von Visualisierung beim Heilen geben: Simonton (1978); Jeanne Achterberg (1985); Jeanne Achterberg/Frank Lawlis (1984); Joan Borysenko (1987).

Der Begriff „Noch-nicht-Bewußtes" stammt von Steven Schatz (unveröffentlichtes, undatiertes Manuskript, Santa Rosa/California). – Die Liste der Namen für die „Lebenskraft" entstammt dem *Research Reporter*, herausgegeben vom Holmes Center for Research in Holistic Healing, Los Angeles, Band 3, Nr. 3, 1979. – Für vertiefende Beschäftigung mit den Teilpersönlichkeiten siehe die in Kapitel 1 zitierten Werke von Assagioli und anderen zur Psychosynthese.

Kapitel 6: *Reise jenseits von Körper, Geist und Seele*

Der Auszug aus T. S. Eliots „Burnt Norton" stammt aus Eliot, 1971. (Zitiert nach der deutschen Ausgabe, S. 283; Deutsch von Nora Wydenbruck.)

Als allgemeine Einführung in die transpersonale Psychologie empfehle ich Ken Wilbers Schriften (1981 a, 1977, 1980 und 1981 b). Die Zitate von Einstein über das Mystische stammen aus Wilber (1984).

Als Gegengewicht zu Wilbers Darstellung der transpersonalen Psychologie vgl. Michael Washburn (1988), der Wilbers Hauptannahmen in Frage stellt und eine alternative Sicht der transpersonalen Theorie bietet.

Ebenfalls zur transpersonalen Psychologie siehe Charles Tart (1975); die in Kapitel 1 angegebenen Schriften Assagiolis; C. G.

Jungs Schriften, wie zum Beispiel *Symbols of Transformation* (1967); drei Bücher von Abraham Maslow (1968, 1970 und 1971).

Die Übung „Entdecken Sie Ihr überpersönliches Selbst" entnahm ich aus drei verschiedenen Quellen: aus Roberto Assagiolis *Psychosynthesis* (1965), S. 116-119; aus Ken Wilbers *No Boundry* (1981 a), S. 128-129; und aus *Beyond Words* von Swami Satchidananda (1977), S. 85-86.

Bibliographie (nach Autoren geordnet)

Achterberg, J.: *Imagery in Healing: Shamanism and Modern Medicine*, Boston 1985 (Shambhala); dt.: *Die heilende Kraft der Imagination. Heilung durch Gedankenkraft – Grundlagen und Methoden einer neuen Medizin*, München 1987 (Scherz)

dies./Lawlis, F. G.: *Imagery and Disease*, Champaign/Illinois 1984 (Institute for Personality and Ability Testing)

Ader, R. (ed.): *Psychoneuroimmunology*, New York 1981 (Academic Press)

Adler, A.: *Individual Psychology*, Totowa/New Jersey 1973 (Rowman and Allenheld); dt.: *Praxis und Theorie der Individualpsychologie*, 7. Aufl., Frankfurt 1989 (Fischer); *Der Sinn des Lebens*, 15. Aufl., Frankfurt 1990 (Fischer); *Über den nervösen Charakter. Grundzüge einer vergleichenden Individualpsychologie und Psychotherapie*, 10. Aufl., Frankfurt 1990 (Fischer)

Assagioli, R.: *Psychosynthesis. A Manual of Principles and Techniques*, New York 1965 (Viking); dt.: *Handbuch der Psychosynthesis. Angewandte transpersonale Psychologie*, Freiburg 1978 (Aurum)

ders.: *The Act of Will*, New York 1976 (Penguin); dt.: *Die Schulung des Willens. Methoden der Psychotherapie und der Selbsttherapie*, Paderborn 1987 (Junfermann)

Avicenna: *Cannon of Medicine* (übers. v. O. Cameron Gruner), New York 1970 (Augustus M. Kelly)

Bach-y-Rita, P.: *Brain Mechanisms in Sensory Substitution*, New York 1972 (Academic Press)

ders.: *Tactile Vision Substitution: Past and Present*, in: *International Journal of Neuroscience*, vol. 19, 1983, S. 29-36

Barlow, H. B.: *Single Units and Sensation: A Neuron Doctrine for Perceptual Psychology?*, in: *Perception*, vol. 1, 1972, S. 371-394

Beach, F. A., et al. (eds.): *The Neuropsychology of Lashley: Selected Papers of K. S. Lashley*, New York 1960 (McGraw-Hill)

Becker, R. O.: *The Body Electric*, New York 1985 (Morrow)

ders./Marino, A.: *Electromagnetism and Life*, Albany/New York 1982 (State University of New York)

Bekesy, G.: *Sensory Inhibition*, Princeton 1967 (Princeton University Press)

Bloch, M.: *The Royal Touch: Sacred Monarchy and Scrofula in England and France*, London 1973 (Routledge & Kegan-Paul)

Bohm, D.: *The Enfolding-Unfolding Universe: A Conversation with David Bohm*, in: *Revision*, vol. 1, nos. 3 & 4, 1978

ders.: *Wholeness and the Implicate Order*, London 1980 (Routledge & Kegan-Paul); dt.: *Die implizierte Ordnung. Grundlagen eines dynamischen Holismus*, München 1985 (Dianus-Trikont)

ders.: *The Physicist and the Mystic – Is a Dialogue between them Possible?*, in: *Revision*, vol. 4, no. 1, 1981

Borysenko, J.: *Minding the Body, Mending the Mind*, Reading/Massachusetts 1987 (Addison-Wesley)

Brennan, B.: *Hands of Light*, New York 1988 (Bantam Books); dt.: *Licht-Arbeit. Das große Handbuch der Heilung mit körpereigenen Energiefeldern*, München 1991 (Goldmann)

Brown, B.: *Supermind*, New York 1980 (Harper and Row)

Capra, F.: *The Tao of Physics*, Boulder 1975 (Shambhala); dt.: *Das Tao der Physik. Die Konvergenz von westlicher Wissenschaft und östlicher Philosophie*, Bern/München/Wien 1984 (Scherz)

ders.: *The Turning Point*, New York 1982 (Simon and Schuster); dt.: *Wendezeit. Bausteine für ein neues Weltbild*, Bern/München/Wien 1983 (Scherz)

Cerutti, E.: *Mystic with the Healing Hands*, New York 1977 (Harper and Row)

Clements, M. A., et al.: *Tactile Communication of Speech: Comparison of Two computer-based Displays*, in: *Journal of Rehabilitation Research and Development*, vol 25, no. 4, 1988, S. 25-44

Cohen, S. S.: *The Magic of Touch*, New York 1987 (Harper and Row)

Darko, D.: *A Brief Tour of Psychoneuroimmunology*, in: *Annals of Allergy*, vol. 57, no. 4, 1986, S. 233-238

Davies, P.: *God and the New Physics*, New York 1983 (Simon and

Schuster); dt.: *Gott und die moderne Physik*, München 1986 (Bertelsmann)

Dean, D.: *The Effects of ‚Healers' on Biologically Significant Molecules*, in: *New Horizons*, vol. 1, 1975

ders.: *The Effects of Olga and Other Healers Upon the Infra-Red and Ultra-Violet Spectrophotometers*, Ph. D. Thesis, Princeton 1983 (Princeton University Press)

DeJarnette, M. B.: *Sacro Occipital Technic Manual*, Nebraska City 1984 (SORSI)

Dossey, L.: *Space, Time and Medicine*, Boston 1981 (Shambhala); dt.: *Die Medizin von Raum und Zeit. Ein Gesundheitsmodell*, Reinbek 1987 (Rowohlt)

Edrich, J./Toftness, I. N.: *Spine Thermography at Millimeter Wavelengths*, in: *Digest of Chiropractic Economics*, vol. 19, no. 2, 1976

Eliade, M.: *Shamanism: Archaic Techniques of Ecstasy*, Princeton 1972, (Princeton University Press); dt.: *Schamanismus und archaische Ekstasetechnik*, Zürich/Stuttgart 1957 (Rascher)

Eliot, T. S.: *The Complete Poems and Plays 1909-1950*, New York 1971 (Harcourt, Brace and World); dt.: *Gesammelte Gedichte 1909–1962*, hrsg. v. Eva Hesse, Frankfurt 1972 (Suhrkamp)

Ferguson, M.: *Aquarian Conspiracy*, Los Angeles 1980 (J. P. Tarcher); dt.: *Die sanfte Verschwörung. Persönliche und gesellschaftliche Transformation im Zeitalter des Wassermanns*, Basel 1982 (Sphinx)

dies. (Herausgeberin): *Brain/Mind Bulletin*, Los Angeles

Ferrucci, P.: *What We May Be*, Los Angeles 1982 (J. P. Tarcher); dt.: *Werde was Du bist. Selbstverwirklichung durch Psychosynthese*, Basel 1984 (Sphinx)

Gendlin, E.: *Focusing*, New York 1981 (Bantam Books); dt.: *Focusing. Technik der Selbsthilfe bei der Lösung persönlicher Probleme*, Salzburg 1981 (Müller)

Gevitz, N.: *The D.O's: Osteopathic Medicine in America*, Baltimore 1982 (John Hopkins University Press)

Ghalioungui, P.: *Magic and Medical Science in Ancient Egypt*, Amsterdam 1973 (B. M. Israel)

Gilligan, S.: *Therapeutic Trances: The Cooperation Principle in Ericksonian Hypnotherapy*, New York 1987 (Brunner/Mazel)

Green, E. and A.: *Beyond Biofeedback*, New York 1979 (Delacorte); dt.: *Biofeedback – eine neue Möglichkeit zu heilen*, Freiburg 1978 (Bauer)

Groddeck, G.: *The Book of the It*, London 1979 (Vision Press); dt.: *Das Buch vom Es. Psychoanalytische Briefe an eine Freundin*, Wiesbaden 1961 (Limes)

Grof, S.: *Realms of the Human Unconscious*, New York 1975 (Viking); dt.: *Topographie des Unbewußten. LSD im Dienst der tiefenpsychologischen Forschung*, 3. Aufl. Stuttgart 1985 (Klett-Cotta)

ders.: *Beyond Death: The Gates of Consciousness*, London 1980 (Thames & Hudson); dt.: *Jenseits des Todes. An den Toren des Bewußtseins*, München 1984 (Kösel)

ders.: *The Adventure of Self-Discovery*, Albany/New York 1988 (SUNY Press); dt.: *Das Abenteuer der Selbstentdeckung. Heilung durch veränderte Bewußtseinszustände – Ein Leitfaden*, München 1987 (Kösel)

Halifax, J.: *Shamanic Voices: A Survey of Visionary Narratives*, New York 1979 (E. P. Dutton); dt.: *Die andere Wirklichkeit der Schamanen. Erfahrungsberichte von Magiern, Medizinmännern und Visionären. Die Wiederentdeckung uralten Wissens von den Kräften der Natur*, München 1985 (Goldmann)

Hall, H. R.: *Hypnosis and the Immune System: A Review with Implications for Cancer and the Psychology of Healing*, in: *Journal of Clinical Hypnosis*, vol. 25, nos. 2-3, 1983, S. 92-103

Hardy, J.: *A Psychology with a Soul*, London 1987 (Routledge & Kegan-Paul)

Harner, M.: *The Way of the Shaman*, San Francisco 1980 (Harper and Row); dt.: *Der Weg des Schamanen. Ein praktischer Führer zu innerer Heilkraft*, Interlaken 1983 (Ansata)

Hebb, D. O.: *The Organization of Behavior*, New York 1949 (Wiley & Sons)

Hubble, M., et al.: *The Effect of Counselor Touch in an Initial Counseling Session*, in: *Journal of Counseling Psychology*, vol. 28, no. 6, 1981, S. 533 ff.

Jayne, W. A.: *The Healing Gods of Ancient Civilizations*, New Haven 1945 (Yale University Press)

Jerome, J.: *Sweet Spot in Time*, New York 1982 (Avon)

Jourard, S.: *The Transparent Self: Self-Disclosure and Well-Being*, Princeton 1964 (D. Van Nostrand)

ders.: *An Exploratory Study of Body-Accessibility*, in: *British Journal of Social and Clinical Psychology*, vol. 5, 1966, S. 221 f.

ders.: *Self-Disclosure and Touching: A Study of Two Modes of Interpersonal Encounter and Their Interaction*, in: *Journal of Humanistic Psychology*, vol. 8. 1968, S. 39-48

Journal of Neuroscience Research, vol. 18, no. 1, 1986

Jung, C. G.: *Symbols of Transformation*, vol. 5 of: *The Collected Works of C. G. Jung*, Princeton 1967 (Princeton University Press); dt.: *Symbole der Wandlung. Analyse des Vorspiels zu einer Schizophrenie*, 3. Aufl. Olten/Freiburg 1981 (Walter)

Kernberg, O.: *Borderline Conditions and Pathological Narcissism*, New York 1976 (Jason Aronson); dt.: *Borderline-Störungen und pathologischer Narzismus*, Frankfurt 1985 (Suhrkamp)

Kleanthes, L. A.: *How Ancient Healing Governs Modern Therapeutics*, New York 1937 (G. P. Putnam's Sons)

Krieger, D.: *The Therapeutic Touch: Using Your Hands to Help or to Heal*, Englewood Cliffs/New Jersey 1979 (Prentice-Hall)

ders.: *Living the Therapeutic Touch*, New York 1987 (Dodd, Mead)

Krishna, G.: *Kundalini: The Evolutionary Energy in Man*, Boston 1970 (Shambhala); dt.: *Kundalini. Erweckung der geistigen Kraft im Menschen*, Weilheim/Obb. 1968 (Barth)

Lavine, T. Z.: *From Socrates to Sartre: The Philosophic Quest*, New York 1984 (Bantam Books)

LeShan, L.: *The Mechanic and the Gardener*, New York 1982 (Holt, Rinehart and Winston)

Locke, S., et al. (eds.): *Foundations of Psychoneuroimmunology*, Hawthorne/New York 1985 (Aldine Publishing Company)

Logan, V. F./Murray, F. M. (eds.): *Textbook of Logan Basic Methods*, Chesterfield/Missouri 1981 (LBM, Inc.)

Lowen, A.: *The Betrayal of the Body*, New York 1969 (Collier Books); dt.: *Der Verrat am Körper. Und wie er wiedergutzumachen ist. Der bioenergetische Weg, die verlorene Harmonie von Körper und Psyche wiederzugewinnen*, Bern/München 1980 (Scherz)

Mahler, M./Pine, F./Bergman, A.: *The Psychological Birth of the Human Infant*, New York 1975 (Basic Books); dt.: *Die psychische Geburt des Menschen*, Frankfurt 1985 (Fischer)

Majno, G.: *The Healing Hand: Man and Wound in the Ancient World*, Cambridge/Massachusetts 1975 (Harvard University Press)

Major, R. H.: *A History of Medicine*, Springfield/Illinois 1954 (Charles C. Thomas)

Maslow, A.: *Toward a Psychology of Being*, New York 1968 (D. Van Nostrand); dt.: *Psychologie des Seins. Ein Entwurf*, 2. Aufl. München 1981 (Kindler)

ders.: *Religions, Values and Peak-Experiences*, New York 1970 (Viking Press)

ders.: *The Farther Reaches of Human Nature*, New York 1971 (Viking Press)

Masterson, J.: *The Narcissistic and Borderline Disorders*, New York 1981 (Brunner/Mazel)

Maynard, J.: *Selective Writings of Daniel David Palmer*, Marietta/Georgia 1982 (Maynard Institute)

McNeely, D. A.: *Touching: Body Therapy and Depth Psychology*, Toronto 1987 (Inner City Books)

Miller, R. N./Reinhart, P. B.: *Measuring psychic energy*, in: *Psychic*, May-June 1975

Montagu, A.: *Touching: The Human Significance of the Skin*, New York 1984 (Harper and Row); dt.: *Körperkontakt. Die Bedeutung der Haut für die Entwicklung des Menschen*, Stuttgart 1987 (Klett-Cotta)

Muktananda, S.: *Kundalini: The Secret of Life*, South Fallsburg/New York 1980 (SYDA Foundation)

Naisbitt, J.: *Megatrends*, New York 1982 (Warner); dt.: *Megatrends*, Bayreuth 1984

Nguyen, T., et al.: *The Meaning of Touch: Sex Differences*, in: *Journal of Communication*, vol. 25, no. 3, 1975, S. 92-103

Nicholson, S. (ed.): *Shamanism. An Expanded View of Reality*, Illinois 1987 (Theosophical Publishing House)

Orbach, J. (ed.): *Neuropsychology After Lashley*, Hillsdale/New Jersey 1982 (Lawrence Erlbaum)

Oyle, I.: *The Healing Mind*, Millbrae/California 1979 (Celestial Arts)

Pálos, S.: *The Chinese Art of Healing*, New York 1971 (Herder and Herder); dt.: *Chinesische Heilkunst. Rückbesinnung auf eine große Tradition*, München 1966 (Delp)

Pattison, J.: *Effects of Touch on Self-Exploration and the Therapeutic Relationship*, in: *Journal of Consulting and Clinical Psychology*, vol. 40, 1973, S. 170-175

Peper, E., et al. (eds.): *Mind/Body Integration: Essential Readings in Biofeedback*, New York 1979 (Plenum)

Pietsch, P.: *Shufflebrain*, Boston 1981 (Houghton Mifflin)

Pribram, K. H.: *Languages of the Brain: Experimental Paradoxes and Principles in Neuropsychology*, Englewood Cliff/New Jersey 1971 (Prentice-Hall)

ders.: *How Is It That Sensing So Much We Can Do So Little?*, in F. O. Schmitt/F. G. Worden (eds.): *The Neurosciences Third Study Program*, Cambridge/Massachusetts 1974 (MIT Press)

ders.: *A New Perspective on Reality*, in: *Brain/Mind Bulletin*, vol. 2, no. 16, 1977

ders.: *Holographic Memory*, in: *Psychology Today*, February 1979

ders.: *The Holographic Hypothesis of Memory Structure in Brain Funktion and Perception*, in R. C. Atkinson et al. (eds.): *Contemporary Developments in Mathematical Psychology*, San Francisco 1974 (Freeman)

ders.: *Localization and Distribution of Function in the Brain*, in J. Orbach (ed.): *Neuropsychology After Lashley*, a.a.O.

Reich, W.: *Selected Writings: An Introduction to Orgonomy*, New York 1973 [a] (Farrar, Straus and Giroux); dt.: *Ausgewählte Schriften. Eine Einführung in die Orgonomie*, Köln 1976 (Kiepenheuer & Witsch)

ders.: *The Function of the Orgasm*, New York 1973 [b] (Farrar, Straus and Giroux); dt.: *Die Funktion des Orgasmus. Sexualökonomische Grundprobleme der biologischen Energie*, Köln 1971 (Kiepenheuer & Witsch)

Rosenfeld, L.: *Body Accessibility Revisited*, in: *Journal of Communication*, vol. 26, no. 3, 1976, S. 27-30

Salmon, J. W. (ed.): *Alternative Medicines*, New York 1984 (Tavistock Publications)

Satchidananda, S.: *Beyond Words*, New York 1977 (Holt, Rinehart and Winston)

Schwartzberg, N. S.: *That Magic Touch*, in: *Parents Magazine*, February 1989, S. 87-92

Selzer, R.: *The Art of Surgery*, in: *Harper's Magazine*, January 1976, S. 77 f.

Shakespeare, W.: *Macbeth*, übers. v. Dorothea Tieck, Stuttgart 1970 (Reclam)

Siegel, B.: *Love, Medicine and Miracles*, New York 1986 (Harper and Row)

Simonton, O. C. and S. M.: *Getting well again*, Los Angeles 1978 (J. P. Tarcher); dt.: *Wieder gesund werden. Eine Anleitung zur Aktivierung der Selbstheilungskräfte für Krebspatienten und ihre Angehörigen*, Reinbek 1988 (Rowohlt)

Smith, M. J.: *Paranormal Effect of Enzyme Activity through Laying-on of Hands*, in: *Human Dimensions*, Summer 1972

Spencer, W. G. (transl.): *Celsus de Medicina*, Cambridge/Massachusetts 1973 (Harvard University Press)

Stein, M., et al.: *Stress and Immunomodulation: The Role of Depression and Neuroendocrine Function*, in: *Journal of Immunology*, vol. 135, no. 1, 1985, S. 827-833

Tart, C. (ed.): *Altered States of Consciousness*, New York 1969 (Wiley)

ders. (ed.): *Transpersonal Psychologies*, New York 1975 (Harper and Row); dt.: *Transpersonale Psychologie*, Olten/Freiburg 1978 (Walter)

Thompson, C. J. S.: *Magic and Healing*, New York 1973 (Rider and Co.)

Toftness, I. N.: *New Device Detects Microwave Emission in Biological Systems*, in: *Brain/Mind Bulletin*, vol. 7, no. 3, 1982

ders.: *New Technologies Detect Effects of Healing Hands*, in: *Brain/Mind Bulletin*, vol. 10, no. 16, 1985

Upledger, J. E./Vredevoogd, J.: *Craniosacral Therapy*, Sattle 1983 (Eastland Press); dt.: *Lehrbuch der Kraniosakral-Therapie*, Heidelberg 1991 (Haug)

Washburn, M.: *The Ego and the Dynamic Ground*, Albany/New York 1988 (SUNY Press)

Weber, R.: *Philosophical Foundations and Frameworks for Healing*, in: *Revisions*, vol. 2, no. 2, 1979, S. 68-87

Wilber, K.: *Spectrum of Consciousness*, Wheaton/Illinois 1977 (Quest); dt.: *Das Spektrum des Bewußtseins. Ein metapsychologisches Modell des Bewußtseins und der Disziplinen, die es erforschen*, Bern/München/Wien 1987 (Scherz)

ders.: *The Atman Project*, New York 1980 (Anchor)

ders.: *No Boundary*, Boston 1981 [a] (Shambhala); dt.: *Wege zum Selbst. Östliche und westliche Ansätze zu persönlichem Wachstum*, München 1991 (Goldmann)

ders.: *Up From Eden*, New York 1981 [b] (Doubleday); dt.: *Halbzeit der Evolution. Der Mensch auf dem Weg vom animalischen zum kosmischen Bewußtsein. Eine interdisziplinäre Darstellung der Entwicklung des menschlichen Geistes*, Bern/München/Wien 1984 (Scherz)

ders.: *Quantum Questions: Mystical Writings of the Great Physicists*, Boston 1984 (Shambhala)

Wilks, C.: *Chiropractic Speaks Out*, Park Ridge/Illinois 1973 (Wilk Publishing)

Withington, E. T. (transl.): *Hippocrates*, New York 1927 (G. P. Putnam's Sons)

Wong, K. C./Lien-Teh, W.: *History of Chinese Medicine*, Tientsin 1932 (Tientsin Press, Ltd.)

Worrall, A. A. and O. N.: *Explore Your Psychic World*, New York 1970 (Harper and Row)

dies.: *The Gift of Healing: A Personal Story of Spiritual Therapy*, Columbus/Ohio 1985 (Ariel Press)

Zukav, G.: *The Dancing Wu Li Masters*, New York 1980 (Bantam Books); dt.: *Die tanzenden Wu-Li-Meister. Der östliche Pfad zum Verständnis der modernen Physik*, Reinbek 1981 (Rowohlt)

Stichwortverzeichnis

Über den Autor

Dr. Clyde W. Ford wurde 1951 in New York geboren. Er graduierte 1971 an der *Wesleyan University* (B. A.) und arbeitete bis 1977 als Systemingenieur bei IBM. Dann gab er diesen Beruf auf, um am *Western States Chiropractic College* in Portland/Oregon Chiropraktik zu studieren. Nachdem er 1980 den Doktortitel in Chiropraktik erworben hatte, zog er nach Richmond/Virginia, wo er gegenwärtig seine Praxis betreibt. Er arbeitete als Schriftleiter des *Leading Edge*, eines Bulletins für persönliche und gesellschaftliche Transformation, und war Präsident der *Foundation for the Advancement of Chiropractic Research.* Seine professionelle Ausbildung in Psychotherapie erhielt er an der *Synthesis Education Foundation* in Winchester/Massachusetts und am *Psychosynthesis Institute of New York.* Er leitet Seminare und Workshops in ganz Nordamerika. 1987 gründete er ISTAR, ein Institut für Somatosynthese-Training und -Forschung, das die in diesem Buch vorgestellte Arbeit fortsetzt.

Weitere Informationen über Seminare und Kurse zur Somatosynthese bei:

ISTAR
P. O. Box 3056
Bellingham/Washington 98227-3056
U.S.A.
Tel. 001 – (206) 398 – 9355

Dr. John Diamond:

Die heilende Kraft der Emotionen

John Diamond, der international bekannte Psychiater, zeigt Ihnen, wie Sie Ihre Lebensenergie hoch halten können. Er beschreibt die Basis positiver und negativer Zustände, die auf die Lebensenergie einwirken. Negative emotionale Zustände (Haß, Ärger, Neid ...) reduzieren die Lebensenergie. Positive emotionale Zustände (Liebe, Vertrauen, Mut ...) heben das Energieniveau an, helfen Ihnen, mit den geistigen und psychischen Streßfaktoren des Lebens fertig zu werden, und steigern Ihre Kreativität und Produktivität. Sie lernen hier, mit Hilfe eines einfachen Muskeltests den Zustand Ihrer Lebensenergie einzuschätzen, störende psychische Faktoren zu bestimmen und diese dann durch positive Emotionen zu ersetzen.

6. verb. Auflage, 276 Seiten, 38 Fotos und Illustrationen, gebunden, 38,– DM/sFr., ISBN 3-924077-02-9

Dr. Jimmy Scott/Kathleen Goss:

Allergie und der Weg, sich in wenigen Minuten davon zu befreien

Dieses Buch beschreibt eine neue Selbsthilfemethode, die Ihre eigene Körperenergie nutzt, um Sie von Allergien zu befreien. Gleichzeitig können Sie die Verträglichkeit bestimmter Nahrungsmittel und anderer Substanzen erhöhen. Jimmy Scott berichtet, wie er in langjähriger Erprobung circa 90 Prozent seiner Patienten mit seiner Allergieklopftechnik heilen konnte. Diese Methode kombiniert Muskeltests und das Klopfen bestimmter Akupunkturpunkte. Mit Hilfe von Ersatzpersonen können auch Kleinkinder, schwerkranke oder gebrechliche Menschen von Allergien befreit werden. – Besonders anwenderfreundlich ist der Anhang mit einer Nahrungsmittel-Checkliste für das Aufdecken von Allergien.

232 Seiten, 47 Illustrationen, Paperback, 34,– DM/sFr., ISBN 3-924077-11-8

Dr. Roger J. Callahan:

Leben ohne Phobie

Phobien und Ängste beherrschen das Leben vieler Menschen. Dieses Buch ist ein Meilenstein auf dem Weg ihrer erfolgreichen Behandlung.

Roger Callahan berichtet, wie er in 85 Prozent aller Fälle seine Patienten von ihren Ängsten befreien konnte – augenblicklich, schmerzlos und auf natürliche Weise: mit Hilfe der Muskeltests der Angewandten Kinesiologie und mit einer von ihm selbst entwickelten Klopftechnik. Sie können diese Methode sofort bei sich oder bei anderen anwenden.

Ein Buch für Therapeuten und für alle, die sich selbst helfen wollen.

2. Auflage, 209 Seiten, 37 Illustrationen, Paperback, 28,– DM/sFr., ISBN 3-924077-07-X